AU CŒUR DES ROYAUTÉS

DU MÊME AUTEUR

AUX ÉDITIONS PERRIN

Louis II de Bavière ou le Roi foudroyé, 1975, couronné par l'Académie française.

Sissi ou la Fatalité, 1983, prix des Ambassadeurs.

La Princesse Mathilde, 1988, prix Napoléon III.

Eugénie, la dernière impératrice, 1997, Grand Prix de la Fondation Napoléon.

Haussmann, la gloire du Second Empire, 2001, prix Historia.

Rodolphe et les secrets de Mayerling, 2004.

La Saga des Habsbourg, 2010.

La Saga des Windsor, 2011.

La Saga des reines, 2012.

La Saga des favorites, 2013.

La Saga des grandes dynasties, 2014.

Le Sceptre et le Sang, 2014.

Nicolas II et Alexandra de Russie. Une tragédie impériale, 2015.

François-Joseph et Sissi. Le devoir et la rébellion, 2017.

Elizabeth II. La Reine, 2018.

Des couples tragiques de l'histoire, 2020.

• Albums illustrés de photographies de Jérôme da Cunha

Les Châteaux fous de Louis II de Bavière, 1986.

Sur les pas de Mozart (en collaboration avec Frédéric Pfeffer), 1991.

Sur les pas des tsars à Saint-Pétersbourg, 1992.

Sur les pas de Sissi, 1998.

Tapioca, cet inconnu, 2008.

• Collection « Tempus »

Rodolphe et les secrets de Mayerling, 2007.

Le Roman de Vienne, 2008.

Eugénie, la dernière impératrice, 2008.

Louis II de Bavière, 2010.

La Saga des Grimaldi, 2011.

Malesherbes gentilhomme des Lumières, 2012.

La Saga des Habsbourg, 2013.

La Saga des Windsor, 2014.

La Saga des Romanov, 2015.

Sissi, impératrice d'Autriche, reine de Hongrie, 2017.

Les Châteaux de la Loire, 2018.

Le Sceptre et le Sang. Rois et reines dans la tourmente, 2018.

AUX ÉDITIONS PLON

Dictionnaire amoureux des trains, 2006.

La Saga des Romanov, 2008.

La Véritable Histoire des châteaux de la Loire, 2009.

Dictionnaire amoureux des monarchies, 2019.

AUX ÉDITIONS DE FALLOIS

Malesherbes, gentilhomme des Lumières, 1994, Grand Prix de la biographie d'histoire de l'Académie française.

(suite et fin en fin d'ouvrage)

Jean des Cars

AU CŒUR DES ROYAUTÉS

PERRIN

Ouvrage publié sous la responsabilité éditoriale
de Grégory Berthier-Saudrais

92, avenue de France
75013 Paris
Tél. : 01 44 16 08 00

ISBN : 978-2-262-09659-5
Dépôt légal : juin 2021

Mise en pages : Nord Compo

Les textes de cet ouvrage ont été diffusés dans « Au cœur de l'Histoire », une émission et une série de podcasts d'Europe 1, écrits et racontés par Jean des Cars.

Préface

La révolution podcast au cœur des royautés

Depuis le début des années 2000, les auditeurs de radios peuvent entendre de nouveaux programmes. Ils ne sont pas diffusés sur les ondes radiophoniques mais uniquement sur Internet, par smartphones et ordinateurs. C'est un « service audio à la demande » que l'on peut écouter partout, facilement, comme on veut, quand on veut. Cette révolution, ce sont les podcasts. À l'origine, ils ont été lancés par des amateurs qui y ont vu la possibilité de faire connaître des programmes depuis chez eux. Ils parlaient librement de leurs passions, de sujets qui les intéressaient. Progressivement, le podcast est devenu un moyen d'expression très apprécié grâce aux plateformes de téléchargement. Les grandes radios généralistes se sont, elles aussi, emparées de cette révolution technique. Première radio à délinéariser ses émissions, Europe 1 a par la suite ouvert une structure spécialisée en septembre 2018 : Europe 1 Studio.

Libérée des impératifs horaires et des limites éditoriales de l'antenne, Europe 1 a pu se positionner sur de nouveaux domaines. Le Studio a aussi repris à son compte des émissions cultes de l'antenne pour une diffusion uniquement sur Internet. C'est le cas de « Au cœur de l'Histoire », une marque forte d'Europe 1, dont la version podcast s'est rapidement imposée en tête des classements. Porté avec talent par Jean des Cars depuis deux saisons, ce format a su fidéliser une large audience au point de comptabiliser aujourd'hui près d'un million de téléchargements mensuels sur les plateformes.

Ce livre complète donc idéalement la bibliothèque orale d'un vaste public. Lectrices et lecteurs, auditrices et auditeurs y retrouveront les talents de conteur du journaliste et les éclairages de l'historien, entre autres, des grandes dynasties européennes. Toutes et tous pourront ainsi confronter leur écoute ou leur lecture à leurs souvenirs et les enrichir d'informations inédites qu'il renferme. Du passé à l'actualité et inversement, c'est un passionnant voyage, sans contrainte, « au cœur de l'Histoire ».

Cléopâtre, au-delà du mythe

Cléopâtre et Jules César

Lorsqu'il franchit le Rubicon avec son armée le 11 janvier de l'an 49 avant J.-C., Jules César sait qu'il est en train d'enclencher une guerre civile. Pompée, l'autre survivant du premier triumvirat, qui gouverne Rome, quitte la ville et se réfugie avec le sénat en Épire, c'est-à-dire en Grèce. La rupture entre les deux hommes est consommée.

Pompée, dans le partage du territoire de Rome qu'il avait fait avec Jules César, tenait l'Orient. Il demande donc de l'aide à ses alliés, notamment à l'Égypte. La jeune reine Cléopâtre, 20 ans, et son frère Ptolémée XIII, de sept ans son cadet, avec qui elle partage le trône, lui envoient 60 navires de guerre et des vivres. C'est la dernière fois qu'ils prennent une décision commune.

Si la guerre civile ravage Rome, une autre guerre va commencer en Égypte, et elle oppose le frère et la sœur. Ptolémée XIII veut se débarrasser de l'encombrante Cléopâtre, qui prend très au sérieux son rôle de reine. Il est manipulé par trois anciens conseillers de son défunt père, dont le redoutable Pothin. Ils pensent que le jeune garçon est bien plus malléable que sa sœur.

La rupture politique intervient à l'été 49 avant J.-C. Cléopâtre reste quelque temps à Alexandrie jusqu'à ce que l'entourage de son frère déclenche une émeute qui l'oblige à fuir en Syrie. Or, au même moment, Pompée est battu par César en Thessalie, à Pharsale, sur la côte orientale de la Grèce continentale. Il fuit alors vers l'Égypte, espérant pouvoir y reconstituer une armée. Il envoie des émissaires à Ptolémée XIII, qui campe avec ses soldats dans la ville de Péluse, à l'est du delta du Nil. Il est sûr d'être bien accueilli, mais est poignardé à la sortie de sa barque par un ancien soldat romain à la solde de Pothin, sous les yeux horrifiés de son épouse Cornelia et de leur suite, restés à bord. Le soldat le décapite puis enterre sommairement son corps.

Pothin a choisi son camp : il prévoit de remettre à César la tête de son ennemi dès qu'il arrivera à Alexandrie, pensant l'amadouer avec cet horrible présent. Cette stratégie macabre vise à dédouaner le jeune pharaon d'avoir soutenu Pompée. Mauvais calcul : lorsque César débarque à Alexandrie trois jours plus tard, le 26 juillet, et qu'on lui apporte la tête de son rival, il est révulsé. Il promet de punir les responsables de cette barbarie.

Il fait alors célébrer en l'honneur de Pompée des funérailles à la romaine. Pendant ce temps, Cléopâtre, revenue de Syrie, campe avec son armée non loin de son frère, sur la côte nord du Sinaï. Elle aussi apprend l'arrivée de César. Elle est bien décidée à le voir avant son frère et projette de le séduire.

Mais pour cela, il faut qu'elle gagne le palais d'Alexandrie, où le Romain est installé, le plus discrètement possible pour ne pas tomber sur les sbires de son frère. La légende veut qu'elle ait été transportée dans un tapis jusqu'aux pieds de César. L'anecdote du tapis est peut-être romancée, néanmoins, on sait qu'elle s'est bien présentée devant le vainqueur de Pharsale, parée et ravissante. César est stupéfait, ébloui par la jeune déesse qui surgit dans sa vie. Mais Cléopâtre était-elle si belle qu'on le prétend ?

Difficile à dire, car on ne dispose pas de vrais portraits d'elle. En revanche, l'historien grec Plutarque a laissé une description à la postérité : « On dit que sa beauté n'était pas, à elle seule, incomparable ni susceptible de fasciner ceux qui la voyaient, mais sa compagnie avait un charme irrésistible et son apparence, jointe à la séduction de sa conversation, et à son caractère qui se répandait, si l'on peut dire, dans toute sa manière d'être, laissait un aiguillon dans les cœurs. »

À n'en pas douter, elle avait planté son aiguillon dans le cœur de César…

Avant l'aube, César envoie chercher Ptolémée XIII pour tenter de réconcilier le frère et la sœur. Le jeune garçon est horrifié de la découvrir auprès du général romain. Il la déteste tant que, de rage, il arrache son diadème et le jette au sol !

Pendant ce temps, à l'extérieur du palais, une foule s'est rassemblée, visiblement plus favorable à Ptolémée qu'à Cléopâtre. César apparaît et déclare qu'il ne fait que respecter le testament de Ptolémée XII qu'il a entre les mains. Ptolémée et Cléopâtre vont régner ensemble sur l'Égypte tandis que leur sœur Arsinoé et leur plus jeune frère, encore un Ptolémée, régneront sur Chypre.

C'était généreux de la part de César, car Chypre, qui avait appartenu à l'Égypte, était désormais une province romaine. Cette restitution ne pouvait que satisfaire le peuple d'Alexandrie, croyait-il. En réalité, la révolte est en marche contre l'occupant romain. Mais qui sont donc Cléopâtre et Ptolémée XIII ? Et quelle est donc cette dynastie qui n'a, en fait, plus rien à voir avec les anciens pharaons ?

Cléopâtre : reine intelligente, cultivée et politique

Alexandrie a été fondée en 331 avant J.-C. par Alexandre le Grand. Après sa mort, au partage de l'empire, un de ses fidèles compagnons qui l'avait suivi dans toutes ses conquêtes reçut l'Égypte. Il s'appelait Lagos. Il passait pour être le fils d'une maîtresse de Philippe de Macédoine, le père d'Alexandre. Cette maîtresse aurait épousé un noble macédonien qui aurait adopté l'enfant – en réalité le demi-frère d'Alexandre, donc. Notre Lagos va régner sur l'Égypte sous le nom de Ptolémée Ier, faisant d'Alexandrie sa capitale. Cette dynastie est appelée Lagide, du nom de Lagos.

Descendant de ce premier Ptolémée, le père de Cléopâtre, Ptolémée XII, est le fils naturel de Ptolémée IX et a été mis sur le trône par les Alexandrins. Mais dans un premier temps, il n'est pas reconnu par les Romains, puisque bâtard. Il lui a fallu verser des sommes considérables à Pompée, en 59 avant J.-C., pour finalement obtenir la reconnaissance de Rome. Les Alexandrins lui reprochent cette prodigalité, au point qu'il lui faut se réfugier à Rome avec sa famille durant trois ans. Ses quatre enfants le suivent dans cet exil : Cléopâtre, qui a alors 10 ans, Arsinoé, qui en a 5, et les deux petits Ptolémée, 3 et 2 ans.

Dès son enfance, Cléopâtre est donc confrontée à des difficultés. Même si elle est très jeune à l'époque, l'exil est un choc. Mais l'expérience s'avère aussi instructive puisqu'elle découvre la puissance romaine.

À Alexandrie, elle a reçu une éducation soignée. La ville, avec son phare, sa bibliothèque, ses temples et ses palais, est la plus belle de ce que nous appelons aujourd'hui le Moyen-Orient. C'est aussi une ville de grande culture

La princesse dispose des meilleurs maîtres. Elle étudie la littérature, la rhétorique, l'histoire, la philosophie et les mathématiques. Si sa langue maternelle est le grec, elle parle parfaitement l'égyptien, l'araméen, l'éthiopien, le mède, l'arabe, l'hébreu et la langue des Troglodytes, un peuple du sud de l'actuelle Libye.

En effet, Alexandrie est une ville grecque. Et les origines de Cléopâtre sont grecques et macédoniennes. Même si on la voit sur certains bas-reliefs de temples en tenue de pharaonne, elle n'a pas une goutte de sang égyptien !

Dotée de grandes qualités intellectuelles, Cléopâtre ne peut que constater le rétrécissement du territoire égyptien depuis l'époque du premier Ptolémée. À la mort d'Alexandre, Lagos avait non seulement hérité de l'Égypte, mais aussi de Chypre, de la Syrie, de la Cyrénaïque (une partie de la Libye d'aujourd'hui) et de districts d'Asie Mineure. Mais depuis, Rome a étendu sa puissance sur ces pays. Face à cette situation, la volonté de la jeune reine est de maintenir l'autonomie du royaume d'Égypte. Il lui faut donc être dans les meilleurs termes avec Rome. Et elle se dit que César va le lui permettre…

Pour l'instant, le général et ses troupes profitent largement des charmes d'Alexandrie, comme en témoigne l'historien allemand Mommsen : « Jamais on n'avait mené au camp plus joyeuse vie que durant ce séjour dans Alexandrie. Et quand la belle et artificieuse reine, gracieuse envers tous prodiguait les séductions à l'adresse de son juge, César à son tour, affectait l'oubli de ses hauts faits pour ne plus songer qu'à ses histoires galantes. Prologue joyeux à la veille d'un sombre drame ! »

La guerre d'Alexandrie

En effet, pendant que César et Cléopâtre filent le parfait amour, Alexandrie prépare la révolte. Les Alexandrins n'aiment pas les Romains, ni leur chef. Ils craignent que l'Égypte ne devienne une simple province romaine. C'est encore Pothin qui mène l'insurrection. Il prend contact avec Achillas, le chef de l'armée égyptienne qui est alors à Péluse, à l'est d'Alexandrie, et l'exhorte à revenir en toute hâte avec ses troupes.

César mesure immédiatement le danger, car il dispose de peu d'effectifs en comparaison de l'armée égyptienne. Il fortifie le quartier du palais à la hâte, en conservant un accès à la mer pour l'approvisionnement. Achillas arrive bientôt en ville avec l'armée royale et s'empare de la plus grande partie d'Alexandrie.

Craignant qu'il ne prenne le contrôle de l'importante flotte revenue intacte de Grèce – celle que Cléopâtre et son frère avaient mise à la disposition de Pompée –, César préfère incendier ces bateaux plutôt que de les laisser aux Égyptiens. Mais les flammes vont se propager à une partie de la cité et endommager la célèbre bibliothèque... Le général romain est bloqué dans le palais devenu forteresse. C'est alors qu'Arsinoé, la sœur cadette de Cléopâtre, s'évade pour se joindre à la révolte.

César envoie un message au gouverneur de Syrie, la province romaine la plus proche. Il lui demande de rassembler toutes les troupes de la région pour venir à son secours. En attendant, il se contente de défendre son territoire exigu. D'autant que les révoltés d'Alexandrie commencent à se déchirer : Arsinoé fait assassiner le général Achillas.

César, par calcul, décide de rendre sa liberté à Ptolémée XIII, le frère de Cléopâtre. C'est un pari : soit il lui demeure fidèle et parvient à convaincre les troupes royales de se rallier à Rome, soit il le trahit, prend la tête des révoltés, et alors tant pis pour lui ! Sans grande surprise, c'est ce qu'il fait.

Les troupes venues de Syrie s'emparent d'abord de Péluse puis, harcelées par les soldats de Ptolémée, elles doivent contourner le delta du Nil pour gagner Alexandrie. La bataille finale se déroule le 13 janvier 47 avant J.-C. à Alqam, à une journée de marche d'Alexandrie. L'armée égyptienne est défaite et Ptolémée XIII se noie dans les eaux du Nil en voulant fuir.

Le triomphe de Cléopâtre

Au lendemain de la victoire, César confirme le statut de Cléopâtre comme reine d'Égypte, mais il lui impose de régner conjointement avec son plus jeune frère, Ptolémée XIV, qui a 12 ans. Elle est bien décidée à ne pas laisser ce jeune roi prendre le dessus... Quant à Arsinoé, elle est la prisonnière de César. Elle est contrainte de l'accompagner à Rome et de participer, enchaînée, à son triomphe. Un autre des prisonniers exhibés lors de ces festivités nous est bien connu, il s'agit de Vercingétorix. Mais si le Gaulois est exécuté après le défilé, comme le veut la règle, la foule romaine, apitoyée par la jeunesse et la beauté de la princesse égyptienne, demande sa grâce. César l'épargne et l'envoie finir ses jours au temple d'Artémis, à Éphèse...

Il veut remettre de l'ordre dans les affaires de l'Égypte. Il prélève 10 millions de deniers pour payer les dettes accumulées par Ptolémée XII, le père de Cléopâtre. C'est une somme énorme, mais elle ne représente en fait que la moitié de ce qui est dû.

Après la guerre d'Alexandrie, César et Cléopâtre partent en croisière sur le Nil. Les amants sont-ils allés jusqu'à Assouan ou simplement jusqu'à Memphis ? Peu importe. C'est une magnifique remontée vers l'Égypte antique... et un déplacement stratégique pour chacun d'eux. César le met à profit pour estimer l'état du pays : peut-on améliorer le rendement agricole et donc prélever davantage d'impôts ?

Cléopâtre, quant à elle, s'y présente en véritable reine dans un faste impressionnant. Elle veut s'assurer de la fidélité de l'ensemble des prêtres égyptiens. Elle fait des dons aux temples. Son autorité, ébranlée par la guerre civile, en sort renforcée. Son royaume est assuré, mais nul ne peut plus douter de la prééminence de Rome dans son existence.

Cléopâtre donne un fils à César : Ptolémée, dit Césarion

Après cette croisière idyllique, César doit quitter Alexandrie car de nouveaux dangers menacent Rome. D'une part, il reste encore des partisans de Pompée en Afrique et en Espagne. La guerre civile n'est donc pas finie. D'autre part, le roi Pharnace II, dont le royaume recouvre une partie des actuelles Crimée et Ukraine, envahit l'Arménie et la Cappadoce. Il menace la province d'Asie, c'est-à-dire la Syrie. César quitte donc Cléopâtre pour se battre. Il lui laisse trois de ses légions et un autre « cadeau », plus personnel : l'enfant qu'elle attend de lui. Il s'agit d'un garçon qui naît en juin 47 avant J.-C. : Ptolémée. Il sera surnommé Césarion.

Cléopâtre, reine grecque, a repris à son compte les cultes les plus célèbres de sa dynastie, ceux de l'ancienne Égypte.

Sa présence est marquée dans de nombreux temples dont celui d'Hathor à Dendérah. On peut l'y voir, précédée de son fils Ptolémée-Césarion, faire des offrandes aux dieux. Le temple de Philae, en amont d'Assouan, est principalement construit sous son règne : on y trouve plus de 70 représentations de la reine. Elle promulgue par ailleurs plusieurs ordonnances sur l'agriculture et la protection des paysans. Ce sont des textes économiques, pour une saine gestion du pays.

Cléopâtre rejoint César à Rome

Un an après le départ de César, Cléopâtre le rejoint à Rome. Entre-temps, Césarion est né et elle a commencé la construction d'un temple en l'honneur de son amant, le Césarium, au bord de la mer, à Alexandrie.

César l'installe dans une maison sur la colline du Janicule, sur la rive droite du Tibre, l'actuel quartier du Trastevere. Un site choisi volontairement à l'écart de la cité pour éviter le scandale, car il est toujours marié à Calpurnia. Pour autant, sa liaison avec Cléopâtre est de notoriété publique. Il lui fait même décerner par le sénat, ainsi qu'à son frère, les titres d'Amis et Alliés du peuple romain, confirmant ainsi l'indépendance de l'Égypte.

César repartant se battre en Espagne contre les derniers partisans de Pompée, Cléopâtre retourne en Égypte mais elle revient à Rome l'année suivante, lorsque César rentre après s'être couvert de gloire. Après ce nouveau triomphe, il donne une immense fête dans sa propriété du Trastevere, « les jardins de César », d'où on a une très belle vue sur Rome.

Lors de ce séjour, Cléopâtre rencontre tous ceux qui comptent à Rome, notamment Marc-Antoine, très proche et fidèle soutien de César. Mais la présence de la reine ne plaît pas à tout le monde. Cicéron la déteste, il avoue même la haïr. Après l'assassinat de César au sénat, au matin du 15 mars 44, la situation politique est totalement bouleversée. La souveraine regagne rapidement Alexandrie avec son fils. Une nouvelle guerre civile s'annonce, celle des assassins de César, Cassius et Brutus, contre ceux qui défendent sa mémoire, Marc-Antoine, devenu consul, et Octave. Pour qui Cléopâtre va-t-elle pencher ?

La bataille de Philippes

Lorsque Cléopâtre regagne Alexandrie après l'assassinat de César, elle emmène avec elle leur fils Césarion. Avant cet enfant, le dirigeant romain n'avait jamais pu avoir de fils. Si bien qu'en 44 avant J.-C., il avait adopté son petit-neveu, Octave.

Celui-ci se trouve en Épire lorsque lui parvient la nouvelle de la mort de César, qui l'avait désigné comme son héritier. Il est évident que dans la nouvelle guerre civile qui s'annonce, Cléopâtre ne peut être que du côté de ceux qui veulent venger l'assassinat de son amant. Mais il lui faut quand même ménager les assassins, car Brutus contrôle la Grèce et l'Asie, tandis que Cassius s'est jeté sur la Syrie. En réalité, la reine ne vise qu'un objectif : ne pas entraîner son royaume dans la guerre civile romaine, à l'issue incertaine.

Pour gouverner Rome, les chefs césariens (Antoine, Octave et Lépide) constituent un nouveau triumvirat. Fin 43 avant J.-C., ils permettent à Cléopâtre de donner à son fils Ptolémée le titre de roi d'Égypte. Dès février 42 avant J.-C., un texte officiel est daté du règne conjoint de Cléopâtre et de son fils Ptolémée XV.

La souveraine est néanmoins inquiète, car Cassius menace d'envahir l'Égypte depuis la Syrie. Elle tente de l'en dissuader en l'avertissant que la famine et la peste y font rage. C'est malheureusement vrai : la peste bubonique est décrite pour la première fois dans l'Histoire par le médecin de Cléopâtre. Elle ravage le pays en 42 et 41 avant J.-C.

Pour compliquer la situation, Arsinoé, la sœur cadette de Cléopâtre, graciée par César, s'est ralliée à Cassius et à Brutus, alors à Éphèse. Le grand prêtre du temple d'Artémis l'a même saluée comme la nouvelle reine d'Égypte ! Mais Cassius n'envahira finalement pas le pays. À l'automne 42, il est appelé par Brutus en Macédoine pour affronter Antoine et Octave, dont les troupes viennent de débarquer en Grèce.

Cléopâtre décide aussitôt de les soutenir et leur envoie une flotte de secours. Elle la dirige elle-même, mais une tempête, au large de l'actuelle Libye, détruit presque tous les navires. La reine regagne Alexandrie avec beaucoup de difficulté. Après la défaite de Brutus et Cassius à Philippes, en Macédoine, elle se réjouit d'avoir fait le bon choix. Cassius est tué par un serviteur avant que Brutus ne se suicide à son tour.

La rencontre d'Antoine et Cléopâtre à Tarse

Après leur victoire à la bataille de Philippes, près de la mer Égée, Cléopâtre fait face à des vainqueurs qui ont quelques raisons de douter d'elle. Il faut absolument qu'elle les rencontre pour les convaincre de sa fidélité.

Octave, malade, est déjà rentré à Rome tandis qu'Antoine entreprend une longue tournée en Méditerranée orientale afin de lever des fonds pour payer ses soldats et pour punir ou récompenser les souverains orientaux, selon leur comportement.

Cléopâtre sait très bien qui il est. Elle connaît sa réputation de grand buveur et d'amateur de femmes. C'est aussi un guerrier extrêmement courageux. Sa victoire à Philippes en est la démonstration. Lors de sa tournée triomphale, parvenu à Éphèse, il montre qu'il n'est pas un chef comme les autres. Il prétend descendre d'Héraclès, l'équivalent grec d'Hercule, et rentre dans la ville précédé de femmes en costumes de bacchantes et d'hommes et d'enfants déguisés en satyres et en pans. On l'acclame sous le nom de Dionysos, le double grec du romain Bacchus, le dieu du vin. C'est pour le moins original !

Antoine sait que Cléopâtre veut le rencontrer. Il ne veut pas se rendre à Alexandrie, car ce serait faire preuve de faiblesse envers la reine. Il lui demande donc de le rejoindre à Tarse, en territoire romain, dans la province de Cilicie.

Le moins qu'on puisse dire c'est que Cléopâtre va soigner son entrée. Elle ne va pas se présenter à lui en suppliante, mais au contraire avec un faste qui ne peut que le flatter, sinon l'impressionner. Le récit nous en est parvenu : « Elle remonta le Sydnos sur un navire à la poupe d'or, aux voiles de pourpre largement déployées. Le mouvement des rames, qui étaient d'argent, se faisait au son de l'aulos mêlé à celui des cithares. Cléopâtre était allongée sous un dais brodé d'or, parée comme Aphrodite, telle que les peintres la représentent… De petites servantes parées de robes de Néréides et de Grâces se tenaient les unes au gouvernail, les autres aux cordages. Des parfums merveilleux, exhalés par de nombreux aromates, embaumaient les rives. »

Antoine attend la reine sur une estrade. Il se retrouve bientôt tout seul car son entourage s'est précipité pour contempler de plus près cet extraordinaire spectacle. Cléopâtre organise pour lui un dîner somptueux. L'invitation est rendue le lendemain et l'historien Plutarque peut conclure que « Cléopâtre subjugua totalement Antoine ».

Aussitôt, ils deviennent amants. Elle n'a pas à le convaincre de sa bonne foi. Il en est totalement persuadé. Elle l'invite à passer l'hiver en Égypte. Il accepte sans hésiter, oubliant les Parthes qu'il était parti combattre. Cléopâtre obtient d'Antoine la mort d'Arsinoé, sa sœur qui l'avait trahie. Il envoie un commando à Éphèse pour l'exécuter.

Antoine passe l'hiver avec Cléopâtre à Alexandrie. Il confie à ses lieutenants la pacification de la Syrie mais fin 41, début 40 avant J.-C., la situation en Italie ne cesse de se dégrader. Il lui faut intervenir. Octave a mécontenté les classes moyennes en dépossédant de nombreux petits propriétaires pour loger, en accord avec Antoine, des vétérans de leurs armées. Mais la femme de ce dernier, Fulvie, prend le parti des propriétaires ! Le ton monte. La guerre éclate bientôt entre les deux camps. Antoine ne peut désavouer ni Octave ni sa femme, qu'il contrarie déjà suffisamment ! Il décide alors de regagner Rome.

Cléopâtre sans Antoine

Lorsque Antoine quitte l'Égypte, Cléopâtre est enceinte. Elle donne naissance à des jumeaux en octobre 40 avant J.-C. Un garçon, Alexandre Hélios, et une fille, Cléopâtre Séléné : le Soleil et la Lune. Une fois de plus, elle accouche seule. Elle va attendre Antoine trois ans. On ne sait rien de cette période, sinon qu'elle a naturellement assumé sa fonction de reine. Les historiens latins ne s'intéressent à elle que lorsqu'elle est à côté d'un Romain illustre…

Évidemment, les deux amants se sont beaucoup écrit mais il n'y a aucune trace de cette correspondance. Le Romain a retrouvé son épouse Fulvie, réfugiée à Athènes. Elle lui a certainement fait des reproches, n'ignorant rien de sa liaison avec Cléopâtre. On sait qu'Octave les a obligés à divorcer. Fulvie meurt peu de temps après.

Antoine est libre, divorcé puis veuf de Fulvie. Mais il ne va pas épouser Cléopâtre pour autant. Il s'est engagé dans un accord signé avec Octave à épouser sa sœur, Octavie. Et il n'a pas les moyens de le contrarier… Au printemps 37 avant J.-C., à Tarente, Antoine et Octave renouvellent le triumvirat pour cinq ans. Après cette alliance, Octave rentre à Rome tandis qu'Antoine part pour l'Orient, à Athènes puis à Antioche.

C'est depuis la capitale de la Syrie romaine qu'il compte réorganiser l'Orient à sa guise. Pour cela, le plus solide point d'appui dont il puisse disposer reste l'Égypte. Il est temps de revoir Cléopâtre. La riche reine peut l'aider à reconstituer ses forces, notamment sa flotte. Elle a les moyens et la puissance qui lui manquent. Peu importe son récent mariage avec Octavie…

Les retrouvailles d'Antoine et Cléopâtre

Les retrouvailles ont lieu à Antioche au début de l'hiver 37 avant J.-C. Elles sont célébrées fastueusement. Leur passion est toujours la même, mais comme Antoine a besoin de Cléopâtre, il va se montrer d'autant plus généreux avec elle. Il lui accorde des territoires qui redonnent à l'Égypte un peu de son ancienne puissance du temps des Ptolémées : une importante zone côtière en Syrie, une autre autour de Damas, une partie du royaume nabatéen (dans l'actuelle Jordanie), mais aussi Chypre et Cyrène.

Il lui offre par ailleurs le contrôle de baumiers en Judée, l'arbre qui produit la myrrhe, dont l'exploitation est très lucrative.

Désormais, Antoine a confiance en Cléopâtre. Ils sont toujours amants mais ils sont, en plus, des alliés politiques. Il reconnaît les jumeaux nés en 40 puis épouse la reine entre les années 37 et 34 avant J.-C… alors qu'il est toujours marié à Octavie. Mais pour Rome, ce nouveau mariage n'a aucune valeur juridique.

De plus, dans la capitale de l'empire, il n'a pas que des amis. Il est violemment critiqué pour avoir gracieusement offert à sa maîtresse des territoires romains. Cléopâtre a su lui montrer que l'Égypte pouvait être le pivot de l'organisation romaine de l'Orient. Dans cet Empire romain, elle voulait la première place, et elle l'a obtenue grâce aux territoires concédés par Antoine, baptisés les « donations d'Antioche ».

Le rêve oriental d'Antoine et Cléopâtre

Tout semble aller bien pour Antoine et Cléopâtre. Un troisième enfant, un garçon, est né de leurs retrouvailles en 36, qu'ils appellent… Ptolémée ! Leur vie à Alexandrie se déroule dans une atmosphère joyeuse. Ils multiplient les fêtes les plus extravagantes. Cette période porte le nom de « vie inimitable ». Le luxe des banquets est sans égal. Une débauche d'or, d'argent et d'étoffes de pourpre, sans parler des mets les plus recherchés – et donc les plus coûteux.

Cléopâtre fait un jour le pari avec Antoine de dépenser 10 millions de sesterces en un seul repas. Il croit l'emporter, car le festin, bien que somptueux, n'est guère différent des autres qu'ils ont partagés. La reine décroche alors une perle portée en boucle d'oreille, la plus grosse et la plus belle connue en son temps. Elle la fait dissoudre dans du vinaigre… et l'avale d'un trait ! Elle s'apprête à sacrifier une seconde perle quand l'arbitre du pari l'arrête : elle a déjà gagné !

Le couple s'identifie à Dionysos et Aphrodite. Une identification divine non sans danger. À Rome, Octave accuse Antoine d'avoir abandonné sa qualité de Romain pour adopter des cultes étrangers. Mais le couple considère que la vie fastueuse qu'il mène est destinée à montrer que la royauté de Cléopâtre est bien l'héritière de la monarchie hellénistique qui la rattache à Alexandre le Grand.

D'ailleurs, les époux ne se contentent pas de ces réjouissances. Cléopâtre s'intéresse aux sciences, elle rédige des ouvrages dans des domaines aussi variés que la cosmétique, la gynécologie ou encore l'alchimie. Antoine lui fait cadeau des 200 000 rouleaux de la bibliothèque de Pergame, la plus prestigieuse du monde grec après celle d'Alexandrie. C'est là qu'ils sont déposés, pour compenser les pertes survenues lors de l'incendie ordonné par César.

En 34 avant J.-C., Octave se sert des fêtes d'Alexandrie pour monter la population et le sénat romains contre Antoine. Un épisode va précipiter la déclaration de guerre : Octave est averti qu'Antoine a déposé un testament auprès des Vestales. Celles-ci refusent de le lui remettre. Il ira le lire chez elles, dans le temple, et en fera un récit au sénat. Celui qui fut son allié y demande que son corps soit emporté à Alexandrie, quel que soit le lieu de sa mort, y compris Rome, pour être enseveli auprès de Cléopâtre. C'en est trop ! L'empire oriental d'Antoine et Cléopâtre est un défi, et une menace pour Rome.

La bataille d'Actium et la tragédie finale

L'affrontement final entre Antoine et Octave est une bataille navale qui se déroule au large du cap d'Actium, sur la côte occidentale de la Grèce, au sud de Corfou, le 2 septembre 31 avant J.-C. Antoine dispose de 500 navires, contre 250 pour Octave. Mais ses bateaux sont lents et lourds, ils ne peuvent poursuivre ceux de son rival. De leur côté, les vaisseaux d'Octave ne parviennent pas à briser ceux d'Antoine, qui sont très solides.

Mais alors que rien n'est joué, à la stupeur générale, Cléopâtre retire sa flotte du combat et part avec elle vers le sud. Elle ne veut pas voir couler ses navires, où elle a embarqué des trésors considérables. Antoine abandonne alors la bataille, laissant la victoire à Octave, et se lance à la poursuite de la reine. Il est très en colère ! Il la rejoint sur son bateau mais refuse de la voir pendant trois jours. Ils finissent par se réconcilier et gagnent Alexandrie. Ils vont « attendre la mort ensemble ».

C'est une succession de banquets et de fêtes. Cléopâtre célèbre l'anniversaire d'Antoine le 14 janvier 30 avant J.-C. avec un faste inouï. En réalité, chacun d'eux tente de négocier séparément avec Octave. Il ne répond même pas à Antoine. Bientôt, il entre dans Alexandrie avec ses troupes.

La reine se réfugie dans le magnifique mausolée qu'elle s'est fait construire au nord du palais, tout près du temple d'Isis. Elle fait prévenir Antoine qu'elle est morte dans son tombeau. Désespéré, le Romain tente alors de se suicider par l'épée. Très gravement blessé, il se traîne jusqu'au tombeau de sa femme et meurt dans ses bras.

Cléopâtre organise les funérailles d'Antoine, et manifeste son chagrin de façon très ostentatoire. Octave la fait alors conduire, sous bonne escorte, dans le palais où il s'est installé. Elle tente, sans succès, de le séduire. Elle comprend alors qu'il a l'intention de l'emmener avec lui à Rome où elle sera sa prisonnière et le trophée de son triomphe. Elle feint d'accepter pour qu'on relâche sa surveillance. En réalité, elle prépare sa fin dont elle veut garder la maîtrise…

Elle se fait porter une corbeille de figues sous lesquelles sont dissimulés deux aspics – c'est le nom donné en Afrique du Nord aux cobras égyptiens. Si ces serpents sont moins rapides que les vipères, leur venin est parmi les plus dangereux du monde… La reine se saisit des reptiles pour qu'ils l'attaquent. L'un d'entre eux au moins la mord. La légende veut que ce soit au sein, il semblerait qu'elle ait en fait été atteinte au bras. Toujours est-il qu'elle a été « piquée ». Et le poison ne tarde pas à faire son effet. Petit à petit, son corps se raidit. Bientôt, elle ne peut plus bouger. La paralysie s'étend finalement aux muscles respiratoires. Cléopâtre suffoque. Elle décède après plusieurs heures d'agonie.

Après sa mort, ce qu'elle a passé son existence à tenter d'empêcher se produit : l'Égypte devient une province romaine. Bien plus tard, Pascal dira : « Si le nez de Cléopâtre eût été plus court, la face du monde en eût été changée. » Une façon de dire que de petites causes peuvent produire de très grands effets. Le battement d'ailes du papillon en somme. Ou le battement de cils d'une reine d'Égypte, qu'on ne doit pas cependant limiter à son charme ou à sa prétendue beauté. Car Cléopâtre ne se résume ni à son nez ni à sa plastique, mais bien à son intelligence, son sens politique et sa pugnacité, qui ont continué à inspirer le monde entier, de Shakespeare à Mankiewicz, réalisateur d'un film mythique lui aussi, des millénaires après son décès.

Références bibliographiques

Jacques Benoist-Méchin, *Cléopâtre*, Paris, Perrin, coll. « Le rêve le plus long de l'Histoire », rééd. coll. « Tempus », 2010.

Michel Chauveau, *Cléopâtre au-delà du mythe*, Paris, Liana Levi, 1998.

Theodor Mommsen, *Histoire romaine : la monarchie militaire*, Paris, Robert Laffont, coll. « Bouquins », 1985.

Maurice Sartre, *Cléopâtre, un rêve de puissance*, Paris, Tallandier, 2018.

Théodora, la prostituée devenue impératrice

L'action se situe à Constantinople, nom donné à l'ancienne Byzance par l'empereur Constantin en l'an 330. Il faut rappeler que l'Empire romain, de 284 à 305, était gouverné par deux empereurs : l'empereur d'Occident à Rome et l'empereur d'Orient à Byzance. Constantin va faire de la capitale qui porte désormais son nom la cité la plus puissante de l'Orient romain. Stratégiquement, la ville permet de contrôler l'accès à la mer Noire et le passage vers l'Asie.

Alors que l'empire d'Orient est prospère, l'empire d'Occident disparaît en 476, lorsque le guerrier germain Odoacre s'empare de Rome et dépose le dernier empereur, le petit Romulus Augustule, un adolescent terrorisé. Les insignes impériaux sont envoyés à Constantinople. Dix-sept ans plus tard, en 493, la péninsule italienne, la Sicile et la Dalmatie passent sous la domination des Ostrogoths. L'Empire romain n'existe plus que dans sa partie orientale. La nouvelle Rome s'appelle Constantinople.

En janvier 532, Constantinople est la proie de violentes émeutes contre l'empereur en place, Justinien. Comme toujours dans cette ville, tout est parti de l'Hippodrome. C'est un gigantesque cirque en contrebas du palais impérial. Il peut accueillir plus de 100 000 spectateurs. L'endroit est destiné aux courses de chars mais aussi au théâtre, au dressage d'animaux et à toutes sortes de fêtes.

L'Hippodrome est occupé par deux factions, les Bleus, qui représentent plutôt les patriciens et l'aristocratie de la ville, et les Verts, le reste du peuple. La révolte est partie des Verts, qui jugent la pression fiscale insupportable : en plein Hippodrome, ils ont pris à partie l'empereur dans sa loge. Les Bleus insultent les Verts. Les deux clans quittent l'Hippodrome et se répandent dans Constantinople pour régler leurs comptes. Ils incendient des bâtiments. Leur cri de ralliement est *« Nika ! »* (« Sois vainqueur ! »).

L'empereur fait arrêter les chefs des révoltés, qui sont condamnés à mort. Mais deux suppliciés survivent à la pendaison. Les émeutiers, Bleus et Verts confondus, demandent leur grâce à Justinien, mais le souverain refuse. Dès lors, les révoltés décident de déposer le souverain et de le remplacer par le descendant d'un ancien monarque, Hypatios. Ils le conduisent à l'Hippodrome et lui remettent les insignes impériaux, persuadés que Justinien s'est enfui de son palais…

En réalité, celui-ci est barricadé dans sa résidence avec Théodora, son épouse, et plusieurs sénateurs. Tous savent qu'à quelques centaines de mètres en contrebas du palais, le peuple acclame Hypatios. Justinien et sa suite ont deux possibilités : soit fuir par bateau, car le palais surplombe la mer, soit combattre la sédition, au risque d'y laisser leurs vies car le peuple est déchaîné.

L'empereur et ses fidèles sont affolés. Ils s'apprêtent à fuir lorsque Théodora, l'impératrice, prend la parole, en s'excusant, car il n'est alors pas convenable qu'une femme parle devant des hommes, et leur donne des conseils :

« Quant à moi, je suis persuadée que dans la situation dans laquelle nous sommes, il nous serait désavantageux de fuir même si nous devions trouver notre salut dans la fuite. Nous sommes tous nés pour mourir, mais quand on est parvenu à la plus haute marche du pouvoir, à la puissance souveraine, il est inenvisageable de continuer à vivre après l'avoir perdue. Que Dieu ne permette pas que j'enlève mon manteau de pourpre ni que je paraisse en public sans être saluée comme l'impératrice. Quant à vous, César, si vous désirez vous sauver, il n'y a rien de plus facile : vous avez de l'argent, vous avez la mer et des vaisseaux. Mais prenez garde qu'après avoir quitté votre palais, vous ne quittiez bientôt le monde. J'aime ce vieil adage qui dit que l'empire est un superbe tombeau. »

C'est l'historien Procope qui nous a transmis cet imposant discours. Il est alors le secrétaire du général Bélisaire et témoin en première ligne de ces événements.

Théodora avait visé juste : piqué au vif, Justinien n'abandonnera pas son trône. Les époux (car c'est le couple qui gouverne) envoient leurs meilleurs généraux, le brillant Bélisaire en tête, contre les émeutiers et les gardes du palais qui venaient de prêter allégeance à Hypatios. On soudoiera aussi la faction des Bleus pour leur prouver que Justinien est toujours avec eux. Ces derniers se désolidarisent des Verts et acclament l'empereur et l'impératrice.

Les troupes de Bélisaire entrent dans l'Hippodrome et massacrent consciencieusement les manifestants, sous les yeux horrifiés d'Hypatios. C'est un carnage : plus de 30 000 morts seront enterrés à l'intérieur même de l'Hippodrome ! Hypatios s'était laissé acclamer, il va le payer de sa vie…

La révolte va se calmer en quelques heures, mais la ville est ravagée. Il faudra reconstruire Sainte-Sophie qui a été incendiée. Justinien et Théodora ont montré, de façon spectaculaire et impitoyable, qu'il valait mieux ne pas s'attaquer à eux. En réalité, Théodora a sauvé le trône de Justinien. Mais qui est cette femme providentielle ?

Théodora : du théâtre à la galanterie puis au trône

Théodora naît vers l'an 500. Son père, Akakios, est le gardien des ours de la faction des Verts à l'Hippodrome. Sa sœur aînée s'appelle Comito. Une troisième fille naîtra plus tard, Anastasia.

La famille est chrétienne, le christianisme est la religion d'État de l'empire depuis Théodose, à la fin du IVe siècle. Et dès la fin du siècle suivant, Constantinople devient un bastion de la chrétienté et le refuge de la culture gréco-romaine, face à Rome dévastée par les barbares.

La famille appartient au personnel de l'Hippodrome. Ce n'est pas un statut social très enviable, mais c'est dans ce monde très particulier que la petite Théodora va évoluer. Elle a environ 3 ans lorsque Akakios meurt. Sa mère se trouve dans une situation précaire. Très vite, elle va épouser un autre homme, espérant qu'il pourra reprendre la charge de gardien d'ours. Mais le chef de la faction des Verts choisit délibérément quelqu'un d'autre. La veuve d'Akakios, dans une mise en scène très théâtrale, va manifester son désarroi, sa misère et celle de ses filles.

Un jour de spectacle à l'Hippodrome, plein à craquer, la mère et ses trois filles arrivent en suppliantes, leurs têtes couronnées de fleurs, et s'installent, ostensiblement, devant les chefs des Verts. Cette apparition, spectaculaire, ne les fait pas changer d'avis. Par chance, le chef de la faction des Bleus vient de perdre son gardien d'ours. Le beau-père de Théodora sera choisi pour le remplacer. La situation familiale est rétablie. Un petit détail tout de même : la famille est passée des Verts aux Bleus, c'est-à-dire du clan du peuple à celui des patriciens…

Nées dans le milieu de l'Hippodrome, c'est-à-dire parmi les gens du spectacle, les trois filles d'Akakios vont devenir actrices, comme leur mère avant elles. À l'âge de 12 ans, juridiquement nubile, Comito, l'aînée, reçoit un enseignement artistique assez complet : théâtre, mime et chant. Théodora accompagne sa sœur ; elle est sa servante. Toutes deux sont ravissantes.

Puis, c'est au tour de Théodora de suivre le même apprentissage à l'âge de 12 ans. Il faut bien dire qu'à Constantinople comme à Rome, les actrices, même très jeunes, pratiquent, avec beaucoup de naturel, la courtisanerie. Séductrices et charmeuses, elles sont invitées par leurs admirateurs qui leur proposent d'autres sortes de jeux... Elles sont payées, parfois cher, pour animer des dîners et des soirées, lorsqu'elles maîtrisent la musique et le chant. Pour être clair, dès l'âge de 12 ans, Théodora est une prostituée.

Il semble qu'elle excelle par ailleurs dans l'art du mime. Elle a beaucoup d'aplomb et elle est effrontée. Le mémorialiste Procope dit autant de bien de Théodora dans *Les Édifices*, ouvrage commandé par Justinien, qu'il dit du mal d'elle dans son pamphlet *Histoire secrète*. Dans ces conditions, il est difficile de connaître la vérité. Néanmoins, voici comment il nous la décrit : « Théodora était belle de visage et par ailleurs charmante ; elle était petite et de teint blanc, pas tout à fait blanc mais plutôt mat ; elle avait le regard toujours impétueux et direct. »

Elle vit de la prostitution. C'est un statut précaire, car la loi interdit le mariage aux prostituées. Ce qu'elles peuvent espérer de mieux est de trouver des protecteurs qui en fassent leur concubine. C'est ce qui va arriver à Théodora. Elle rencontre un homme très riche, originaire de Tyr, qui se nomme Hékébolos. Il est gouverneur de la Pentapole, l'une des provinces de Cyrénaïque, aujourd'hui dans l'est de la Libye. De passage à Constantinople, il s'éprend de la belle Théodora et lui demande de l'accompagner à Sozousa, l'actuelle Benghazi.

Elle quitte donc Constantinople avec son protecteur et devient une riche femme entretenue dans un magnifique palais. Elle est la maîtresse d'un homme important, qui a de grandes responsabilités. Grâce à lui, elle s'initie à la politique. Elle se voit, parfois, confier quelques missions secrètes. Sans doute s'agit-il d'utiliser ses charmes pour négocier des affaires ou obtenir certains renseignements…

Ce serait à ce moment qu'elle aurait mis au monde son seul enfant, une fille. On peut supposer que le père est Hékébolos. Mais au bout de quelque temps, celui-ci se lasse de Théodora et la renvoie. On en ignore les raisons, mais on présume qu'il lui laisse un peu d'argent. Elle ne rentre pas à Constantinople en bateau mais entreprend un long périple par voie de terre. Sans le savoir, elle va ainsi découvrir le territoire de ce qui, bientôt, deviendra son empire.

Sa première étape est Alexandrie, puis elle arrive à Antioche. Elle y rencontre, à l'Hippodrome, une danseuse nommée Macedonia, qui la prend sous sa protection. Grâce à elle, Théodora peut poursuivre sa route vers Constantinople.

Elle y arrive vers l'année 520. C'est Macedonia qui la présente à Justinien. Il a 38 ans, il est le neveu de l'empereur Justin Ier, et appelé à lui succéder. Justin est presque devenu empereur par hasard. Originaire de Thrace et de très basse extraction, il avait fait une carrière militaire et avait réussi à devenir chef de la garde du palais. À la mort de l'empereur Anastase, en 518, on l'a chargé de payer des troupes pour faire acclamer le nouveau souverain, Théocrite. Justin avait payé les soldats, on le trouvait généreux, son nom circula et, finalement, il fut proclamé empereur à la place de Théocrite !

Bien avant d'accéder au pouvoir, il avait fait venir à Constantinople son neveu Justinien. Il voulait lui permettre une belle carrière militaire. Grâce à lui, Justinien devient officier, membre de la garde d'honneur du souverain. Au sein du palais, il se familiarise avec le fonctionnement de l'empire. Lors de son accession au pouvoir en 518, Justin adopte celui qu'il traite déjà publiquement comme son fils. Désormais, Justinien est l'héritier du trône.

Entre Théodora et Justinien, on peut presque parler de coup de foudre. Il semble étonnant qu'à son âge Justinien soit encore célibataire. Il aurait pu faire un riche mariage qui l'aurait allié à une puissante famille de l'aristocratie. Il a préféré partager sa vie et le pouvoir avec une fille née dans l'Hippodrome et obligée de se prostituer. Mais comme Théodora, Justinien a des origines extrêmement modestes. Il ne veut pas épouser une patricienne, qui le mépriserait et lui ferait sentir son infériorité. Même avec le statut de futur empereur, il préfère épouser la superbe Théodora, malgré son passé, car elle est intelligente et ambitieuse et lui sera toujours dévouée.

Elle devient tout de suite sa maîtresse. Le mariage ne va pas de soi, car une loi de l'empereur Constantin prive les actrices de droits civils, donc de la possibilité de se marier. Il demande alors à son oncle l'empereur d'élever Théodora à la dignité de patricienne. Il abrogera aussi une loi empêchant l'union d'un noble avec une ancienne actrice. Une fois ces obstacles juridiques surmontés, Justinien épouse Théodora en 525. On ne sait si la cérémonie a lieu à Sainte-Sophie…

Le couple s'installe dans une somptueuse résidence qui fait partie du grand palais. Le 1er avril 527, l'empereur Justin Ier, âgé de 75 ans, proclame très officiellement que Justinien est son héritier et le nomme maître de l'empire. Quelques jours plus tard, il couronne son successeur et son épouse, cette fois dans le cadre magnifique de Sainte-Sophie. Théodora et Justinien revêtent les vêtements du sacre. La jeune femme doit se courber pour recevoir un lourd diadème d'or et de pierreries duquel tombent des pendeloques de perles. Le peuple les acclame tous les deux.

Dès cet instant, c'est un couple qui va diriger l'empire, situation inédite à Constantinople. Justin Ier meurt quelques mois plus tard. Ses successeurs, Justinien et Théodora, ont de grands projets pour l'empire d'Orient. Désormais, et pour la première fois dans l'empire d'Orient, le pouvoir est bicéphale : les fonctionnaires font allégeance au couple impérial en les appelant « Nos très divins et très pieux maîtres Justinien et Théodora ». Mais comme celle-ci ne peut pas prendre part officiellement au Conseil du gouvernement, elle va agir d'une façon plus discrète, dans les coulisses du pouvoir.

Les deux époux s'entourent de personnes sûres, en qui ils peuvent avoir confiance. Le premier de ces fidèles est le général Bélisaire. Il est le bras armé de Justinien. Théodora lui a fait épouser Antonina, une de ses amies de l'Hippodrome. Elle a quelques années de plus que Bélisaire, elle l'accompagne dans toutes ses campagnes et sert d'agent de renseignements auprès de Théodora. L'impératrice utilise Antonina pour influencer Bélisaire et orienter ses décisions.

Un autre général important de Justinien est Sippas. Théodora va le marier à sa sœur aînée, Comito. Pour cet homme, c'est un grand honneur d'entrer dans le cercle familial du souverain. En fait, si l'on se penche sur les proches du couple impérial, on réalise que tous sont sous la surveillance vigilante de Théodora…

La reconquête de l'Empire romain

Justinien est un conquérant. Même si on ne le voit pas sur les champs de bataille. Il fait confiance à ses généraux.

Son but est la restauration de l'Empire romain. Il veut récupérer les territoires conquis par les Barbares et y répandre, à nouveau, le catholicisme.

Il commence par l'Afrique du Nord, autrefois grenier à blé de Rome et occupée par les Vandales depuis le Ve siècle. En 533, Bélisaire, accompagné d'Antonina, lance une offensive contre Carthage. Il prend la ville en moins de trois semaines. Pour fêter cette victoire, Justinien rétablit le vieil usage romain du « triomphe » : Bélisaire et son armée, suivis de prisonniers et du butin, défilent dans Constantinople jusqu'à l'Hippodrome, au pied de la loge impériale où ont pris place Justinien et Théodora.

Après l'Afrique du Nord, c'est à la frontière orientale que l'empereur va s'attaquer. Il mène de nombreux assauts, aussi bien en Europe qu'en Syrie et en Égypte, pour tenter de stabiliser le flanc de l'empire. Mais son plus grand rêve est de reconquérir la péninsule italienne. Celle-ci est aux mains des rois ostrogoths, qui entretiennent avec Constantinople de bonnes relations diplomatiques, mais ils sont totalement indépendants de l'empire d'Orient. Les querelles dynastiques qui déchirent les royaumes ostrogoths après la mort du roi Théodoric vont donner à Justinien et à Théodora l'occasion de s'imposer en Italie. Le prétexte est de venger la mort de la fille de Théodoric, assassinée par son mari, Théodat, le nouveau roi ostrogoth.

En 535, deux armées impériales débarquent dans la péninsule, l'une depuis la Dalmatie, l'autre dirigée par Bélisaire, depuis la Sicile. Bélisaire prend Rome en décembre 536. La ville n'est pas la capitale du royaume ostrogoth, mais la résidence du pape, qu'il était important de soulager du poids de l'envahisseur. L'année suivante, Bélisaire part à la conquête du nord de la péninsule. En 540, il s'empare de Ravenne, la capitale des Ostrogoths.

L'Italie est entièrement reconquise. Justinien et Théodora n'ont plus qu'à apposer leur marque sur les territoires de l'ancien empire d'Occident. Ils sont des souverains bâtisseurs. Et ils l'ont déjà prouvé à Constantinople.

L'âge d'or de l'art byzantin

Justinien et Théodora veulent tout d'abord réinventer Constantinople. En 527, ils ont construit une première église à l'intérieur du palais. Mais le plus grand défi architectural de Justinien est, bien sûr, la reconstruction de Sainte-Sophie après l'incendie qui l'avait détruite lors de la révolte de Nika.

Cette église était primordiale car elle avait été conçue par Constantin comme le lieu de sépulture des empereurs et des patriarches de Constantinople. Il fallut cinq années aux architectes Anthémios de Tralles et Isidore de Milet pour la rebâtir. Elle est inaugurée le 27 décembre 537. L'immense coupole de 30 mètres de diamètre repose sur des colonnes : une véritable prouesse technique. Dédié à la Sainte-Sagesse (*Aya Sophia*), l'édifice est le joyau de Constantinople.

Justinien n'oublie pas Théodora : elle est associée à lui dans la dédicace gravée près de l'autel : « Nous t'offrons ce qui est à toi par ce qui est déjà à toi, Ô Christ, nous, tes serviteurs, Justinien et Théodora. Veuille l'accepter avec bienveillance, Fils et Verbe de Dieu qui t'es incarné et as été crucifié pour nous. » Lors de l'inauguration de Sainte-Sophie, Justinien se serait écrié : « Salomon, je t'ai vaincu ! » Cela voulait dire que Sainte-Sophie était plus belle et plus grande que le temple de Salomon à Jérusalem. Le décor intérieur de la basilique est somptueux, avec ses mosaïques d'or qui sont la spécificité de l'art byzantin. Beaucoup ont disparu au cours des siècles. Il en subsistait quelques-unes au premier étage. Elles ne seront sans doute plus accessibles aujourd'hui…

D'autres édifices vont embellir Constantinople. Théodora fait construire le palais de la Metanoïa, ce qui signifie la Rédemption, destiné à accueillir des prostituées repenties.

La marque de Justinien et de Théodora sera apposée dans toutes les grandes cités de l'empire : dans l'église Saint-Jean à Éphèse, une fresque représente le couple impérial couronné par le Christ. De même à Antioche. Mais le triomphe architectural du couple impérial se situe, bien sûr, à Ravenne. C'est l'église Saint-Vital. L'évêque Maximien en dirige les travaux. L'intérieur est entièrement décoré de mosaïques polychromes. De nombreuses scènes de l'Ancien Testament y sont représentées, mais les plus extraordinaires se situent de part et d'autre de l'abside. Ce sont deux grands panneaux : Justinien figure au centre du premier, vêtu d'une tunique pourpre retenue sur l'épaule droite par une fibule ornée de perles. Il est couronné d'un diadème à pendeloque perlée. À sa gauche, il y a Maximien, le constructeur, tenant une croix entre ses mains.

En face de la mosaïque de l'empereur se trouve celle de Théodora. Son attitude hiératique est renforcée par les lourds plis de sa robe de pourpre et par son diadème de perles. Ses larges yeux bruns semblent fixés dans ceux de Justinien, placé en face d'elle. Derrière l'impératrice se tiennent deux dames d'honneur richement vêtues.

La basilique est consacrée en 547 par l'évêque Maximien. Elle est aujourd'hui parfaitement intacte. Ravenne mérite une visite : c'est le seul endroit où l'on peut encore voir intact ce couple majestueux et triomphant.

L'exercice du pouvoir

Justinien et Théodora ont institué un rituel de cour beaucoup plus poussé que leurs prédécesseurs. Ils se font désormais appeler non pas « empereur » et « impératrice » mais « maître » (*despotès*, en grec) et « maîtresse ». Le reste du monde étant des serviteurs...

Les visiteurs de Justinien et de Théodora doivent, pour les saluer, s'allonger face contre terre et baiser les pieds de l'un et de l'autre. Le couple impérial reprend le code des monarchies orientales, qui revendiquaient la supériorité d'essence divine du roi. C'est une rupture complète avec le vieil esprit romain dont ils prétendent, pourtant, assurer la continuité.

Pour autant, le comportement de Justinien est totalement différent lors des audiences privées. L'empereur est un homme simple, affable et accessible. En revanche, Théodora cultive son image d'icône inabordable. Elle peut faire attendre des heures les gens qui ont obtenu une audience. Et elle peut se montrer parfaitement odieuse si elle a décidé de l'être !

Justinien n'est pas seulement connu comme un conquérant et un bâtisseur. Il est aussi un juriste. Le code dit de Justinien est une des bases du droit romain. C'est un grand législateur et il ne craint pas d'associer Théodora à son œuvre. Si elle n'a pas le droit de légiférer, elle inspire souvent son époux. Les mesures prises par Justinien contre la prostitution, condamnant les proxénètes, ont été soufflées par elle. Pour montrer son engagement auprès de son mari, elle va racheter plusieurs filles pour les placer dans son couvent de la Rédemption.

Justinien va aussi réformer les lois contre l'adultère. Désormais, si l'épouse fautive est toujours envoyée dans un monastère, son mari a deux ans pour lui pardonner.

Mais Justinien et Théodora ne font pas que réécrire la loi ensemble. Ils sont profondément attachés l'un à l'autre. Cependant, un épisode dramatique s'apprête à les faire chanceler…

Un couple uni face aux épreuves

En 541, la peste bubonique touche Constantinople. Elle fait des ravages. Le chroniqueur Procope parle de 5 000 morts et Jean d'Éphèse annonce 16 000 victimes. Le plus grave est que l'empereur est atteint… Ses chances de survie sont si faibles qu'on le croit condamné.

La rumeur se répand comme une traînée de poudre. Or, Justinien n'a pas désigné d'héritier et le couple n'a pas eu d'enfants ensemble. Ce bruit gagne les armées. Bélisaire et d'autres généraux, alors en Orient, déclarent qu'ils ne rentreront pas à Constantinople si Justinien meurt et si Théodora prend seule la décision de nommer son successeur. Cette nouvelle stupéfie l'impératrice. Elle comprend que son autorité ne dépend que de son époux. Si Justinien décédait, elle disparaîtrait politiquement. Heureusement pour Théodora, son mari survit à l'épidémie. Sa vengeance contre ceux qui ont voulu l'effacer va être terrible…

Elle convoque d'abord au palais un des généraux qui l'ont trahie, Bouzès. Elle le fait emprisonner immédiatement dans les geôles. Il y restera plus de deux ans, le temps que la colère de Théodora s'apaise.

Pour Bélisaire, l'affaire est beaucoup plus grave ; il est le fidèle des fidèles et c'est lui qui a réalisé les plus belles conquêtes de Justinien. Mais Théodora parvient à persuader son époux que Bélisaire l'a trahi pendant qu'il était malade. L'empereur lui retire le commandement de l'armée d'Orient. Il n'est plus rien. Il est mis en quarantaine pendant quelques mois avant d'être lui aussi pardonné par l'impératrice. Mais l'injustice dont il a été victime l'a irrémédiablement détruit.

Dans l'exercice du pouvoir, Théodora s'est montrée impitoyable, et parfois très injuste. Justinien avait fait d'elle son premier lieutenant et jusqu'à l'épidémie de peste, elle a parfaitement joué ce rôle. Elle tirait les ficelles de l'État, donnait des avis en matière de religion ou de législation. Elle avait constitué des réseaux. Elle s'était aussi mêlée de la vie privée des gens dépendant d'elle, les obligeant à des unions qu'ils ne désiraient pas ou les empêchant de se marier ! Elle prenait un certain plaisir à humilier les grandes familles en les forçant à fréquenter, voire à épouser, des hommes ou des femmes de basse extraction. Cette revanche sociale l'exaltait. Elle était dure, puissante et rancunière. Seule la maladie de Justinien lui a fait comprendre la fragilité de sa position.

Le parcours de Théodora est unique. Partie de la pire des conditions, elle s'est élevée à la plus haute position, au sommet du pouvoir de l'empire. Elle s'éteint avant son époux, le 28 mai 548, probablement d'un cancer. Elle ne lui aura jamais donné de successeur. Sa dépouille, dans sa robe impériale parée de perles et de bijoux précieux, est placée dans un sarcophage d'albâtre. Lequel est déposé dans le mausolée impérial, alors inachevé. Ce monument n'est inauguré que le 28 mai 550, le jour du deuxième anniversaire de sa mort.

Justinien, dont elle avait été l'épouse, l'âme sœur et la partenaire de pouvoir, continue de rendre hommage à sa bien-aimée. Après sa victoire sur les Huns, en août 559, en rentrant à Constantinople il s'arrête sur la tombe de Théodora. Il fait allumer des cierges et prie longuement.

Il ne s'est jamais remarié. Personne ne pouvait remplacer Théodora ni comme épouse, ni comme confidente.

Justinien meurt le 15 novembre 565. À son tour, il repose dans un sarcophage d'albâtre, dans le mausolée impérial, aux côtés de celle qui l'attendait depuis dix-sept ans.

Références bibliographiques

Marcel Brion, *L'Aventureuse Réussite de Théodora*, Paris, Gallimard, 1934.

Virginie Girod, *Théodora, prostituée et impératrice de Byzance*, Paris, Tallandier, 2020.

Le roi Arthur et les chevaliers de la Table ronde

Lancelot devient l'amant de Guenièvre, l'épouse du roi Arthur

Il se passe des choses bien étranges au château du roi Arthur, le célèbre Camelot, au pays de Galles, lors des fêtes de l'Ascension. Un chevalier étranger, Méléagant, fils du roi du « Pays d'où l'on ne revient pas », lance un étrange défi : un duel qui aura pour enjeu un grand nombre de chevaliers et de dames d'honneur d'Arthur que le père du chevalier garde prisonniers. Si Keu, le sénéchal du roi qui se battra en duel avec Méléagant, l'emporte, les chevaliers et les dames de la Cour déjà prisonniers du père de ce dernier seront libérés. Mais s'il perd, l'épouse d'Arthur, la reine Guenièvre, devra les rejoindre en captivité ! Le duel a lieu, Keu est vaincu. Guenièvre doit suivre Méléagant au « Pays d'où l'on ne revient pas ».

Plusieurs chevaliers, dont le neveu d'Arthur, Gauvain, entreprennent alors de la délivrer. Parmi eux se trouve un inconnu. On apprendra plus tard qu'il s'appelle Lancelot du Lac, que le roi considère comme le meilleur chevalier du monde.

Au cours des nombreuses et merveilleuses aventures qui suivent, Lancelot prouve sa valeur, sa loyauté et son courage. Il parvient à libérer la reine Guenièvre de sa prison. Mais elle a appris qu'il a hésité un instant à monter dans la charrette avec ses compagnons pour suivre sa trace. Elle ne lui manifeste donc aucune reconnaissance et ne veut plus le voir.

Désolé par l'attitude de la reine, dont il est fou amoureux, Lancelot tente de se suicider, mais Guenièvre, qui en souffre à en mourir, lui avoue aussi son amour. Lancelot rejoint alors sa chambre. Il brise les barreaux de la fenêtre pour y accéder. Chrétien de Troyes nous raconte la suite : « Il arrive au lit de la reine. Il reste en adoration en s'inclinant devant elle… Alors, la reine lui tend les bras, les passe autour de lui, et le serre étroitement sur sa poitrine. Ainsi, elle l'a attiré dans son lit, lui réservant le meilleur accueil qu'elle puisse jamais lui faire. C'est Amour et son cœur qui lui dictent sa conduite, c'est inspiré par Amour qu'elle lui fait fête. Mais si elle éprouve pour lui un grand amour, lui éprouve pour elle un amour cent mille fois plus grand, car Amour n'a rien fait avec tous les autres cœurs en comparaison de ce qu'il a fait avec le sien… Maintenant Lancelot a tout ce qu'il veut puisque la reine accueille avec faveur sa compagnie et ses caresses, puisqu'il la tient entre ses bras comme elle le tient entre les siens. Ce jeu lui est si doux et si bon, ce jeu des baisers, ce jeu des sens, ils ont connu une joie si merveilleuse qu'on n'en a jamais entendu décrire, jamais connu de semblable… Lancelot eut beaucoup de joie et de plaisir toute cette nuit-là. »

Cette nuit entraînera beaucoup de péripéties plutôt compliquées. Lancelot réussit néanmoins à sauver l'honneur de la reine en remportant un grand tournoi avant de se constituer prisonnier entre les mains de Méléagant, comme il l'avait promis. Il sera libéré et reviendra à la Cour avant de tuer Méléagant en duel.

La passion irrésistible qui unit les deux amants est comparable à celle de Tristan et Yseult. Un amour fatal. Il entraîne, évidemment, beaucoup d'autres épisodes tragiques. Cela n'empêche pas Lancelot d'être le chevalier préféré du roi Arthur, mais le soupçon sera le premier élément qui finira par dissoudre le lien unissant les chevaliers de la Table ronde...

Bien sûr, ce récit est une légende. C'est le propre des aventures arthuriennes. Mais qui était vraiment ce roi, et a-t-il même jamais existé ?

Le vrai Arthur... et sa légende

Les débats sur la réalité de l'existence d'Arthur n'ont jamais vraiment cessé. La plus grande probabilité est qu'il ait été un chef de guerre celte combattant les Saxons, au tournant du VIe siècle.

Ses exploits se déroulent essentiellement en Cornouailles, au pays de Galles et dans la Bretagne française, c'est-à-dire en pays celte. Une « très grande Bretagne » en somme. L'histoire du roi Arthur a d'abord été le thème de récits oraux, dont nous n'avons aucune trace. Le véritable créateur de la légende arthurienne est un écrivain anglais, Geoffrey de Monmouth, né dans le sud du pays de Galles aux environs de l'année 1100. De famille bretonne, il se rend à Oxford. Là, il va écrire une histoire des rois de Bretagne. Elle est la source principale du cycle d'Arthur. Il rédigera plus tard les prophéties de Merlin, conçues séparément puis incorporées à son histoire des souverains bretons.

Au début de l'année 1149, il écrit un petit poème en latin sur la vie de Merlin. Lorsqu'il meurt, en 1155, au pays de Galles, c'est un Français, Chrétien de Troyes, qui s'empare de la légende du roi Arthur. Il avait commencé par traduire Ovide, l'auteur latin des *Métamorphoses* et de *L'Art d'aimer*. Puis, en 1168, il écrit son *Lancelot ou le Chevalier de la charrette*. Ce texte est dédié à Marie, fille d'Aliénor d'Aquitaine.

C'est dans cette œuvre que se situe le récit que je vous ai raconté des amours de Guenièvre et de Lancelot. Il a aussi écrit un *Perceval ou le Conte du Graal*, Perceval étant un des chevaliers de la Table ronde auxquels nous allons nous intéresser plus tard dans ce récit.

Cette littérature, qu'elle soit anglaise ou française, est le reflet de la société du temps où vivaient ses auteurs : la chevalerie, l'amour courtois, la vie de cour. Une vision idéale et cérémonieuse de la royauté incarnée par Arthur. Ces auteurs mêlent à leurs écrits des fées, des magiciens, des enchantements qui amènent des péripéties de plus en plus fantastiques.

Avant de parler d'Arthur, il faut d'abord tenter d'expliquer qui est l'enchanteur Merlin, car c'est à lui qu'il doit sa naissance. Dans les divers récits qui le concernent, Merlin apparaît tantôt comme un prophète christique qui amènera la création de la Table ronde et la quête du Graal, tantôt comme un personnage obscur, fils d'une jeune femme et d'un démon… En fait, il est un peu les deux. Pour Monmouth, Merlin est le fils d'une princesse et d'un mystérieux jeune homme dont les allures fantastiques donnaient à croire qu'il était un démon. C'est cette étrange naissance qui lui confère des pouvoirs magiques. Il connaît le passé mais aussi l'avenir, il fait des prophéties et il va, plus tard, assister les Celtes dans leur lutte contre les Saxons.

Il va aider deux rois successifs, à commencer par Uther Pendragon. Celui-ci, roi des Celtes, tombe éperdument amoureux d'Ygerne, épouse de son fidèle général Gorlois, au cours d'un banquet. Le mari s'aperçoit de l'intérêt du souverain pour sa femme et quitte sur-le-champ le palais avec elle. Or, ce brusque départ est un acte de félonie pour le droit féodal, qui impose au vassal de rester à la cour du seigneur, à sa disposition. Uther déclare donc la guerre à Gorlois. Ce dernier installe son épouse dans la forteresse imprenable de Tintagel, en Cornouailles. Elle est gardée et personne ne peut l'approcher. C'est là que Merlin va aider Uther : par un tour de magie il lui donne l'apparence de Gorlois. Le roi peut donc entrer dans Tintagel et assouvir sa passion pour Ygerne sous l'apparence de Gorlois. C'est ainsi qu'il conçoit Arthur. Cette histoire est inspirée par l'*Amphitryon* de l'auteur grec Plaute : Jupiter s'y métamorphose en Amphitryon pour approcher son épouse Alcmène, qui accouchera d'Hercule. Merlin se voit confier Arthur, qui est né à Tintagel. C'est un fils illégitime. Plus tard, Gorlois sera tué dans une bataille contre Uther Pendragon et ce dernier épousera Ygerne.

En ce qui concerne l'éducation du jeune Arthur, certains l'attribuent totalement à Merlin, c'est l'option de Walt Disney dans son dessin animé. Il lui apprend le métier des armes sans jamais lui révéler sa naissance royale. Pour d'autres, comme Monmouth, Merlin confie le nouveau-né en secret au chevalier Antor.

Quoi qu'il en soit, à la mort d'Uther Pendragon, le roi n'a pas d'héritier et la Bretagne, au sens large, se retrouve sans souverain. Or, après la messe de Noël suivant la mort du roi apparaît miraculeusement à la porte de l'église de Logre un rocher carré surmonté d'une enclume dans laquelle une épée est fichée. Une inscription indique que celui qui arrivera à extraire l'épée de l'enclume deviendra roi. L'épée s'appelle Excalibur. De nombreux prétendants se présentent. Aucun ne réussit. Seul Arthur peut dégager l'épée de l'enclume et la brandir. Il le fait quatre fois de suite. Il apparaît alors comme l'élu indiscutable de Dieu.

Il est acclamé par les barons, avec lesquels il participe à un grand banquet au cours duquel il reçoit la couronne.

Il passe ses premières années au pouvoir à affirmer sa légitimité. Il s'entoure de chevaliers, dont l'un s'illustre particulièrement : son neveu Gauvain.

La plupart des barons se révoltent contre Arthur en raison de sa bâtardise alors que le petit peuple et le clergé lui restent fidèles. Le jeune roi va vaincre les barons une première fois à la bataille de Caerleon grâce aux boules de feu lancées par la magie de Merlin du haut d'une tour. Plusieurs barons font alors allégeance à Arthur. Il les reçoit d'une façon magnifique.

Les derniers rebelles s'allient avec les Saxons, mais ils vont être écrasés une seconde fois à Bedingran, en Cornouailles. Au cours de ces combats, les qualités militaires du nouveau roi éclatent au grand jour. C'est alors qu'Arthur va s'allier au vieux roi Léodagan de Carmélide.

À ce propos, Merlin avait fait cadeau à Uther Pendragon de la Table ronde. Celle-ci est destinée au roi et à ses chevaliers. Elle est ronde pour éviter toute préséance et permettre des discussions franches et apaisées. Les chevaliers y ont chacun leur place marquée. Après la mort d'Uther, c'était le vieux roi Léodagan de Carmélide qui était devenu le gardien de la Table ronde.

Avec Arthur, ils remportent une grande victoire sur les Saxons avec l'aide de Merlin, qui combat sous l'enseigne du dragon. Le courage du jeune roi suscite l'admiration de la fille de Léodagan, Guenièvre. C'est elle que Merlin a choisie comme épouse pour son protégé. Les négociations pour le mariage sont engagées.

Arthur reçoit la Table ronde en cadeau de noces. Merlin lui demande alors de créer un ordre de chevalerie qui réunira les meilleurs chevaliers du monde, l'ordre de la Table ronde. C'est Merlin qui raconte les batailles d'Arthur, mais il lui arrive aussi d'étranges aventures.

À cette même époque, alors qu'il a pris l'apparence d'un beau jeune homme, il fait la connaissance de Viviane au bord d'une fontaine et promet de lui transmettre son savoir en échange de son affection. Fâcheuse initiative ! Viviane va abuser de sa générosité.

Après avoir reçu l'hommage de tous ses chevaliers, Arthur organise une grande fête de réconciliation. Tous les chevaliers de la Table ronde passés au service du roi depuis son mariage prononcent le vœu de secourir les damoiselles en détresse. Ils s'engagent aussi à raconter, sans mentir, leurs exploits que Guenièvre fera transcrire par quatre clercs. Ils organisent également un tournoi où ils combattent Gauvain et d'autres chevaliers de la reine. Un cousin de Guenièvre, Guiomar, entame alors une aventure amoureuse avec la sœur d'Arthur, la fée Morgane, qui a aussi été éduquée par Merlin. Elle est notamment experte en astronomie. La reine n'apprécie pas du tout cette relation sentimentale et le fait savoir à Morgane. Désormais, les deux belles-sœurs seront des ennemies mortelles.

La vie de la cour du roi Arthur à Camelot

Le roi Arthur a fait construire son magnifique château de Camelot, au pays de Galles, comme un écrin destiné à abriter la Table ronde et sa confrérie de chevaliers. Il a une autorité certaine sur son entourage, y compris aux heures les plus sombres de son humiliation par ses ennemis et de son chagrin personnel.

Toute égalité entre le roi et les chevaliers de la Table ronde est exclue. L'autorité du souverain s'exerce notamment dans le domaine de la Justice, où la décision finale lui revient toujours. Malgré cette position prééminente du roi, la Cour attire de nombreux guerriers. Ils y trouvent une sociabilité courtoise, voire une convivialité chaleureuse, qui ne préserve cependant ni des rivalités, ni des intrigues ou des tensions.

La plupart sont des vassaux d'Arthur. Ils lui doivent l'aide militaire et le conseil. Ils sont toujours présents auprès du monarque. Mais sur un plan plus humain, tous sont séduits par l'affabilité du souverain à leur égard. Ils ont raison de l'aimer, car il se montre d'une extrême générosité. Non seulement il leur offre le gîte et le couvert, mais aussi l'argent, la vaisselle, les armes, les robes et les chevaux.

Ce faste de cour n'apparaît pas du tout dans l'œuvre de Monmouth. C'est Chrétien de Troyes qui le décrit le mieux, car il connaît bien la fascination qu'exercent sur la noblesse les superbes marchandises qu'on peut acquérir dans les grandes foires des villes de Champagne comme Troyes ou Provins.

Camelot est au centre de toutes les aventures des chevaliers de la Table ronde. Tout en part et tout y aboutit. Il ne faut pas pour autant croire que le roi Arthur soit un personnage statique et majestueux, incapable de sortir de son palais. C'est tout le contraire, il aime l'aventure, il est en perpétuels déplacements avec ses chevaliers. Quand il n'a pas de leurs nouvelles, il part à leur recherche. C'est ainsi que lorsqu'on perd la trace de Perceval, Arthur déclare : « Jamais plus je ne coucherai deux nuits de suite en chambre ou en salle avant de le revoir, s'il est vivant, sur mer ou sur terre, mais je vais me mettre tout de suite en route pour partir à sa recherche. »

Mais Perceval, c'est une autre aventure, celle d'un singulier chevalier de la Table ronde. C'est la quête du Graal. Le Graal est la coupe qui aurait servi à Jésus-Christ pour célébrer la dernière Cène avec ses disciples. L'un d'eux, Joseph d'Arimathie, y aurait recueilli, au pied de la Croix, quelques gouttes de sang du flanc du Christ percé par le centurion. C'est ce Joseph d'Arimathie qui vint demander le corps du Christ à Pilate pour l'ensevelir. Il garda la coupe, qui fut transportée en Occident.

Le Saint Graal a été l'objet d'un culte particulier au Moyen Âge. Il est apparu dans de nombreuses légendes et plusieurs romans de chevalerie ont évoqué sa quête. Ils ont fait de cette coupe un symbole de la grâce accordée à ceux qui font pénitence. Toutes ces légendes sont d'origine celtique. Le Graal devait donc apparaître dans l'épopée des chevaliers de la Table ronde.

Perceval et la quête du Graal

Perceval est un jeune Gallois qui vit dans son manoir de la forêt Gaste, avec sa mère veuve, loin de tout. Il est fasciné par sa rencontre inattendue avec cinq chevaliers en armure qui lui paraissent « beaux comme des anges ». Il décide alors de partir pour la cour du roi Arthur afin de devenir à son tour chevalier. Lorsqu'elle l'apprend, sa mère s'écroule de douleur. Elle lui parle pour la première fois de son père et de ses deux frères devenus aussi chevaliers. Ils ont été grièvement blessés et tués au combat. Après avoir conseillé à son fils de se mettre au service des dames, de fréquenter des hommes de valeur et de prier dans les églises, elle s'évanouit, comme morte.

Perceval se rend alors à la cour du roi Arthur et lui demande les armes du chevalier Vermeil qui revendique ses terres et vient de l'offenser en versant une coupe de vin sur la reine Guenièvre. Le jeune Gallois tue le chevalier Vermeil d'un coup de javelot. Puis il revêt ses habits, s'empare de ses armes et repart sur son cheval.

Il arrive dans un château dont le propriétaire, Gornemant, l'initie à l'équitation, au maniement des armes et aux usages de la Cour. Après l'avoir solennellement adoubé, donc fait chevalier, Gornemant lui déconseille les bavardages inutiles et l'encourage lui aussi à prier.

Perceval atteint une rivière où un pêcheur à la ligne lui propose de l'héberger pour la nuit. Entré dans un château merveilleux, il trouve le pêcheur déjà sur un lit. Il ne peut se lever en raison d'une infirmité. Il lui remet une épée magnifique qui vient de lui être envoyée par sa nièce. Surviennent un jeune homme portant une lance dont coule du sang puis un cortège où une demoiselle tient un Graal d'or rempli de pierres précieuses dégageant une grande clarté. Suivant le conseil de son maître, le Gallois n'ose questionner le pêcheur, qui est en réalité le seigneur du château. Au réveil, il trouve celui-ci vide de ses occupants. Il part et rencontre une demoiselle qui pleure. Elle lui demande son nom. Il le lui donne : « Perceval le Gallois. »

La jeune fille s'avère être sa cousine germaine. Elle lui reproche de ne pas avoir interrogé le roi-pêcheur sur le cortège du Graal qu'il a vu la veille, car cela l'aurait guéri. Elle lui apprend aussi la mort de sa mère, par sa faute, toujours parce qu'il n'a pas posé la question salvatrice à propos du Graal. Perceval veut alors regagner la cour du roi Arthur à Camelot. Il rejoint les chevaliers de la Table ronde.

Pendant cinq ans, il part à la recherche du Graal. Mais tout au long de cette quête et de ces aventures, il a oublié Dieu. Le Vendredi saint, il rencontre dans la forêt un cortège de pénitents. Ils lui parlent d'un ermite auquel ils viennent de se confesser. Perceval veut le rencontrer. L'ermite lui apprend que le cortège du Graal qu'il a vu apportait une hostie au roi-pêcheur, qui en avait fait sa seule nourriture depuis quinze ans. En fait, l'ermite est le frère de ce roi infirme. Et il est aussi le frère de la mère de Perceval, morte à cause de son fils. Comme pénitence, il lui impose d'assister à la messe et de communier.

Perceval poursuit sa quête du Graal. Il n'a pas encore rencontré la grâce qui lui permettrait de se transcender. Il n'arrivera pas au bout de sa quête spirituelle. Gauvain, le neveu du roi Arthur, va lui aussi se lancer à la recherche du saint objet. Comme Perceval, il vit mille aventures. Il affronte autant de dangers, en particulier dans un château enchanté où, assis sur un lit merveilleux, il est attaqué par une volée de flèches puis par un lion qu'il tue. Il surmonte une série d'épreuves et parvient à sortir de ce château hanté où, en réalité, il était retenu prisonnier. Lui non plus ne trouvera pas le Graal. Gauvain est vaniteux, mondain et irrésolu. Il change aussi facilement d'aventures chevaleresques que d'amourettes volages. Il n'est pas suffisamment prêt pour atteindre le Graal, pas plus que Perceval.

Seul le très jeune et très pur chevalier Galaad, fils de Lancelot, parfaitement chaste, aura le privilège de découvrir le Graal. Il le trouve, devient roi du Palais spirituel de Sarras. Il assiste à l'office du Graal, communie et meurt selon ses vœux. Il est emporté au ciel avec la coupe sacrée. Perceval, qui l'accompagnait, ne reçoit pas la même grâce. Il devient ermite et meurt peu après. Ce personnage inspirera Richard Wagner pour *Parsifal*, son seul opéra qu'on n'applaudit pas en raison de son caractère religieux.

Cette interminable quête du Graal s'accompagne de grands troubles à la cour du roi Arthur. La fin des chevaliers de la Table ronde est proche.

La mort du roi Arthur

Il est évident que les épisodes de la quête du Graal ont relégué Merlin très loin des chevaliers de la Table ronde. On l'avait laissé en compagnie de Viviane dont il était tombé amoureux. Il en avait fait sa disciple. Il lui offre un château et Viviane devient la Dame du Lac, celle-là même qui fera l'éducation de Lancelot, d'où son nom de Lancelot du Lac.

Merlin apprend à Viviane tout ce qu'il sait, même comment retenir un homme pour l'éternité. Alors, une nuit, profitant de son sommeil, Viviane l'ensorcelle et l'emprisonne dans une tour invisible. Depuis, Merlin n'est plus accessible au monde des hommes. C'est dommage, car Arthur aurait eu bien besoin de ses pouvoirs dans le dernier épisode des aventures des chevaliers de la Table ronde.

La Mort du roi Arthur est rédigée vers 1230, dans la foulée de la quête du Graal. Son auteur est inconnu. Il est peut-être originaire de la Brie ou de la Champagne. Nous n'en savons rien, mais le contenu du texte est singulièrement dramatique.

Le récit commence au retour de Jérusalem du chevalier Bohort, qui raconte à Arthur la mort de Galaad et de Perceval. Trente-deux chevaliers ont péri dans la quête du Graal. Lancelot et Guenièvre ont repris leur liaison. Un frère de Gauvain surprend leurs amours et en fait part au roi, qui ne le croit pas... Il organise alors un tournoi auquel participe Lancelot incognito. Il est blessé par son cousin Bohort. Il disparaît pendant deux mois pour être soigné. Pendant le tournoi, il portait sur son armure la couleur rouge de la demoiselle d'Escalot. Elle était follement éprise de lui. Son identité ayant été découverte par Arthur, Guenièvre devient folle de jalousie. Outré, Bohort part à la recherche de Lancelot, qu'il retrouve au château d'Escalot où la demoiselle le soigne de ses blessures.

Pendant ce temps, en revenant du tournoi où Lancelot a été blessé, le roi Arthur s'égare dans la forêt. Il va être accueilli, avec les siens, dans le superbe château de sa sœur, la fée Morgane. Perfidement, celle-ci fait dormir son frère dans la chambre occupée par Lancelot lorsqu'il était son prisonnier. Or il avait alors peint sur les murs des fresques relatant ses amours avec Guenièvre. Morgane réussit à convaincre son frère de l'adultère de Guenièvre. Entre-temps, Lancelot est obligé d'avouer à la demoiselle d'Escalot qu'il en aime une autre. La jeune fille en meurt.

Alors que tout le monde est rentré à Camelot, une nacelle contenant le cadavre de la demoiselle d'Escalot y échoue. La morte tient une lettre dans ses mains. Elle y explique son décès par le refus de Lancelot de l'aimer. Guenièvre s'en veut d'avoir douté de son amant.

Les amours de Lancelot et de Guenièvre sont si peu discrètes qu'Arthur les surprend dans une tour de Camelot. Lancelot est obligé de s'enfuir en Bretagne continentale. Le roi Arthur demande qu'un tribunal juge Guenièvre et la condamne au bûcher. Au moment de l'exécution, Lancelot et Bohort arrivent au galop et enlèvent la reine avant qu'elle ne soit brûlée.

Les deux amants se réfugient dans un château appelé « La Joyeuse Garde », qui est bientôt assiégé par Arthur et ses troupes. Lancelot combat alors Arthur avec succès en rase campagne mais il lui laisse la vie sauve. Le pape excommunie le roi et met les terres du monarque sous interdit, c'est-à-dire sous séquestre, tant qu'il ne reprend pas son épouse. Arthur cède, il se réconcilie avec Guenièvre et met des bateaux à la disposition de Lancelot et Bohort pour qu'ils gagnent le continent. Mais il reprend les hostilités. Il part sur le continent pour se battre une nouvelle fois contre Lancelot. Avant de partir, il confie Guenièvre à son fils et neveu Mordred.

En effet, Arthur était bien plus coupable que Guenièvre : il avait couché avec sa sœur Morgane et ils avaient eu un fils ! À son tour, Mordred s'éprend de la reine. Il lui fait croire qu'Arthur est sur son lit de mort et lui demande de l'épouser. Consciente que Mordred est le fils incestueux de son mari, Guenièvre refuse ce mariage et s'enferme avec quelques fidèles dans la Tour de Londres.

C'est sur le continent qu'Arthur apprend la trahison de Mordred. Il retourne en Grande-Bretagne avec ses hommes. Guenièvre se réfugie dans un monastère dont l'abbesse s'engage à la réconcilier avec Arthur et à la protéger de Mordred, qui n'a pas réussi à prendre la Tour de Londres et la poursuit encore. Un rêve annonce à Arthur le salut de son âme mais aussi sa mort prochaine tandis que tourne la roue de la fortune. L'archevêque auquel il se confesse lui prédit également son trépas. Il lui conseille de faire appel à Lancelot.

La prophétie de Merlin va alors s'accomplir. Arthur et ses soldats vont affronter ceux de Mordred dans la plaine de Salisbury. Mordred s'est allié avec les Saxons, les Irlandais et les Gallois. Ses troupes tuent pratiquement tous les chevaliers de la Table ronde. Le roi Arthur a le dernier mot : il tue Mordred en combat singulier. Mais ce dernier l'avait frappé à la tête : le père tue le fils et le fils tue le père.

Trois chevaliers de la Table ronde qui ont survécu au massacre veillent le roi. L'un d'eux, à la demande d'Arthur, jette l'épée Excalibur dans un lac. Une main sortant de l'eau s'en saisit. Est-ce la main de la fée Viviane ? Bien sûr !

Arrivée par la mer, Morgane embarque son frère sur la Nef aux Fées et emporte son corps sur l'île d'Avalon. Désormais, ce sont les deux fils de Mordred qui occupent la Grande-Bretagne. Lancelot accourt aussitôt avec Bohort et remporte sur les usurpateurs la victoire de Winchester. Guenièvre prend le voile et meurt un peu plus tard. Lancelot est ordonné prêtre, célébrant tous les jours la messe. Il s'impose une dure vie de pénitence et, lui aussi, ne va pas tarder à mourir...

En l'an 1157, un poète franco-normand, Wace, commente la croyance qui commence à s'installer dans la survie d'Arthur : « Il est encore à Avalon attendu par les Bretons. En effet, ils disent et croient qu'il reviendra du lieu où il s'en est allé et qu'il revivra. Merlin a prédit que la fin d'Arthur resterait enveloppée d'ambiguïtés. Les hommes se sont toujours demandé et j'imagine se demanderont toujours s'il est mort ou vivant. »

Le mythe du roi Arthur pouvait commencer.

Références bibliographiques

Martin Aurell, *La Légende du roi Arthur 550-1250*, Paris, Perrin 2007, rééd. coll. « Tempus » 2018.

Chrétien de Troyes, *Lancelot ou le Chevalier de la charrette*, Paris, Diane de Selliers éditeur, 2014.

Les Grands Mythes de l'Homme, éd. française sous la direction de Paul Saint-Yves, adaptation française d'Antoine Jaccottet, Paris, Robert Laffont, 1987.

Elizabeth Ire ou la raison d'État

Nous sommes à Londres, le 8 février 1587. Sur le bureau de la reine, de nombreux papiers attendent d'être lus, approuvés ou renvoyés pour un complément d'enquête. Depuis trois mois, Elizabeth Ire fait semblant de ne pas voir un document beaucoup plus important que les autres. Elle le repousse, le dissimule mais ne cesse d'y penser. Jour et nuit. Ce document, c'est une lettre. Ce qu'on appelle un *warrant*, autrement dit un ordre d'exécution. À portée de ses yeux et de sa main, il n'attend que sa signature. Depuis douze semaines, la souveraine hésite. Il faut dire que l'ordre vise sa propre cousine, elle aussi reine de surcroît : Marie Stuart. En tant que dirigeante protestante de l'Angleterre, peut-elle prendre le risque de faire décapiter une autre tête couronnée, une catholique, dont elle est parente au deuxième degré ? Quelles seront les réactions de la France et de l'Espagne, elles aussi catholiques ? Doit-elle se montrer implacable ou bien clémente ? N'est-ce pas imprudent de prouver au Parlement, au peuple et à tout le royaume que l'on peut légalement faire couper la tête d'une reine ? N'est-ce pas insensé de faire exécuter celle qu'elle maintient emprisonnée depuis dix-neuf ans, accusée sans preuves réelles de conspiration ? Ne peut-elle échapper à la malédiction de son sanguinaire géniteur, le roi Henri VIII ?

Toutes ces questions se bousculent dans la tête d'Elizabeth. Il ne semble pas y avoir de « bonne » solution. Dès lors, son attitude tout au long de cette affaire sera un monument d'hypocrisie digne des personnages du théâtre de Shakespeare, qu'elle admire. Elle signe finalement le *warrant*, envoyant à la mort l'indomptable et turbulente reine d'Écosse, également brièvement reine de France.

Avant son exécution, Elizabeth Ire a imposé à sa cousine le supplice de l'attente, interminable, de la mort toujours repoussée. Après trois mois de torture mentale, Marie Stuart meurt sous la hache du bourreau dans la prison de Fotheringhay. Pétrifiée par son geste et les horribles détails de l'exécution, Elizabeth osera prétendre qu'elle a paraphé ce document au milieu d'autres, sans vraiment le lire, et qu'elle n'a pas été consciente d'envoyer sa parente au bourreau ce 8 février 1587 ! Mais en son for intérieur, il lui faut affronter la hideuse nécessité d'avoir fait trancher la tête d'une femme de la même condition qu'elle. Elle est devenue une reine régicide ! Son choix est guidé par la même nécessité qui l'a portée toute sa vie : la raison d'État.

L'humiliation d'être une bâtarde

S'il est un mot qu'Elizabeth entend durant toute son enfance, et qui va altérer sa vie, c'est celui de « bâtarde ». Une gifle humiliante, une insulte infamante qui n'empêchera pas cette fille d'Henri VIII et de sa deuxième épouse, Anne Boleyn, de hisser son royaume au premier rang des puissances européennes à la fin du XVIe siècle.

La passion du roi pour Anne Boleyn le pousse à demander au pape l'annulation de son mariage avec Catherine d'Aragon. La procédure va durer de 1527 à 1533, mais Rome refuse de dissoudre le mariage. Peu importe à

Henri VIII, il n'a pas de temps à perdre : le 25 janvier 1533, Anne Boleyn, enceinte, devient secrètement sa deuxième femme. L'archevêque de Canterbury annule le premier mariage, et le roi est désormais chef suprême de l'Église d'Angleterre. La rupture avec Rome est consommée pour les beaux yeux d'Anne Boleyn : c'est un tournant dans l'histoire européenne.

Huit mois plus tard, le 7 septembre 1533, la jeune femme donne le jour à une fille, Elizabeth, demi-sœur de Marie Tudor, qui est de dix-sept ans son aînée et elle-même fille de Catherine d'Aragon. Ce qui fait d'Elizabeth une bâtarde, c'est que pour les catholiques, sa mère n'a été unie à Henri VIII qu'en vertu d'une dissolution illégitime suivie d'un remariage non admis par Rome. Le conflit familial ne fait que refléter le conflit religieux qui divise l'Angleterre.

Pendant onze ans, aussi bien pour les catholiques que pour les protestants, Elizabeth souffre d'être cette enfant bâtarde, donc n'ayant théoriquement aucun droit de succession à la couronne. Elle en subit un outrage permanent, jusqu'en 1544. À cette date, un statut du Parlement, voulu par le roi, lui rend ses droits au trône, la plaçant en troisième position dans l'ordre de succession.

À la mort d'Henri VIII, en 1547, c'est son seul fils qui lui succède, sous le nom d'Édouard VI. Il est né en 1537 de Jane Seymour, troisième épouse du roi. Il n'a donc que 10 ans. Lorsqu'il meurt, en 1553, Marie Tudor devient reine d'Angleterre. Elle est d'un catholicisme strict et intransigeant, hérité de sa mère, l'Espagnole Catherine d'Aragon. Son intolérance lui vaudra, après l'exécution de 300 réformés, le surnom de *Bloody Mary* (« Marie la sanglante »). Elle accuse, sans aucune preuve, sa demi-sœur Elizabeth d'un complot protestant et la fait enfermer à la sinistre Tour de Londres.

Isolée, Elizabeth prépare sa revanche

Marie Tudor croit anéantir sa demi-sœur. Elle se trompe ! Très intelligente, pas du tout abattue, Elizabeth profite de sa détention pour continuer à se cultiver. Elle se plonge avec gourmandise dans l'étude et l'amélioration de ses connaissances. Ainsi, elle apprend l'italien, le français, l'espagnol et un peu d'allemand. Sa maîtrise des langues lui permettra, plus tard, d'être en relations directes avec les ambassadeurs étrangers et même, devenue reine, de se passer d'intermédiaires.

De sa mère, elle a hérité l'art du mensonge. De son père, dont la brutalité n'excluait pas le goût du raffinement, elle avait déjà reçu une éducation très soignée, familiarisée avec les auteurs grecs et latins grâce à l'enseignement d'humanistes réputés de Cambridge. Elle écrit et parle aussi bien le grec que le latin. Elizabeth aime la danse et accordera une grande importance à la musique de cour. Ainsi, bien qu'écartée du pouvoir et emprisonnée, puis libérée mais éloignée de la Cour, elle perfectionne l'art de se dominer, de dissimuler et de manœuvrer avec prudence. Une éducation politique inspirée de Florence. En se faisant oublier, Elizabeth se prépare…

L'autre erreur de Marie Tudor est de ne pas avoir senti que la classe moyenne anglaise, nouvellement promue, refuse de retourner dans l'obédience de l'Église catholique romaine, devenue minoritaire. De même, les marchands ne supportent pas d'être soumis à des rivaux commerciaux aux ordres de Madrid et des Flamands puisque la Flandre est alors sous occupation espagnole.

Marie Tudor, austère reine de 36 ans, accepte d'épouser le roi d'Espagne Philippe II, fils et successeur de Charles Quint. Elle ne se rend pas compte que ce mariage catholique renforce le mépris du peuple d'Angleterre à son égard. Délaissée par son mari, n'ayant pu mener une grossesse à terme, elle meurt à 42 ans, après cinq ans de règne, obligée de désigner sa demi-sœur Elizabeth pour lui succéder, conformément à la volonté d'Henri VIII, le véritable réformateur de la religion des Anglais.

L'avènement d'Elizabeth soulage l'Angleterre

Proclamée reine le 17 novembre 1558, Elizabeth accède au trône à 25 ans. Son attachement au protestantisme va inspirer toute sa politique, aussi bien intérieure qu'extérieure. Sacrée en 1559, elle règne et gouverne, ce qui est une révolution politique, et préfigure ce qui sera le choix de Louis XIV. Au machiavélisme de son père et à sa hardiesse dénuée de scrupules, Elizabeth ajoute son jugement éclairé sur les hommes et les événements. Pragmatique comme Henri VIII, elle sait l'avantage que constitue une Église autocéphale et qui reflète un sentiment national.

Même s'il lui arrive parfois d'être sceptique, elle conçoit le protestantisme comme le ferment d'un patriotisme vigoureux. À la grande satisfaction du Parlement et du peuple, qui a adopté l'anglicanisme, elle refuse l'incroyable offre de mariage de Philippe II, le veuf très distant de Marie Tudor. Ce geste politique de la reine est très apprécié, d'autant que la démarche du fils de Charles Quint est jugée de très mauvais goût.

En son conseil, la reine s'entoure d'hommes expérimentés, souvent issus de la bourgeoisie. Ainsi, William Cecil, collaborateur précieux pendant près de quarante ans, futur lord Burghley, sera l'un des plus grands politiciens anglais du XVIe siècle. Elizabeth réunit son conseil presque quotidiennement. Il traite aussi bien de questions financières que religieuses, de l'importante correspondance diplomatique que la reine examine au mot près, que des plaintes des particuliers contre une défaillance de l'administration. Des plus importants dossiers aux démarches les plus modestes, la souveraine incarne l'absolutisme anglais, tout en demeurant toujours accessible.

Après le règne sanglant de sa demi-sœur Marie Tudor, Elizabeth veille cependant à agir avec prudence. Elle se méfie de la tendance la plus radicale du protestantisme qui conteste l'autorité des évêques. Cette tendance est imprégnée de calvinisme et appréciée de ceux qu'on appellera les « puritains ». Mais elle se méfie aussi de la minorité catholique qui dispose d'importants appuis en Écosse. En réalité, la seconde fille d'Henri VIII cherche une voie intermédiaire. Elle se veut conciliante dans l'autorité.

La reine organise l'Église anglicane

En 1559, procédant avec une grande prudence et avec l'aide du Parlement, Elizabeth rétablit l'Acte de suprématie élaboré par son père mais que Marie Tudor avait abrogé. Ce « serment de suprématie » qui confirme le schisme avec la papauté doit être prêté non seulement par les ecclésiastiques, mais aussi par tous les membres du Parlement et les fonctionnaires.

Voulant maintenir une paix indispensable, la reine exclut de ce que nous appellerions aujourd'hui la fonction publique aussi bien les catholiques rigoureux que les protestants radicaux. L'Église nationale passe sous l'autorité suprême du monarque, elle est donc indépendante de Rome.

La souveraine exerce plus un pouvoir civil qu'une autorité spirituelle. Pour ne pas trop irriter les catholiques, elle se contente du titre de « suprême régulateur de l'Église » plutôt que celui de « chef suprême de l'Église » que s'était octroyé son père. Le serment de suprématie sera en usage pendant un peu plus de trois siècles, jusqu'à la moitié du règne de la reine Victoria, vers 1870.

Elizabeth fait aussi publier par le Parlement une version édulcorée du livre de prières, en atténuant les formules qui pourraient offenser les catholiques, toujours prêts à réagir. La recherche de l'équilibre spirituel est constante chez elle.

Mais du 10 au 17 octobre 1562, une épidémie de variole fait craindre pour sa vie. Serait-ce un châtiment ? La rumeur court puis s'éteint : la reine échappe à la maladie ! En 1563, elle promulgue les 39 articles d'une nouvelle loi adoptée par le Parlement. Ces dispositions reflètent une voie moyenne entre le catholicisme romain et le calvinisme genevois. Il n'y a aucun fanatisme chez Elizabeth. En remplaçant l'usage du latin, qui lui est familier, par celui de l'anglais, elle agit en politique : elle sait qu'une langue est un irremplaçable ferment d'union. Vingt-quatre ans plus tôt, le roi de France François Ier avait, par l'ordonnance de Villers-Cotterêts, imposé l'usage du français pour unifier son royaume.

L'Église anglicane n'admettra que deux sacrements, le baptême et la communion, tandis que le purgatoire et le culte des saints ne sont plus retenus. Mais pour Rome, il y a plus grave : les conciles ne sont plus infaillibles et le célibat des prêtres est abandonné. La réaction ne tarde guère : la reine d'Angleterre sera excommuniée en 1570, comme l'avait été son père.

Elizabeth est-elle la « reine vierge » ?

Après l'incroyable et choquante proposition de mariage de Philippe II, Elizabeth Ire a éconduit plusieurs prétendants, dont l'archiduc Charles de Habsbourg, oncle de ce même roi d'Espagne.

Elle décline aussi la candidature du duc d'Alençon, frère du roi de France Henri III, qui n'a pas d'enfants, donc héritier potentiel du trône des Valois. Le duc séjourne à Londres du 17 au 29 août 1579 mais le cœur de Sa Majesté la reine n'en bat pas plus vite. Il est aussi possible qu'il l'ait trouvée trop âgée pour avoir un héritier ou une héritière – elle a 46 ans, lui 24. Du côté de la souveraine, on n'est guère ébloui par le plus jeune, mais aussi le plus laid, des enfants d'Henri II et de Catherine de Médicis. Son nez, énorme et boursouflé, est peu attrayant. Par ailleurs, le prince est fragile. Déjà malade, il mourra de la tuberculose cinq ans après son séjour londonien.

Elizabeth est donc sans homme. On ne lui connaît pas d'amant officiel et quand on lui parle mariage pour assurer sa descendance, elle ne veut rien entendre. Il est cependant peu probable qu'elle soit demeurée vierge, comme elle l'affirmait par défi. Elle se contente de liaisons : le nombre, la jeunesse et la beauté de ses favoris laissent supposer qu'ils ne lui sont pas indifférents. Mais aucun ne la domine, ni intellectuellement, ni politiquement.

Sa supposée virginité inspirera les colons anglais débarquant en Amérique en 1585 : la première colonie anglaise sera baptisée par sir Walter Raleigh « Virginia », « Virginie »... Deux siècles plus tard, elle sera le berceau de l'indépendance américaine.

On peut comprendre le célibat royal : il faut dire que dans le registre du mariage, l'exemple de son père n'est pas le plus recommandable. Il l'avait probablement traumatisée ! Elizabeth Ire ne veut s'unir qu'à l'Angleterre. Elle ne sera mariée qu'avec le pouvoir.

Marie Stuart choque l'Écosse et exaspère Elizabeth

À partir des années 1570, Elizabeth Ire se heurte à une double opposition. La première est celle des calvinistes presbytériens, qui refusent la hiérarchie épiscopale et les survivances catholiques dans l'Église anglicane. La seconde, celle des catholiques d'Écosse, pour qui l'âme de la révolte et de l'indépendance est la romanesque Marie Stuart.

Il faut rappeler que celle-ci, née en 1542 au château de Linlithgow, à l'ouest d'Édimbourg, n'a pas connu son père, le roi Jacques V d'Écosse, mort peu après sa naissance. Immédiatement proclamée reine, Marie Stuart grandit sous la tutelle de sa mère Marie de Lorraine, régente d'Écosse en son nom. Très vite, elle vit à la cour de France, car fiancée dès 1548 au dauphin François. Elle l'épouse dix ans plus tard. L'année suivante, après la mort accidentelle, lors d'un tournoi, de son père, le dauphin devient roi sous le nom de François II. À 17 ans, Marie Stuart est reine de France.

Après la mort prématurée de son mari en 1560, elle regagne l'Écosse. Elle retrouve son royaume très agité par les progrès de la Réforme. Bien que rigoureusement catholique, Marie Stuart ne s'oppose pas aux prédications du sévère réformateur John Knox et se réserve le droit d'assister chaque jour à la messe.

En 1565, elle épouse, selon le rite catholique, son cousin Henri Darnley, un grand jeune homme vaniteux, odieux et stupide ! Rapidement, elle se met à le détester et prend pour amant un musicien italien, Riccio, qui est aussi son secrétaire. Jaloux, Darnley fait exécuter ce rival en 1566. Édimbourg se révolte contre ce forfait et Marie est obligée de se réfugier dans la forteresse pour y accoucher d'un fils, le futur Jacques VI.

C'est alors que le frère bâtard de Marie, le comte de Moray, intelligent mais pervers et qui veut à tout prix le trône de sa sœur, conçoit un complot machiavélique. Il charge un aventurier nommé Bothwell de tuer Darnley le 9 février 1567. Puis, il pousse l'inconsciente Marie Stuart à épouser trois mois plus tard… le meurtrier de son mari !

Une dramaturgie digne de Shakespeare ! C'était évidemment un piège : Marie Stuart est discréditée et déshonorée. Elle est exclue de la dignité royale, l'opinion catholique est révoltée. Les partisans de l'incontrôlable reine d'Écosse sont très mal vus. La scandaleuse Marie est enfermée au château de Loch Leven, sur une île. Les lairds – équivalents écossais des lords – protestants, exaspérés par l'inconduite de leur souveraine, lui arrachent son abdication en faveur de son fils. Elle a souillé le trône d'Écosse. L'honneur ne pouvait être recouvré que par cette renonciation.

Jolie femme, très grande, comme tous les membres de la famille de Guise dont elle est issue, Marie Stuart étonne pourtant toujours celles et ceux qui l'approchent. Sa peau est si diaphane que lorsqu'elle boit, on voit, dit-on, le vin couler dans les veines de son cou ! Elle écrit des poèmes, chante d'une belle voix, mais son charme ne peut faire oublier son grand défaut : elle a un tempérament de feu ! Ses écarts amoureux l'empêchent d'écouter des conseils avisés. Si Elizabeth n'est pas mariée, Marie Stuart la frivole ne l'est que trop, et très mal ! Elle dégrade sa cause politique en ternissant le catholicisme.

La faute : Marie se réfugie en Angleterre !

À ce feuilleton digne d'Alexandre Dumas, il ne manque qu'un épisode romanesque : une nuit, Marie Stuart s'évade de Loch Leven. Elle quitte l'Écosse pour l'Angleterre, espérant y recevoir la protection de sa cousine Elizabeth. C'est une grave erreur, qui prouve son inconscience politique ! En effet, l'ex-reine d'Écosse a des droits sur la couronne d'Angleterre parce que sa grand-mère était la sœur aînée d'Henri VIII, ce qui fait d'elle la petite-nièce du père d'Elizabeth. Or, cette dernière n'ayant pas d'héritier, Marie Stuart devient une rivale dangereuse, capable de fomenter des intrigues catholiques dans l'intention d'envahir l'Angleterre.

Elle pourrait peut-être recevoir l'appui de troupes françaises et espagnoles... Elizabeth n'hésite pas : elle fait arrêter son écervelée cousine, qui ne comprend pas pourquoi ! Pendant dix-huit ans, Marie Stuart sera maintenue en semi-captivité, traînée d'un château à l'autre, réclamant sans cesse de pouvoir rencontrer Elizabeth. Contrairement à ce que Schiller imaginera dans sa pièce, la reine d'Angleterre refusera cependant toujours de la recevoir. Ses partisans multiplient alors les tentatives pour la libérer et la placer sur le trône de la « reine vierge », en particulier le duc de Norfolk. La reine d'Angleterre, exaspérée, le fait arrêter. Il est exécuté le 2 juin 1572.

On peut s'interroger sur le comportement paradoxal de Marie Stuart. D'un côté, elle jure à Elizabeth son innocence dans le meurtre de son mari Darnley et, de l'autre, elle se compromet avec des partisans maladroits qui cherchent à éliminer la reine d'Angleterre. Ces deux raisons suffisent à cette dernière pour maintenir son impétueuse parente sous étroite surveillance. Et l'horreur des massacres de la Saint-Barthélemy en France, le 24 août 1572, ne peut que conforter Elizabeth dans sa répression, elle aussi impitoyable, des catholiques. Elle montre une intolérance comparable, bien qu'inverse, à celle de Marie Tudor : l'amende pour absence au culte le dimanche est portée à 20 livres, une somme très importante pour l'époque. Plus tard, en 1585, des prêtres « papistes » et des jésuites, sans aucun autre motif que leur religion et en l'absence de toute conspiration, seront pendus. Elizabeth Ire est obligée d'être intraitable.

L'Invincible Armada sombre : la victoire d'Elizabeth

Comme je l'ai écrit dans la première partie de ce récit, la reine repoussera de trois mois l'exécution de sa cousine. Le martyre de Marie Stuart provoque des réactions scandalisées dans les États à majorité catholique, ce qui est le cas de la puissante Espagne. Sur ordre de Philippe II, dont Elizabeth n'avait pas voulu pour époux, une flotte de 130 navires et 17 000 hommes quitte Lisbonne le 30 mai 1588. En réalité, derrière ce prétexte de solidarité dynastique et religieuse en mémoire de Marie Stuart se dissimule la volonté espagnole d'en finir avec les incursions permanentes des corsaires anglais, comme Francis Drake, dans l'empire colonial de Madrid. Depuis vingt ans, les galions de Philippe II sont arraisonnés et attaqués par des boucaniers qui accomplissent les basses œuvres que la reine d'Angleterre ne peut officiellement avouer. De plus, Elizabeth soutient les révoltés protestants des Pays-Bas espagnols.

Mais l'Armada, réputée invincible, est commandée par un amiral incompétent. Le roi doit vite renoncer à son plan d'invasion. Pis : à cause d'une tempête, la moitié des navires espagnols font naufrage ou sont détruits. Cette étonnante victoire renforce la vocation maritime de l'Angleterre. Elizabeth, très fière, déclare : « J'ai le cœur et l'estomac d'un roi. Bien plus, d'un roi d'Angleterre ! »

La destruction, quasi miraculeuse, de la flotte envoyée par Philippe II est à l'origine d'une véritable extase patriotique anglaise. Elizabeth devient une héroïne chantée par les poètes sous le nom de Gloriana. Cette suprématie s'accompagne d'un remarquable essor économique dû aux compagnies commerciales, d'une progression démographique et d'une première révolution industrielle avec l'installation de forges, les débuts de l'extraction de la houille et la mise en service de nouveaux métiers à tisser.

La monarchie s'investit dans ces progrès. Elizabeth ouvre la Bourse de Londres et y place ses propres deniers. Elle élabore le statut des artisans et des apprentis. Elle est également à l'origine du premier système d'assistance publique connu en Europe : elle oblige les paroisses à venir en aide aux pauvres.

La reine est adulée. Son règne est mis en scène par le talent de Shakespeare, au cœur d'un essor intellectuel et artistique remarquable. Pourtant, elle a du mal à ne pas être jalouse de femmes plus jeunes qu'elle. Le visage fardé de blanc, parée de bijoux et de perles dans de somptueux atours, elle affronte aussi de mauvaises récoltes, la rébellion en Irlande et la chute de son favori, le comte d'Essex. Il a… trente-quatre ans de moins qu'elle ! Peu lui importe, elle le trouve beau et charmant. Mais il est maladroit : il échoue en Irlande et, outrage suprême, il se marie secrètement ! Alors, Elizabeth se venge, elle le bannit de la Cour. Il conspire alors avec le fils de Marie Stuart. À nouveau, la souveraine attendra longtemps, mais elle finira par le faire décapiter…

Au-delà de son exécution, Marie Stuart s'est pourtant vengée : en effet, au décès d'Elizabeth, à 70 ans, après quarante-cinq ans de règne, le 24 mars 1603, c'est le fils de l'ex-reine d'Écosse, le roi Jacques VI, qui lui succède. Il régnera aussi sur l'Angleterre sous le nom de Jacques Ier. Certes, il est protestant, mais quelle revanche posthume pour la martyre catholique ! Les Stuarts ont succédé aux Tudors, permettant, enfin, l'union des deux couronnes d'Angleterre et d'Écosse.

RÉFÉRENCES BIBLIOGRAPHIQUES

Jean des Cars, *La Saga des reines*, Paris, Perrin, 2012.

Michel Duchein, *Elizabeth Ire d'Angleterre*, Paris, Fayard, 2001.

Kenneth Morgan, *Histoire de la Grande-Bretagne*, Paris, Armand Colin, 1985.

Gabrielle d'Estrées, la « presque reine »

Pour son entrée solennelle dans Paris, Henri IV associe sa favorite à son triomphe

Henri IV a mis bien du temps à entrer dans Paris. Lors des guerres de Religion, dans la dernière partie du XVIe siècle, Henri de Navarre est le chef du parti protestant, donc l'ennemi du clan catholique. Dans un souci d'apaisement, Catherine de Médicis arrange le mariage de sa fille Marguerite avec lui. La sœur du roi Charles IX devient alors la célèbre reine Margot. À peine marié, Henri échappe de justesse aux massacres de la Saint-Barthélemy, le 24 août 1572.

Après la mort de Charles IX, son frère, Henri III, qui lui a succédé, s'inquiète des excès de la Ligue, le parti catholique animé par la puissante famille de Guise. Il fait assassiner son chef, le duc de Guise, le 23 décembre 1588, au château de Blois. Après ce drame, Henri III et son beau-frère mettent le siège devant Paris, aux mains de la Ligue, au printemps 1589.

L'assassinat du roi Henri III, en août 1589, fait d'Henri de Navarre le nouveau roi de France. Mais face à lui la Ligue a pour candidat le cardinal de Bourbon. De son côté, le roi d'Espagne, Philippe II, exige la couronne de

France pour sa fille Isabelle… Pour beaucoup, le Béarnais n'est alors que le roi des huguenots.

Ce n'est qu'après maintes péripéties que Henri IV réussit enfin, le 21 mars 1594, à entrer dans Paris et à entendre la messe à Notre-Dame. Une entrée, certes, mais une entrée peu gratifiante, car les Parisiens ne lui témoignent pas un enthousiasme particulier.

Mais ses succès contre la Ligue vont lui permettre de programmer une nouvelle entrée dans Paris, solennelle et fastueuse, dans la soirée du 15 septembre 1594. À 7 heures du soir, alors que la nuit commence à tomber, le roi Henri IV entre dans la capitale à la lueur des flambeaux, accompagné d'une suite magnifique. Cette fois, tous les Parisiens viennent l'acclamer. Pour l'occasion, le roi porte un chapeau gris orné de son légendaire panache blanc. À quelques pas devant lui, une somptueuse litière roule, encadrée par une compagnie d'archers. Dans cette litière, il y a Gabrielle d'Estrées, la favorite du roi, éblouissante dans une robe de satin blanc que décrit le chroniqueur Pierre de l'Estoile : « La jupe toute huppée de blanc et chargée de tant de perles et de pierreries si reluisantes qu'elles offusquaient la lueur des flambeaux. »

Mlle de Guise, bien qu'elle ne soit pas du tout son amie, la décrit ainsi : « Son visage était lisse et transparent comme une perle dont il avait la finesse et l'eau. Le satin blanc de sa robe paraissait noir à comparaison de la neige de son beau sein. Ses lèvres étaient couleur de rubis et ses yeux d'un bleu céleste, si luisants qu'on eût pu difficilement juger s'ils empruntaient au Soleil leur vive lumière ou si ce bel astre leur était redevable de sa clarté. » On comprend pourquoi Henri IV est follement amoureux de sa maîtresse !

Si quelques Parisiens, en la voyant, disent : « C'est la putain du roi ! », ils sont, malgré tout, admiratifs de cette femme si belle et si honorée.

Mais pourquoi Henri IV a-t-il mis en valeur à ce point sa favorite dans ce moment particulier qu'est son entrée solennelle dans Paris ? C'est qu'il lui doit beaucoup. Il y a quatre ans que Gabrielle d'Estrées est entrée dans la vie du monarque. Son attitude n'a pas toujours été irréprochable, mais elle l'a parfois aidé à prendre les bonnes décisions...

Gabrielle d'Estrées devient la maîtresse d'Henri IV

En 1591, le duc de Bellegarde, grand écuyer du roi, a l'imprudence de demander à Henri IV la permission de se rendre à Cœuvres, près de Soissons, pour y voir sa maîtresse, la belle Mlle Gabrielle d'Estrées. Il en décrit si bien les charmes que le roi décide de l'accompagner en Picardie. Ce n'est pas pour rien qu'Henri IV est surnommé « le Vert Galant ». Il est un grand amateur et consommateur de jolies femmes.

Gabrielle a 18 ans. Malgré son jeune âge, elle a déjà eu plusieurs amants, le riche financier Zamet, le cardinal de Guise, le duc de Longueville et le duc de Bellegarde. Ce dernier est bien obligé de la présenter au roi... Henri IV tombe immédiatement sous son charme, mais elle, non ! Habituée aux jeunes gens élégants et raffinés, elle est dégoûtée par ce roi plutôt sale et sentant l'ail.

Henri IV est vexé mais il ne renonce pas... Il va la voir à plusieurs reprises et finalement, il nomme son père, Antoine d'Estrées, membre de son Conseil privé. C'est un premier pas. L'homme s'installe à la Cour avec Gabrielle et sa sœur. Mais la jeune femme ne cède toujours pas. Sa tante, Mme de Sourdis, indique au roi que s'il s'empare de Chartres et restitue à son mari son poste de gouverneur de la ville, qu'il occupait avant que la Ligue ne s'en empare, Gabrielle sera à lui.

À ce moment-là, Henri IV est sur le point de reprendre Rouen, près de tomber, et la Normandie. Mais il est trop amoureux ! À la surprise générale, il change d'avis et décide de s'attaquer à Chartres. Le siège dure deux mois. La ville capitule le 10 avril 1591. Le soir même, Gabrielle est dans le lit du roi.

Mais il a vingt ans de plus qu'elle, et le père de Gabrielle se met à jouer les offusqués ! Il rappelle que le roi est toujours marié à la reine Margot, bien qu'elle soit alors exilée à Usson, en Auvergne. Henri IV comprend que l'indignation d'Antoine d'Estrées s'estompera sitôt qu'il lui aura trouvé une charge plus intéressante. Il prend donc aux ligueurs la ville de Noyon et l'en nomme gouverneur. Gabrielle est enchantée !

Le roi peut à présent réaliser son projet de reprendre Rouen, mais c'est trop tard : les Rouennais ont eu le temps d'organiser leur défense. La ville était pourtant bien plus importante que Chartres, le monarque a eu tort de céder à sa maîtresse...

« Il faut que tout le monde vive ! »

Mais il y a pis ! En août 1592, Henri IV, qui passe à Gabrielle tous ses caprices, apprend qu'elle continue à voir en secret son précédent amant, le duc de Bellegarde...

En octobre 1592, la cour du roi « sans capitale » s'installe à Saint-Denis. De grandes fêtes sont données, mais un mois plus tard, Henri IV repart en campagne. Le lendemain, le duc de Bellegarde fait son apparition. En fait, Gabrielle n'a cessé de l'aimer. Elle partage à nouveau son lit. Un jour, le roi revient à l'improviste. Le duc se cache dans un placard ! Quelques jours plus tard, la même scène se reproduit. Cette fois, l'homme se cache sous le lit ! Ce jour-là, Henri IV n'est pas dupe. Face au comique de la situation, il fait passer au grand écuyer, sous le lit, une assiette de confiture en lui lançant : « Tenez, il faut que tout le monde vive ! » Puis, il s'en va en riant aux éclats !

Mais malgré son sens de l'humour, le roi réfléchit à une stratégie pour se débarrasser du duc de Bellegarde. Il trouve la solution : il va marier Gabrielle à un époux complaisant. Celui-ci est vite trouvé : c'est le sieur de Liancourt. Il est pauvre, malade, ridicule et a deux filles célibataires : il sera donc facile à manipuler. La favorite est folle de rage, mais elle doit s'exécuter. Elle devient Mme de Liancourt le 10 juin 1593. Le souverain ne se rend pas au mariage. Gabrielle est désespérée. Heureusement, son nouveau mari ne parvient pas à consommer leur union…

Henri IV a été bon stratège ! Pour amadouer sa maîtresse, très contrariée par le stratagème, il se montre généreux. Antoine d'Estrées est nommé gouverneur d'Île-de-France et Gabrielle reçoit un important domaine. Comblée, elle accepte de rejoindre la couche royale.

Bellegarde, lui, va quitter la Cour. Mais à quelque temps de là, le roi intercepte une lettre envoyée par Gabrielle à Bellegarde. Henri IV est malheureux : pour la première fois de sa vie, il est jaloux ! À Gabrielle, il écrit une superbe lettre, lui avouant ses sentiments. Il lui déclare son amour et lui explique que cette situation lui est insupportable. L'ambitieuse rompt alors immédiatement avec Bellegarde. Elle est la maîtresse en titre du roi. Elle doit lui être fidèle, surtout si elle veut espérer se faire épouser un jour…

Le roi devient catholique

Depuis le début de l'année 1593, Henri IV réalise combien ses ennemis sont divisés. Le peuple est fatigué de cette guerre civile. Seule solution pour qu'il devienne roi de France : se convertir à la religion catholique. Même Sully, son principal conseiller, lui dit : « De vous conseiller d'aller à la messe, c'est chose que vous ne devez pas attendre de moi, étant de la religion protestante. Mais bien vous dirai-je que c'est là le plus prompt et le plus facile moyen pour renverser tous les monopoles et pour faire aller en fumée tous les plus malins projets… »

Le roi est très ébranlé par cette suggestion. Mais il a encore des scrupules à abandonner ses fidèles compagnons huguenots qui l'ont suivi dans tous ses combats. C'est là que Gabrielle d'Estrées va intervenir.

Depuis longtemps, elle espère se faire épouser par Henri IV. Celui-ci est toujours marié à Margot, qui vit dans son château d'Usson, plus ou moins assignée à résidence. Gabrielle sait que seul le pape peut annuler ce mariage. Mais pour faire sa demande à Rome, il faut que le souverain devienne catholique… La favorite va se montrer très habile. Elle explique au roi que ces guerres interminables n'entraînent que la misère du peuple et qu'il ne peut passer le reste de ses jours les armes à la main, dans les fatigues, les tracas, les hasards, les embûches, loin du repos et des douceurs de la vie.

Le 17 mai 1593, Henri IV fait savoir à son entourage qu'il désire se convertir à la religion catholique. Le 23 juillet, le monarque se rend à Saint-Denis. L'après-midi, il a une conférence importante avec les théologiens. Il pose de nombreuses questions sur le dogme, la Vierge et le purgatoire. Les débats vont durer cinq heures. Très ému, le monarque déclare qu'il est suffisamment instruit pour devenir catholique : « Je mets aujourd'hui mon âme entre vos mains, je vous prie, prenez-y garde, car là où vous me faites entrer, je n'en sortirai que par la mort. Cela, je vous le jure et proteste. »

La cérémonie d'abjuration a lieu le dimanche 25 juillet. Dès l'aube, le peuple, venu de Paris où Henri IV ne peut pas entrer, encombre les rues de Saint-Denis, criant « Vive le roi ! ».

Sur le seuil de l'église, l'évêque de Bourges l'attend :

« Qui êtes-vous ?

— Je suis le roi.

— Que demandez-vous ?

— Je demande à être reçu au giron de l'Église catholique, apostolique et romaine. Oui, je le veux et le désire. »

Le 25 février 1594, le roi se fait sacrer à Chartres, mais Paris lui résiste toujours. Gabrielle d'Estrées va à nouveau intervenir. Elle dit au souverain : « Et si vous ameniez le gouverneur de Paris à trahir la Ligue ? » Le roi n'avait envisagé qu'un siège et une capitulation. Gabrielle lui offre une victoire sans canons, sans cavaliers, sans bataille.

Henri IV envoie donc des agents secrets, et soudoie le gouverneur de Paris, M. de Belin. Il est remplacé par M. de Brissac, on le soudoie aussi ! Le 21 mars, Brissac envoie les meilleures compagnies de la garnison de Paris à Pontoise sous un prétexte futile. Aussitôt, Henri IV masse ses troupes dans le faubourg Saint-Honoré. Le 22 mars, à 4 heures du matin, M. de Brissac ouvre lui-même la Porte Neuve et l'armée royale entre dans la capitale.

Pendant toute cette période, Gabrielle est enceinte. Elle accouche le 7 juin d'un gros garçon, prénommé César. Henri IV est dans une joie sans bornes. C'est pour que Gabrielle soit totalement remise de ses couches que l'entrée solennelle, racontée au début de ce chapitre, n'a eu lieu que le 15 septembre 1594. Gabrielle d'Estrées triomphe !

Quel rôle va-t-elle jouer maintenant, elle qui ne songe qu'à se faire épouser du roi ?

Un divorce et un attentat

Henri IV s'installe enfin au Louvre. Il donne à Gabrielle d'Estrées l'hôtel du Bouchage, non loin de là. Pendant quelque temps, le roi mène une vie tranquille à Paris, enchanté de profiter du petit César. Il est heureux mais aussi contrarié : légalement, César est l'enfant de M. de Liancourt, le mari complaisant et fort discret de Gabrielle. S'il veut légitimer son fils, le roi doit faire divorcer sa favorite.

Le procès va durer trois mois. Tout Paris ne bruisse que de l'impuissance de M. de Liancourt, lequel résiste un peu. Enfin, le 24 décembre 1594, le mariage de Gabrielle est déclaré nul par l'official de la ville d'Amiens.

Quatre jours plus tard, le roi, revenant d'Amiens, rentre à Paris vers 5 heures du soir, entouré d'un groupe de cavaliers tenant des flambeaux. Il fait très froid. Henri IV est emmitouflé dans une cape. Un homme vêtu de noir demande à l'un de ses voisins lequel est le roi. On le lui montre, il se mêle au cortège et suit Henri IV jusqu'à l'hôtel du Bouchage où l'attend Gabrielle. L'inconnu entre et réussit à se glisser auprès du souverain. Il sort brusquement un couteau de sa poche et l'atteint à la mâchoire. On arrête ce jeune homme. Il dit avoir voulu tuer le roi : « J'ai frappé trop haut, j'avais visé le cou ! »

Le roi a une lèvre percée et a perdu une dent dans l'attentat. Son agresseur avoue qu'ayant des goûts anormaux, interdits par l'Église, il voulait le tuer pour avoir l'assistance d'un prêtre qui serait forcé de l'absoudre de ses péchés. Le garçon, sans doute un peu dérangé mentalement, se nomme Jean Chastel. Il est exaucé. Un prêtre reçoit sa confession. Il est ensuite écartelé. Évidemment, la version officielle n'est pas révélée. Le roi et ses conseillers laissent croire à un attentat politique. Chastel ayant été élevé par les Jésuites, on accuse ces ligueurs acharnés d'être à l'origine du complot. Tous sont bannis du royaume par le parlement de Paris.

Après ce fâcheux intermède, Henri IV peut enfin s'occuper du petit César et Gabrielle est libre. Le roi légitime son fils : par lettres patentes en janvier 1595, César est titré duc de Vendôme. Gabrielle d'Estrées est toute à la joie de cette reconnaissance, mais elle rêve toujours de devenir reine de France.

Depuis quelque temps, Henri IV envisage de répudier Margot. Il envoie un maître des requêtes nommé Érard à Usson pour négocier avec son épouse. Il lui propose une somme de 250 000 écus pour payer ses dettes et une rente viagère. La reine n'est pas hostile au divorce, elle n'a aucune envie de revivre avec Henri IV, mais elle veut tirer le maximum d'avantages de la situation. Elle n'est, au fond, attachée ni à la Couronne ni aux richesses. Elle envoie même une lettre extrêmement aimable à Gabrielle d'Estrées, lui disant qu'elle la considère comme sa sœur et qu'après le roi, elle est la personne qu'elle estime le plus… C'est un peu beaucoup !

Le roi assoit sa légitimité

Le 17 janvier 1595, Henri IV, poussé par Gabrielle, déclare la guerre à l'Espagne. Philippe II, qui s'est assuré le concours de ligueurs, riposte en envoyant des troupes en Picardie, en Bretagne et en Bourgogne. Hélas, la guerre n'est pas si favorable qu'on le croyait puisque le 21 avril 1596, Calais tombe aux mains du cardinal d'Autriche, c'est-à-dire de l'Espagne.

Malgré cette situation peu confortable, le roi continue à couvrir sa maîtresse de cadeaux. Elle a été faite duchesse de Beaufort. Il lui donne le château de Monceaux, près de Meaux, et utilise l'argent de l'État pour la gâter. Or, l'argent manque pour la guerre contre les Espagnols. Gabrielle d'Estrées devient de plus en plus impopulaire. Henri IV demande à Elizabeth d'Angleterre de lui prêter 200 000 écus et à la Hollande de lui consentir une avance de 50 000 florins.

Malgré tous ses soucis d'argent, le monarque est très heureux, car Gabrielle lui donne un deuxième enfant, une fille, Catherine Henriette. Pour l'occasion, il organise des fêtes somptueuses et c'est à ce moment qu'arrive une nouvelle désastreuse : Amiens a été prise par les Espagnols ! Le roi et son armée partent assiéger la ville. Gabrielle les accompagne. Le camp d'Henri IV ressemble à une immense foire. La favorite fait aimablement visiter toutes les installations à qui le lui demande. Mais le 18 septembre 1597, Amiens se rend.

Pour le roi de France, le vent a tourné favorablement. Après une campagne rapide en 1598, le dernier ligueur, le duc de Mercœur, qui tenait la Bretagne, le reconnaît à son tour. Désormais, plus personne ne conteste la légitimité d'Henri IV. Il est temps d'assurer la pacification religieuse de la France.

Gabrielle d'Estrées est attaquée de toutes parts. Pour ne pas perdre la confiance du roi, elle s'efforce de l'aider lorsqu'il décide de fixer le statut des protestants en France.

L'édit de Nantes est un exemple unique en Europe, à l'époque, de tolérance pour tous. Si le catholicisme reste la religion d'État, des privilèges considérables sont accordés aux protestants. Ils obtiennent la liberté de culte dans les lieux où la Réforme avait été établie avant 1597, sauf à

Paris. L'égalité civique avec les catholiques est reconnue. Une amnistie pleine et entière est accordée à tous ceux qui ont participé aux guerres de Religion. L'édit de Nantes est enregistré par le parlement de Paris le 13 avril 1598. Gabrielle d'Estrées n'a pas ménagé sa peine pour gagner les conseillers du roi aux concessions nécessaires et obtenir l'adhésion de la magistrature. C'est la fin la plus honorable que l'on puisse donner aux guerres de Religion. Deux jours après l'enregistrement de l'édit, Gabrielle accouche d'un garçon, prénommé Alexandre. De quoi rappeler au roi qu'il serait temps de l'épouser...

L'épineuse question du divorce d'Henri IV

L'avenir de la dynastie préoccupe Henri IV. Il lui faut désormais obtenir l'annulation de son mariage et l'autorisation d'épouser au plus tôt Gabrielle. Il écrit donc au pape.

Quelques mois plus tard, il a un long entretien avec son ministre Sully. Il feint de l'interroger pour savoir, selon lui, quelle épouse lui conviendra le mieux lorsque son mariage sera annulé. L'infante d'Espagne est laide et vieille... Peut-être la princesse Arabella d'Angleterre, pourvu qu'elle soit déclarée héritière présomptive... Surtout pas de princesse allemande ! Il dit pourquoi et ce n'est guère aimable : s'il en épousait une, il « croirait toujours avoir un tonneau dans son lit » ! On dit que le duc de Florence a une nièce, Marie de Médicis, rose et blonde, que l'on trouve assez belle. Hélas, dit le roi, « de la même race que la reine Catherine qui a causé tant de maux à la France et à moi-même ». Il y a aussi une nièce des Guise, belle et grande ! Mais elle est trop proche de ses frères de Lorraine... Sully répond à Henri IV qu'il est bien difficile : « On ne peut pas rajeunir la reine d'Angleterre, ni ressusciter Anne de Bretagne et Marie Stuart. Que le roi prenne une épouse qu'il puisse aimer et qui lui fasse des fils… »

Henri IV pense tout de suite à Gabrielle d'Estrées. Il finit par le lui dire, mais la réponse de Sully est terrible : « Vous rendant obéissance, Sire, je vous dirai qu'outre le blâme général que vous pourriez encourir et la honte qu'un repentir vous apportera lorsque les bouillons d'amour seront attiédis, je ne puis imaginer nul expédient plus propre à développer les intrigues, embarras et prétentions qui surviendront à cause de vos enfants, nés de si diverses manières et avec des formes tant irrégulières. Pour le premier, on ne saurait nier qu'il soit né d'un double adultère. Le second fils que vous avez à présent se croira plus avantagé à cause que ce ne sera plus que sous un simple adultère. Et ceux qui vous viendront après, lorsque vous serez marié, ne manqueront pas de prétendre qu'eux seuls doivent être estimés légitimes. »

Henri IV quitte son ministre de très mauvaise humeur. Malgré l'analyse très fine de la situation par Sully, le roi n'a pas renoncé à son projet d'épouser Gabrielle. Elle est plus puissante que jamais ; le monarque ne prend aucune décision sans lui demander son conseil et il attend avec impatience la réponse du pape à sa demande d'annulation. Par son légat à Paris, Alexandre de Médicis, le Saint-Père sait parfaitement que le roi a l'intention d'épouser sa maîtresse. Ce projet ne lui plaît pas, car la réputation de Gabrielle est épouvantable.

Après une petite maladie vénérienne, qui le contraint à plusieurs jours de repos, le roi réalise que s'il lui arrivait un malheur, les ducs de Montpensier, de Joyeuse et d'Épernon formeraient un conseil de régence, bien décidés à écarter du trône le fils de Gabrielle. Dès lors, sans rien changer à son attitude envers la favorite qui croit toujours au mariage, le roi engage des pourparlers avec la famille de Marie de Médicis.

Harcelé par Gabrielle, Henri IV annonce officiellement son intention de l'épouser le 2 mars 1599, alors même qu'il vient de demander au grand-duc de Toscane un portrait de Marie de Médicis…

Une mort épouvantable

En avril, la Cour est à Fontainebleau. Le roi et sa favorite filent le parfait amour, mais le confesseur d'Henri IV lui dit que, à l'approche de Pâques, il serait inconvenant que Gabrielle reste auprès de lui. Il lui suggère de lui faire regagner Paris. Elle y fera une retraite pour manifester publiquement ses sentiments religieux. Le roi juge ce conseil très sage. Sa maîtresse rentre donc à Paris.

Elle dîne chez le financier Zamet. Mais un fruit au dessert, un citron, lui met le feu au gosier ! Elle dort chez son hôte. Après une mauvaise nuit, elle se confesse à l'église du Petit-Saint-Antoine. Le soir, elle assiste à l'office des Ténèbres. En rentrant chez Zamet, elle est prise de convulsions. Transportée chez Mme de Sourdis, sa tante, elle est de plus en plus mal dans la nuit du Jeudi au Vendredi saint. Alerté, Henri IV galope vers Paris. À Essonne, il voit venir trois cavaliers. L'un d'eux, Bassompierre, lui annonce la nouvelle de la mort de Gabrielle. Il le dissuade d'aller voir la défunte, car elle est affreusement défigurée par les souffrances qu'elle a endurées. Le roi rentre à Fontainebleau. En vérité, Gabrielle n'est pas encore morte. C'est un homme de confiance d'Henri IV, Fouquet La Varenne, qui n'a pas quitté le chevet de Gabrielle, qui a chargé Bassompierre d'annoncer au roi le décès de sa favorite. Pourquoi ? Craignait-il que Gabrielle ne fasse des révélations à son amant ? En fait, c'est à l'aube du Samedi saint, le 10 avril 1599, soit vingt-quatre heures plus tard, que Gabrielle succombe, âgée de 26 ans. Les détails de l'autopsie sont épouvantables : elle était enceinte mais ses intérieurs sont très dégradés…

A-t-elle été empoisonnée ? Il est évident que les diplomates et les conseillers du duc de Toscane avaient intérêt à l'éliminer, sachant qu'il souhaitait marier sa nièce au roi de France. Mais peut-être était-elle aussi en très mauvaise santé sans le savoir… Aujourd'hui encore, on ne peut le dire. En tout cas, sa disparition arrange tout le monde : le roi, qui lui avait promis le mariage tout en demandant la main de Marie de Médicis, Sully, qui avait clairement exprimé qu'il ne souhaitait pas qu'elle devienne reine et le pape, bien embarrassé de faire traîner l'annulation du premier mariage du roi de France.

Les funérailles de Gabrielle d'Estrées ont lieu le lundi de Pâques à Saint-Germain-l'Auxerrois, en grande pompe. Elle est enterrée à l'abbaye cistercienne de Maubuisson, près de Pontoise. Après les obsèques, Henri IV, en grand deuil, retourne à Fontainebleau, apparemment désespéré. Pour l'arracher à son affliction, ses amis, ceux que Sully appelait « les porte-poulets et conseillers de débauche », décident de lui présenter la ravissante Henriette d'Entragues. Très rapidement, elle devient la nouvelle maîtresse du roi.

Pendant ce temps, les négociations continuent avec le duc de Toscane. Au début de mars 1600, les fiançailles d'Henri IV et de Marie de Médicis sont annoncées. Malgré son influence, Gabrielle d'Estrées a été bien vite oubliée.

Références bibliographiques

Guy Breton, *Histoires d'amour de l'histoire de France*, Paris, François Beauval, 1965, rééd. France-Empire 2013.

Jean des Cars, *La Saga des favorites*, Paris, Perrin, 2013.

Duc de Lévis-Mirepoix, de l'Académie française, *Henri IV, roi de France et de Navarre*, Paris, Perrin, 1971.

LE SAVIEZ-VOUS ?

Comment Louis XV espionnait les Français

La surveillance du courrier se développa au XVIIe siècle, à l'époque de Richelieu puis de Louis XIV. Mais c'est sous le règne de Louis XV qu'un service structuré est créé. Son nom officiel est « Cabinet du secret des Postes », mais on lui donne vite le surnom, inquiétant, de « Cabinet noir », car ses agents sont chargés d'examiner les correspondances privées. C'est une censure politique.

Des employés spécialement formés

Le personnel y est pourvu d'un outillage spécial pour décoller les cachets qui ferment les lettres. Après avoir lu le contenu, les agents reconstituent le cachet comme si la missive n'avait jamais été ouverte. C'est un travail très délicat, effectué par quatre employés qui ont été spécialement formés, sous la direction de l'intendant des Postes, un certain Jannel. Il dispose d'une dotation de 50 000 livres, prise sur les fonds du ministère des Affaires étrangères.

Lorsqu'il devient roi, Louis XVI est choqué que l'on puisse espionner la correspondance privée. Il décide qu'elle est inviolable. Le roi interdit même qu'on utilise en justice, dans un procès, les lettres interceptées. Plus tard, la Révolution puis Napoléon utilisèrent largement la censure du courrier privé.

Une autre entité : le Cabinet

Mais revenons à l'Ancien Régime. En plus de l'espionnage de la correspondance des Français, il est une autre entité où le roi traite des affaires politiques et diplomatiques secrètes : le Cabinet. C'est là, à Versailles, que Louis XV recevait ses interlocuteurs. Pour cela, il disposait d'un splendide meuble, son secrétaire à cylindre, commencé par Oeben en 1760 et achevé par Riesener en 1769, deux grands ébénistes de renom. Dans cette merveille, de 1,47 mètre de haut sur 1,98 de large, qui vient d'être restaurée par quatorze corps de métier, on remarque la pendule à double face : l'une est destinée au roi, l'autre à son visiteur. Ils pouvaient vérifier, l'un et l'autre, le temps accordé à l'audience.

Si Louis XVI conserve cet usage secret de la pièce, son cabinet devient aussi un lieu où va s'écrire l'Histoire. Sans que l'on dispose d'éléments formels, on estime que c'est dans cette petite pièce que le 22 mars 1778, Louis XVI reçoit un bonhomme de 70 ans à la mine et au vêtement rustiques. C'est Benjamin Franklin, personnage fascinant, très intelligent, simple et paisible, inventeur, entre autres, du paratonnerre... Il est accompagné du ministre des Affaires étrangères, Vergennes. L'audience va sceller une alliance de la France avec les *Insurgents*, ces révoltés des colonies anglaises d'Amérique.

Ainsi, dans cette pièce dont le mobilier est l'un des plus raffinés du monde, Louis XVI allait soutenir leur volonté d'indépendance contre l'Angleterre et permettre la naissance d'une nation. Une monarchie allait accompagner et aider une future république. Cet appui devait coûter cher à la France, et pas seulement en emprunts pour financer la guerre d'Amérique.

Marie-Thérèse : politicienne, guerrière et mère

Le père de l'impératrice Marie-Thérèse, l'empereur Charles VI de Habsbourg, fut toute sa vie obsédé par sa succession. Lui-même, second fils de l'empereur Léopold Ier, avait été choisi par son père pour monter sur le trône d'Espagne, vacant après la mort, sans héritier, du roi Charles II en 1700. Mais Louis XIV avait lui aussi choisi son successeur en la personne de son petit-fils, le duc d'Anjou. Celui-ci gagna de vitesse son rival Charles et s'installa à Madrid sous le nom de Philippe V... Charles se fixa à Barcelone et s'ensuivit la guerre de Succession d'Espagne. Il ne fut jamais roi d'Espagne, mais devint empereur du Saint Empire romain germanique à son retour de Barcelone, à la mort de son frère Joseph Ier, décédé sans héritier.

Charles VI s'installe à Vienne en 1711. Trois ans plus tôt, il avait épousé la très belle et très intelligente Élisabeth Christine de Brunswick. Après huit ans de mariage, ils ont enfin leur premier enfant en 1716, à la jubilation de la Cour. C'est un garçon qui, hélas, ne vit que six mois. Quatre ans plus tard naît une fille, Marie-Thérèse, suivie d'une autre fille, Marianne. Dès lors, Charles VI ne pense plus qu'à avoir un autre fils. Le couple impérial passe sa vie entre pèlerinages à Mariazell et cures à Carlsbad. Mais rien n'y fait. Seule une petite Amélie voit le jour en 1724. Pour sauver son héritage, l'empereur doit faire en sorte que son aînée, Marie-Thérèse, puisse lui succéder.

Il fait rédiger ce qu'on appelle la pragmatique sanction. Elle stipule qu'en l'absence d'héritier mâle, l'aînée de ses filles survivantes héritera des domaines des Habsbourg. Il cherche à obtenir le consentement des grandes puissances à ce texte surprenant. Presque toutes l'acceptent du bout des lèvres, en faisant payer le prix de cette reconnaissance. La France de Louis XV, notamment, exige de récupérer le duché de Lorraine. Or, justement, le jeune héritier du duché, François, réside à la cour des Habsbourg. Il y est arrivé en 1727, au moment du couronnement comme roi de Bohême de Charles VI à Prague. François est un joli garçon de 14 ans, excellent chasseur. Immédiatement, la jeune Marie-Thérèse, de sept ans sa cadette, s'en est entichée.

Un mariage d'amour

Les années passent. L'empereur songe à marier la jeune fille. On pense à l'héritier de Prusse, le futur Frédéric II, ou à un Bourbon d'Espagne, mais Marie-Thérèse, alors âgée de 15 ans, n'a pas changé d'avis : ce sera François de Lorraine. Comme tout le monde s'en était aperçu, l'ambassadeur d'Angleterre, sir Thomas Robinson, écrit : « Malgré la dignité de la contenance pendant le jour, Marie-Thérèse soupire et languit toute la nuit après le duc de Lorraine. Quand elle dort, ce n'est que pour rêver à lui, quand elle se réveille, c'est uniquement pour parler de lui à sa dame de compagnie. »

Charles VI consent finalement au mariage, mais il faut que François renonce à son duché de Lorraine pour que Louis XV reconnaisse la pragmatique sanction. En échange, on lui propose le duché de Toscane. Le jeune homme est contrarié. Et lorsque, en dernier ressort, on présente à sa signature l'acte de renonciation à son duché en faveur de la France, il prend trois fois la plume et par trois fois il la repose. Un des ministres de l'empereur lui rappelle alors brutalement : « Point de renonciation, point d'archiduchesse » ! Et François signe !

Le jeune couple est d'une grande beauté. Il faut dire que la plupart des portraits de Marie-Thérèse ont été réalisés lorsqu'elle avait atteint un âge mûr, et après ses seize grossesses ! Mais avant d'être marquée par le poids du pouvoir et des années, elle avait été une jeune fille mince, ravissante, pleine de charme et de gaieté. Marie-Thérèse et François se marient en février 1732 à Vienne, dans l'église des Augustins. Désormais, l'archiduchesse s'appelle Marie-Thérèse de Habsbourg-Lorraine. Ce sera le nom de la dynastie régnante jusqu'à la fin de l'empire, en 1918.

L'Autriche pratiquement ruinée

Les quatre dernières années de la vie de Charles VI sont désastreuses : une guerre inutile contre les Turcs, qui se termine par une défaite humiliante et la perte de la Serbie, mais surtout des embarras financiers pour l'empereur – les caisses sont vides, les guerres ont pratiquement ruiné l'Autriche.

Malgré cela, le mariage de sa fille est parfaitement heureux. En quatre ans naissent trois filles. Charles VI, toujours obsédé par le problème de sa succession, se demande si un jour, un garçon verra le jour dans la famille de Habsbourg ! Il meurt à l'automne 1740, après avoir chassé sous une pluie glacée et contracté une pneumonie. Cet hiver 1740 est l'un des plus froids qu'ait connus l'Autriche. Il n'est pas seulement froid, il est aussi cruel puisque Marie-Thérèse, enceinte de son quatrième enfant, a non seulement la douleur de perdre son père, mais aussi de voir que tous les États qui s'étaient engagés à respecter la pragmatique sanction se rétractent.

Une nouvelle guerre commence. La guerre de Succession d'Autriche s'étend à l'Europe entière. C'est Frédéric de Prusse qui commence en envahissant, sans préavis, la Silésie en décembre. Marie-Thérèse est humiliée. La détestation que l'impératrice va vouer au roi de Prusse sera définitive et réciproque !

Marie-Thérèse révèle son tempérament dans la défaite

Pour tenter de récupérer la Silésie, Marie-Thérèse réunit péniblement une armée de 15 000 hommes. Les Autrichiens sont battus par les Prussiens à la bataille de Mollwitz, le 19 avril 1741. Pourquoi tient-elle tellement à la Silésie ? C'est une des régions les plus peuplées de son empire. Cette contrée est déjà industrielle. Ses toiles sont exportées jusqu'en Amérique. La Silésie, à elle seule, fournit 20 % des revenus de Vienne.

Frédéric II a visé juste. La Silésie compte énormément de protestants. Certains ont été convertis de force au catholicisme par nécessité politique, tandis que d'autres n'ont pas abjuré leur foi. Mais presque tous voient dans le roi de Prusse plus un libérateur qu'un conquérant. Il réalise une bonne opération, non seulement territoriale, mais aussi économique.

Au même moment, l'électeur de Bavière, Charles-Albert, réclame la couronne impériale. Une nouvelle humiliation pour Marie-Thérèse, qui voulait cette couronne pour son mari François. Quant à la France, ennemie traditionnelle de l'Autriche, elle se joint à la coalition de la Bavière, de la Saxe, de l'Espagne et de la Sardaigne contre les Habsbourg. Marie-Thérèse pourrait être découragée par ces nouvelles accablantes. Mais non ! Le Ciel vient de lui offrir un cadeau que la maison d'Autriche espérait depuis vingt-cinq ans : un fils ! Un gros garçon prénommé Joseph, le futur Joseph II.

La fierté de l'impératrice lui insuffle la force de résister aux défaites, aux infamies, aux félonies. De ses grossesses, elle tire une surprenante énergie. Six heures après sa délivrance, elle annonce, avec jubilation, qu'elle serait comblée d'être à nouveau enceinte de six mois ! Son époux a déposé dans le berceau du petit archiduc le collier de la Toison d'or. Marie-Thérèse compte ceux qui ne l'ont pas trahie. Le calcul est rapide : seuls les Hongrois peuvent la soutenir. Elle triomphe : elle sera « roi de Hongrie » puis « roi de Bohême » !

Le 20 juin 1741, elle fait son entrée à Presbourg (alors en Hongrie, aujourd'hui Bratislava, capitale de la Slovaquie). Elle est vêtue à la hongroise, sur un cheval blanc. Des mains du primat de Hongrie, elle reçoit la couronne de saint Étienne avant de gravir, à cheval, le monticule du couronnement pour défier de son épée les quatre points cardinaux d'où pourraient venir les ennemis. C'est un rite ancestral. Les dignitaires hongrois crient en latin *« Rex Noster »*. Marie Thérèse est devenue « roi de Hongrie » ! On l'acclame. Laissons parler l'un des leurs, le comte Pálffy : « Nous nous dressâmes d'un bond, comme animés d'une seule âme, nous tirâmes le sabre et criâmes : “Notre vie et notre sang pour Votre Majesté !" Nous versions des pleurs, comme la reine, tout haut, des pleurs de loyalisme, d'affection et d'indignation. »

Mieux : les Hongrois vont voter la levée de six régiments. Marie-Thérèse en aura bien besoin, car les troupes franco-bavaroises s'emparent de Prague en novembre 1741. Charles-Albert de Bavière est reconnu roi de Bohême. Il est élu empereur à Francfort sous le nom de Charles VII le 24 janvier 1742. Furieuse, Marie-Thérèse, véritable chef de guerre, envoie ses troupes austro-hongroises reprendre la Bohême et Prague au cri de : « Nous mourrons pour Marie-Thérèse ! » Elles réussissent et le 12 mai 1743, à Prague, Marie-Thérèse est couronnée « roi de Bohême » dans une ville en liesse. Entre-temps, elle s'était libérée de la menace prussienne en abandonnant la Silésie à Frédéric II par le traité de Berlin.

Après avoir été chassées de Prague, les armées françaises sont vaincues à Göttingen, en Saxe. Les troupes austro-hongroises s'emparent alors de la Bavière et menacent l'Alsace. Ces succès de Marie-Thérèse contrarient Frédéric II, qui déclenche une deuxième guerre de Silésie. Elle dure un an. Mais fort opportunément, la mort de Charles-Albert de Bavière, devenu l'empereur Charles VII, permet à Marie-Thérèse de faire proclamer par la diète de Francfort son mari empereur, sous le nom de François Ier.

En octobre 1748, le traité d'Aix-la-Chapelle met fin à la guerre de Succession d'Autriche. Si Marie-Thérèse a définitivement perdu la Silésie, elle a su maintenir l'unité de ses États et fait définitivement reconnaître par les puissances européennes la pragmatique sanction de 1713. En vérité, si son mari a été proclamé empereur, c'est à elle que revient l'héritage Habsbourg. C'est donc elle qui va régner.

La dure vie d'impératrice

Dans cet univers masculin, Marie-Thérèse est une femme politiquement isolée, chargée d'une lourde mission. Son grand talent est d'être le personnage qu'elle doit être et que nul n'attendait. Les circonstances l'ont drapée dans le rôle d'une héroïne de tragédie antique se battant pour faire respecter la volonté de son père. Mais elle n'est pas une héroïne de tragédie ! C'est une femme joyeuse, énergique, qui réussit à tout mener de front. Elle n'a aucun répit. Elle est une épouse heureuse en amour, presque toujours enceinte ou en train de donner le sein au dernier-né, entre deux conseils de gouvernement, dans l'urgence et l'angoisse. Elle est autant la mère nourricière de ses enfants que celle de ses populations disparates. Dans son testament politique, elle résumera ainsi sa philosophie : « Quoique aimant ma famille et mes enfants, je n'aurais pas hésité à être avant tout la mère de mes États et à leur donner la préférence si cela avait été nécessaire. »

Si elle a reçu une bonne éducation, elle n'est pas à proprement parler une intellectuelle. Et l'essor de ce qu'on a appelé les Lumières ne correspond absolument pas à sa vision politique. Elle juge les philosophes pernicieux et, contrairement à Catherine II de Russie, elle ne leur permettra pas de venir troubler son empire.

Malgré sa vision conservatrice du pouvoir, Marie-Thérèse possède trois qualités essentielles chez un souverain : un cœur généreux, un jugement sain et d'inépuisables réserves de résistance physique et morale. Elle travaille sans arrêt, sans lassitude, et peut danser une partie de la nuit sans montrer de signes de fatigue.

Bien que, à plusieurs reprises, son chambellan lui reproche son manque d'attention à sa toilette, elle est belle, avec un port de tête majestueux qui ne laisse aucun doute sur sa personnalité de monarque régnant. Elle sait ménager ses entrées dans la salle du trône, magnifiquement revêtue d'habits d'apparat, portant au front l'admirable diamant « Le Florentin », cadeau de son époux et sorti du trésor de Lorraine. Même l'ambassadeur de son pire ennemi, Frédéric II de Prusse, est forcé d'admettre que Marie-Thérèse est une femme charmante et délicieuse.

Mais ce qui séduit le plus ses admirateurs est sa chaleur et son naturel, son immense capacité à s'amuser, tant lors des soirées de gala au palais qu'à cheval, dans les forêts autour de Vienne, son mari à ses côtés. Elle rit facilement et beaucoup. Et jusqu'à la mort de son époux en 1765, elle se masque, danse et fait mille plaisanteries et farces durant le carnaval. Lorsque son chambellan tente de la rappeler à ses devoirs de souveraine durant cette période, elle lui réplique : « Rappelez-moi quand le carême commencera ! »

Marie-Thérèse, épouse comblée et esprit politique

Il est incontestable que le mariage de Marie-Thérèse est un véritable mariage d'amour. François de Lorraine est un homme charmant et bon, cultivé et aimable. Il est bon chasseur, danse avec grâce, sait admirablement faire la cour aux femmes. Rien d'étonnant : il a fait ses classes à Versailles ! C'est certainement cela qui a séduit Marie-Thérèse… Il y avait peu d'hommes aussi charmants à la cour de Vienne.

Naïvement, elle avait espéré qu'il se révélerait un génie militaire, ou au moins un grand esprit diplomatique. Mais il n'est ni l'un ni l'autre ! Petit à petit, l'impératrice cesse de le consulter sur les affaires de l'État, civiles et militaires.

Son titre d'empereur, il le doit à son épouse, et il le sait. C'est elle qui a le pouvoir. C'est elle qui règne et gouverne.

Étonnamment, à 33 ans et après seulement treize ans de vie conjugale, Marie-Thérèse fait construire son tombeau et celui de son époux dans la crypte impériale des Habsbourg à Vienne, dans les souterrains de l'église des Capucins. Ce gigantesque monument de marbre blanc est spectaculaire et insolite. La pierre tombale a la forme d'un immense lit d'apparat. Le couple y repose gracieusement, comme s'il était dans son intimité, les deux époux se regardant, face à face. Pleins de jeunesse et d'ardeur, ils sont prêts à se livrer aux ébats de l'amour ! Rien de funèbre dans ce tombeau. L'impératrice porte une robe décolletée découvrant ses épaules et sa poitrine. Et François semble très réceptif. Un ange tient une couronne au-dessus de leurs têtes. Leurs regards sont rivés l'un à l'autre pour l'éternité.

Pourquoi Marie-Thérèse a-t-elle voulu si tôt ce mausolée qui est une sorte de monument à l'amour conjugal ? Voulait-elle se persuader que leur passion était éternelle ? Ou peut-être montrer à son mari que ses infidélités restaient sans importance ? Ainsi statufié, le couple impérial et son abondante progéniture seraient un défi au temps, et leur amour réciproque indiscutable !

À Vienne, la nurserie du palais déborde littéralement d'enfants. Marie-Thérèse en a mis au monde seize, dont treize ont survécu, et dix atteindront l'âge adulte. C'est un bilan extrêmement positif pour l'époque, car la variole sévit de manière endémique. On sait que les premières années de son règne sont très occupées par la politique. Elle gagne sa légitimité par la guerre, mais en même temps elle va réformer son empire.

L'impératrice réforme l'empire

Sitôt arrivée au pouvoir, Marie-Thérèse se débarrasse de tous les vieillards qui avaient si mal conseillé son père. Elle charge le comte Haugwitz de réorganiser l'armée. Un aristocrate de Bohême, le comte Chotek, s'attaque à une réforme fiscale. Elle fait venir un Écossais, Laudon, et un Irlandais, Lacy, pour réformer l'armée et veille à ce que ses soldats soient bien nourris et chaudement vêtus. Ses ministres et ses généraux lui vouent une fidélité à toute épreuve. Marie-Thérèse sait commander mais aussi se faire aimer.

À partir de 1755, elle confie les Affaires étrangères à un remarquable diplomate, le comte Wenzel Kaunitz. Il deviendra son ministre et son conseiller le plus important. Elle ne se résout pas à la perte de la Silésie et cherche toujours une possibilité de la récupérer. Profitant d'une désastreuse nouvelle pour l'empire, à savoir l'alliance de l'Angleterre et de la Prusse de Frédéric II, Kaunitz œuvre à un retournement des alliances. Désormais, l'Autriche est alliée de la France, alliance concrétisée par les traités de Versailles de 1756 et 1757.

En effet, un nouveau conflit éclate : la guerre de Sept Ans. Elle commence sous de meilleurs auspices que la précédente, car cette fois l'Autriche est non seulement l'alliée de la France, mais aussi de la Russie, de la Suède, de la Saxe et des Bourbons d'Espagne. Pourtant, le génie militaire de Frédéric II sera plus fort que cette magnifique coalition. La paix de Hubertsbourg, en 1763, met fin aux hostilités. Cette fois, Marie-Thérèse doit accepter la perte définitive de la Silésie et reconnaître la suprématie prussienne en Allemagne du Nord, ce qui sera le grand problème de ses successeurs.

Mais tout en guerroyant, l'impératrice ne cesse d'innover dans l'administration de son empire. En 1760, elle crée un Conseil d'État devant lequel sont examinées toutes les affaires importantes. En 1761, elle établit un directoire de l'Intérieur qui rattache l'administration de la Bohême à celle de l'Autriche. L'impératrice centralise la direction de son empire. En 1768, un nouveau Code pénal unifie la législation criminelle. Si en 1752 elle avait créé l'académie militaire de Wiener Neustadt, en 1776 elle fonde le Theresianum, destiné à former un corps de fonctionnaires civils et militaires de qualité. Marie-Thérèse marque définitivement de son empreinte l'autorité de Vienne sur son empire. Loin d'être dogmatique, elle agit avec subtilité, pragmatisme, sagesse et empirisme.

Marie-Thérèse mère de famille

Entre guerres et réformes, la souveraine, souvent enceinte ou en train d'allaiter, se préoccupe aussi de l'éducation de ses enfants. Plusieurs grands tableaux sur fond identique de terrasses ou de châteaux représentent les treize enfants survivants de François et de Marie-Thérèse, huit petites filles souriantes et ravissantes dans leurs belles robes de dentelles et de brocart et leurs cinq frères portant perruques et culottes de velours. Une vision idyllique de cette grande famille. Il ne manque même pas deux ou trois chiots qui folâtrent au premier plan !

Aucune cour d'Europe ne peut proposer pareil spectacle. À Potsdam, Frédéric II, détesté de tous, mène une vie de vieux garçon, ne communiquant avec sa femme que par correspondance. À Saint-Pétersbourg, la tsarine Élisabeth, avec laquelle Marie-Thérèse entretient de bonnes relations, n'est pas mariée, n'a pas d'enfants, mais a beaucoup d'amants. À Versailles, Louis XV ne quitte pas sa maîtresse en titre, la du Barry. Rien à voir avec la joyeuse tribu des petits archiducs et archiduchesses qui l'hiver ensoleillent la sinistre Hofburg, et l'été se répandent dans les jardins de la résidence préférée de Marie-Thérèse : Schönbrunn.

Dès son avènement, l'impératrice a bousculé la rigide étiquette de la cour des Habsbourg. Son père et son grand-père gardaient leurs sujets à distance. Au contraire, Marie-Thérèse adore rencontrer son peuple. Chaque matin, à 10 heures, elle donne une audience publique. Elle se veut accessible et rien ne résume mieux cette atmosphère familiale et détendue que la venue à Schönbrunn du petit Wolfgang Amadeus Mozart et de sa sœur, accompagnés de leur père Léopold. Celui-ci raconte : « Leurs Majestés nous ont reçus avec une bonne grâce si extraordinaire que, quand je la décris, les gens ne veulent pas me croire. Qu'il me suffise de dire que Wolferl a sauté sur les genoux de l'impératrice, a passé ses bras autour de son cou et l'a embrassée de tout son cœur. »

De même, un jour le philosophe écossais Hume est présenté à l'impératrice. C'est un homme âgé et très obèse. À la fin de l'audience, il se retire à reculons avec ses compagnons à travers l'immense salon en faisant les révérences rituelles conformes à l'étiquette. Marie-Thérèse, inquiète de le voir trébucher, lance joyeusement aux Écossais : « Allez, Messieurs, sans cérémonie ! Vous n'y êtes pas habitués et le parquet est glissant ! »

Si tout cela est très joyeux et détendu, l'éducation des treize enfants l'est parfois moins. Comme l'impératrice n'a guère le temps de s'y consacrer, ceux-ci viennent simplement lui baiser la main à certaines heures de la journée. Il lui arrive de passer surprendre l'un ou l'autre pendant leurs leçons, mais généralement, c'est par écrit que Marie-Thérèse fait part de ses volontés aux précepteurs et gouvernantes de sa nombreuse progéniture. Ses instructions sont très précises. Elles vont jusqu'aux prières qu'ils doivent réciter matin et soir. Chaque enfant dispose d'un précepteur et d'une gouvernante, auxquels s'ajoutent des maîtres et des maîtresses différents pour la danse, la musique, les langues étrangères, l'équitation et l'escrime.

À Schönbrunn, une partie du rez-de-chaussée est réservée aux activités des enfants. Les filles étudient la harpe et le clavecin, tandis que les garçons s'affrontent au fleuret. Quand l'un d'eux ne se comporte pas bien, il est séparé de ses frères et sœurs. C'est ce qui arrive à la très sensible petite Josépha, qui fond en larmes si facilement. L'impératrice exige que ses mauvaises habitudes lui soient extirpées immédiatement et entièrement. La pauvre gouvernante de Josépha lui répond : « Je ne puis me promettre de réussir avec elle, tant que la source de son regrettable comportement, c'est-à-dire son caractère violent et son égoïsme, n'auront pas été maîtrisés. On peut à peine lui adresser la parole qu'elle s'irrite au point de pleurer de colère. »

Pour les archiducs, ce n'est pas plus simple. Si Charles apprend vite et facilement, ce n'est pas le cas de l'aîné, l'héritier du trône, Joseph. Il a des difficultés, mais en revanche ce qu'il parvient à apprendre, il ne l'oublie jamais. Sa mère l'appelle Tête de mule et le fait surveiller de très près par son précepteur et un chambellan pour prévenir toute incartade.

Un jour, on ne sait sous quel prétexte, Marie-Thérèse ordonne de fouetter Joseph. Le chambellan proteste, disant qu'aucun châtiment corporel n'a jamais été employé contre un futur empereur. Agacée, elle réplique : « On le voit à ses manières ! » Et Joseph n'est pas fouetté… À Caroline, qui sera un jour reine de Naples, sa mère explique comment on se prépare à être souveraine : « Vous devez continuer consciencieusement à étudier la musique, la peinture, l'histoire, la géographie et le latin.

Vous ne devez jamais vous laisser aller à la paresse, car l'indolence est dangereuse pour tous, et spécialement pour vous. Vous devez occuper votre esprit, cela vous empêchera de penser à des plaisanteries enfantines, de faire des observations déplacées, de désirer des plaisirs et des divertissements stupides. »

À mesure que les enfants grandissent, ils font l'un après l'autre leurs débuts à la Cour. On se presse pour les voir dîner en compagnie de leurs parents dans l'extraordinaire galerie des Glaces rococo de Schönbrunn. Pour leurs anniversaires ou pour des fêtes, on organise des représentations privées. Ils apparaissent sur la scène du petit théâtre de la Cour.

François trompe Marie-Thérèse !

Mais le temps passe aussi pour l'impératrice. On aurait du mal à reconnaître la svelte archiduchesse courtisée par François de Lorraine dans l'imposante silhouette de la souveraine. La naissance de seize enfants et son robuste appétit ont contribué à son embonpoint. Son médecin personnel s'en désole. Pour tenter de contraindre l'impératrice à freiner son appétit, il s'installe à table à côté d'elle. À mesure qu'elle absorbe ses aliments, il prend les mêmes, en quantités identiques, et les mélange dans un seau en or pour que Marie-Thérèse réalise ce qu'elle inflige à son estomac. Peine perdue ! Elle aime la bonne chère, le travail et les divertissements.

L'empereur François, qui continue à remplir son devoir conjugal avec régularité, n'y trouve peut-être pas le plaisir et l'enthousiasme d'autrefois. Les commérages commencent à se répandre. On parle de soupers fins de l'empereur avec une jolie danseuse. L'ambassadeur de Prusse réjouit beaucoup Frédéric II en révélant que l'impératrice ne rêve que de mener la vie d'un ménage bourgeois mais que ce n'est pas du tout le cas de l'empereur.

Il faut dire qu'à Vienne, l'atmosphère est plutôt licencieuse. C'est une ville où l'on raffole des potins (c'est toujours le cas aujourd'hui !) et où l'on se régale des mésaventures conjugales de la souveraine. Marie-Thérèse découvre que son époux se distrait sans elle. Elle est furieuse et jalouse au point qu'en 1753, elle institue une commission des mœurs dont le but est de faire régner la vertu en public et en privé. Elle nomme son principal ministre, Kaunitz, à la tête de cet organisme. Elle ignore que ce dernier est un coureur de jupons impénitent !

La police intervient, au grand mécontentement de la population viennoise, se mêlant de tout : des livres licencieux, des prostituées que l'on chasse de Vienne, des épouses se plaignant d'être trompées, de même pour les maris. De toute façon, personne n'empêchera l'empereur de tromper l'impératrice. Deux ans après l'institution d'une véritable police des mœurs, François prend pour maîtresse la princesse Wilhelmine Auersperg. Elle est mariée, belle et séduisante. L'empereur l'installe dans une maison près du château de Laxenbourg. Il paie les dettes de jeu abyssales de la jeune femme. Bref, une liaison sérieuse… et coûteuse !

En août 1765, le couple impérial se rend à Innsbruck pour les noces de leur deuxième fils, Léopold, avec une princesse espagnole. La semaine suivante, alors qu'il se rendait à une soirée de gala, l'empereur chancelle et porte la main à son cœur. Il meurt quelques minutes plus tard. Marie-Thérèse est veuve. Elle a 48 ans. Pleine de santé et d'énergie, elle ne s'habillera plus que de noir. Elle quitte ses ravissants appartements rococo de la Hofburg pour se retirer dans des pièces drapées de noir au troisième étage du palais. Elle ne portera plus de bijoux, ne participera plus au carnaval et ne dansera plus. François était le grand amour de sa vie. Sa vie de femme est terminée, mais pas celle d'impératrice.

Marie-Thérèse marie ses enfants

S'il est un vieil adage que Marie-Thérèse va respecter scrupuleusement c'est bien celui-ci : « Les autres font la guerre, mais toi, heureuse Autriche, tu te maries. » Cela signifie que pour affermir des alliances et agrandir des territoires, mieux vaut marier ses enfants que déclencher des conflits. L'impératrice va s'y employer avec talent mais aussi avec sévérité : on ne se marie pas pour le plaisir mais pour servir la Couronne.

Le pauvre Joseph va en faire les frais ! On l'unit d'abord à la ravissante Henriette de Parme, pour resserrer les liens avec l'Italie et la France. C'est un mariage très heureux. Elle lui donne deux filles avant de mourir de la variole, au grand désespoir de son mari. Sa deuxième épouse, une princesse de Bavière, est si laide, avec un corps couvert de cicatrices, qu'il ne parvient même pas à partager son lit ! Elle aussi décédera très vite, de la variole également. Joseph ne se remariera pas, laissant à son frère Léopold le soin d'assurer l'avenir de la dynastie.

Caroline, âgée de 15 ans, renâcle à épouser Ferdinand II de Naples, dont le caractère est imprévisible. Obligée de céder, elle finit par faire le bonheur de son époux. L'avant-dernière fille, Amélie, est folle amoureuse du prince bavarois Charles des Deux-Ponts. Elle doit y renoncer pour épouser le duc de Parme, quasiment arriéré mental !

Mais le triomphe de Marie-Thérèse est, évidemment, le mariage de sa dernière fille, Antonia, notre Marie-Antoinette. Une union destinée à consolider l'alliance récente des deux anciens ennemis héréditaires, la France des Bourbons et la maison de Habsbourg-Lorraine. On sait qu'Antonia n'a pas reçu une éducation à la hauteur d'une future reine de France. Dès ses fiançailles, elle est confiée à une équipe d'éducateurs. Ceux-ci doivent, en quelques mois, rattraper le temps perdu, mais c'est impossible !

Heureusement, Marie-Antoinette a d'autres atouts : son teint de lys, ses yeux bleu porcelaine et surtout sa grâce infinie. Bonne musicienne, excellente danseuse, elle fait la conquête du grand-père de son époux, Louis XV. Mais la dauphine a deux grands problèmes : d'une part ses rapports avec son mari, puisque leur mariage ne se concrétisera qu'au bout de huit ans. Et d'autre part, comme à Vienne on avait reproché à François de Lorraine d'être français, à Versailles et à Paris on reprochera à la reine d'être autrichienne. On sait combien Marie-Thérèse s'est souciée de la situation de sa fille à travers leur longue correspondance. Mais elle avait aussi des inquiétudes avec son fils, le nouvel empereur Joseph II.

Marie-Thérèse et Joseph II : un accord impossible

À la mort de François de Lorraine, celui qui est désormais Joseph II est élu empereur du Saint Empire romain germanique. Contrairement à son père, il va devoir partager le pouvoir avec sa mère Marie-Thérèse. Or, leurs personnalités sont totalement incompatibles. L'impératrice représente le vieil ordre monarchique conservateur, tandis que son fils est tout imprégné de l'esprit des Lumières. Ils ne sont pratiquement d'accord sur rien. Alors, Joseph II décide de temporiser. Il se met à voyager à travers toute l'Europe : la France, ses États italiens, de Bohême et de

Hongrie, la Pologne et la Russie. Il contrarie beaucoup sa mère en rendant visite à Jean-Jacques Rousseau et à Buffon. Plus grave encore, il dîne avec le pire ennemi de Marie-Thérèse : Frédéric II.

Pendant ce temps, l'impératrice vieillit. Elle est devenue énorme et a beaucoup de mal à se déplacer. Elle se fait aménager des appartements au rez-de-chaussée de Schönbrunn. Les pièces donnent directement sur le parc et sont peintes de paysages exotiques. Ainsi, elle peut se promener dans les jardins sans avoir à monter ni descendre des escaliers.

En 1780, elle ne peut s'arracher à Schönbrunn. Elle y est encore en novembre. Elle y prend froid et rentre alors à la Hofburg. Fiévreuse, elle respire avec difficulté. Joseph II veille sa mère. À 63 ans, Marie-Thérèse sait qu'elle vit ses derniers moments. Le 20 novembre 1780, elle veut se lever mais s'effondre sur un canapé inconfortable. Son fils lui fait remarquer : « Votre Majesté est mal couchée… » Il lui demande tout de même si elle est bien installée. Avec une parfaite sérénité, elle lui répond : « Suffisamment pour mourir… »

Références bibliographiques

Élisabeth Badinter, *Le Pouvoir au féminin, Marie-Thérèse d'Autriche, l'impératrice-reine*, Paris, Flammarion, 2016.

Jean Bérenger, *Histoire de l'empire des Habsbourg 1273-1918*, Paris, Fayard, 1990.

Jean des Cars, *La Saga des reines*, Paris, Perrin, 2012.

Dorothy Gies McGuigan, *Les Habsbourg, histoire politique et galante d'une dynastie* (trad Hervé Laroche), Paris, Tallandier, 1968.

Marie-Antoinette, une reine de la mode

Chaque année, pour la fête du roi Louis XVI, la Saint-Louis, une grande exposition est organisée au palais du Louvre. Elle réunit les peintres les plus en vue. Y présenter ses œuvres est un honneur et justement, cette année-là, le 25 août 1783, Mme Vigée-Lebrun expose dans la première salle deux portraits, celui de la comtesse de Provence, belle-sœur de Louis XVI, et surtout celui de la reine.

Elles sont toutes les deux vêtues d'un costume comparable dit « en gaulle ». Ce terme désigne une souple robe de fil blanc, bordée de mousseline au col et aux poignets. La taille est marquée par une écharpe nouée. La reine est coiffée d'un simple chapeau de paille orné de plumes et de rubans bleus. Elle tient dans la main gauche une rose dont elle entoure la tige d'un ruban de la main droite. La reine est belle et sereine dans cette tenue aérienne, mais ce tableau provoque une tempête. Le mémorialiste Bachaumont explique : « Bien des gens ont trouvé déplacé qu'on offrît en public cet auguste personnage sous un vêtement réservé pour l'intérieur d'un palais ; il est à présumer que l'auteur (Mme Vigée-Lebrun) y a été autorisée et n'aurait pas pris d'elle-même une telle liberté. »

Le public est choqué par la tenue « bourgeoise » de la reine. On va même la qualifier de femme de chambre... Le tableau est vite retiré de l'exposition et remplacé par un autre portrait de la reine, toujours par Mme Vigée-Lebrun. Marie-Antoinette y a exactement la même pose, tient toujours la même rose dans sa main droite mais elle a changé de robe et de coiffure. Elle est vêtue d'une somptueuse robe de soie gris-bleu, dit couleur « suie des cheminées de Londres », et ornée de dentelles. Et un turban de soie décoré de plumes remplace le chapeau de paille. Deux rangs de perles ornent son cou. Marie-Antoinette est redevenue la reine.

Si Mme Vigée-Lebrun a peint les deux tableaux, il faut noter que les deux robes comme les deux coiffures ont été réalisées par la « marchande de modes » la plus célèbre de Paris, Mlle Rose Bertin. Comment est-elle devenue la couturière quasi exclusive de Marie-Antoinette et comment a-t-elle réussi à s'introduire dans son intimité ? Comment a-t-elle transformé Marie-Antoinette en reine de la mode ?

Une dauphine bien mal habillée

Lorsqu'elle arrive à Versailles en 1770 pour épouser le dauphin Louis, Antonia, la plus jeune des filles de l'impératrice d'Autriche Marie-Thérèse, n'a que 15 ans. Si les traits de son visage ne font pas l'unanimité, on s'accorde à lui trouver un teint de lys, de très beaux yeux bleus, de magnifiques cheveux blonds. Sa grâce, lorsqu'elle se déplace, fait l'admiration de tous : elle ne marche pas, elle glisse. Il est vrai qu'à Vienne où elle est née, on lui a appris la danse, la musique avec Gluck comme professeur, le chant, le dessin et la broderie.

Elle n'est que charme et gaieté, mais elle a bien du mal à s'adapter à cette cour de Versailles qui impose une étiquette sévère. À Vienne, tout était beaucoup plus simple. Elle fera quelques gaffes, notamment en refusant de se montrer aimable à l'égard de la maîtresse du roi Louis XV, grand-père de son mari le dauphin, la comtesse du Barry. La mère de la dauphine, par lettres, et l'ambassadeur de Vienne à Versailles, Mercy-Argenteau, de vive voix, vont se charger de la recadrer.

La mode ? Elle ne sait pas ce que c'est ! On va lui donner comme maîtresse de sa garde-robe la duchesse de Villars, qui avait occupé le même office auprès de la reine Marie Leszczynska trente ans auparavant. Mme de Villars fait appel aux marchandes de modes auxquelles elle s'adressait du temps de la défunte reine. Ses anciens fournisseurs font convenablement leur travail mais n'habillent pas très bien la jeune dauphine. Marie-Antoinette n'a aucune envie de porter les corps à baleines, ces corsets extrêmement rigides obligatoires avec les robes de cour de l'époque.

En revanche, la vie à Versailles va rapidement séduire la dauphine : les bals, les fêtes, le jeu... l'enchantent. Elle commence aussi à remarquer autour d'elle l'élégance de certaines grandes dames de la Cour, la duchesse de Chartres, les comtesses d'Artois et de Provence, ses belles-sœurs, et même la du Barry, dont les robes ont toutes la même provenance : Mlle Bertin.

Si, en raison de l'étiquette implacable, la dauphine n'a pas le droit de choisir ses fournisseurs, Marie-Antoinette, en devenant reine à la mort de Louis XV en 1774, peut enfin rencontrer la mystérieuse Mlle Bertin. Cela se produit à Marly, en juillet 1774. La duchesse de Chartres, cousine par alliance de la reine, se présente un matin chez Marie-Antoinette accompagnée de Rose Bertin. Beaucoup plus tard, Mme Campan, première femme de chambre de la reine, s'en souviendra : « C'est au premier voyage de Marly que Mme la duchesse de Chartres, devenue depuis duchesse d'Orléans, introduisit dans l'intérieur de la reine Mlle Bertin, marchande de modes devenue fameuse, à cette époque par le changement total qu'elle introduisit dans la parure des dames françaises. »

L'ascension fulgurante de Mlle Bertin

Née en 1747 à Abbeville, en Picardie, pays du textile et de l'industrie de la draperie, dans une famille modeste, elle aurait dû travailler dans une de ces filatures. Mais elle sait lire et écrire, a de l'ambition et un don. Elle commence par être coiffeuse et décide, lorsqu'elle a 18 ans, de tenter sa chance à Paris. Elle est d'abord employée dans une obscure boutique du quai de Gesvres, près de Notre-Dame, mais son goût de l'ouvrage bien fait et sa créativité la font remarquer par la patronne d'une maison de modes située dans un quartier beaucoup plus élégant, la rue Saint-Honoré.

La chance de sa vie sera alors de confectionner la robe de mariage de Mlle de Penthièvre, qui épouse le duc de Chartres le 5 avril 1769. La robe est éblouissante et la toute nouvelle duchesse de Chartres a déjà toutes les qualités qui caractérisent la famille d'Orléans : elle sait repérer les talents, les encourager et les récompenser. Grâce à la duchesse, Mlle Bertin ouvre son propre magasin rue Saint-Honoré en 1773, à deux pas du Palais-Royal, résidence de la famille d'Orléans.

Très vite, sa maison de modes s'appelle « Le Grand Moghol », un nom qui évoque la richesse, l'exotisme de l'Orient qui fascine, l'or, la soie, les velours, les riches broderies, tout ce qui fait rêver. Elle a une énorme clientèle, pas seulement la Cour. Elle habille aussi les grandes comédiennes, les ballerines, Mme Vigée-Lebrun, peintre renommée, et la grande bourgeoisie.

La nouvelle passion de Marie-Antoinette

À partir de sa rencontre avec Rose Bertin, Marie-Antoinette se découvre une passion pour la mode. Une contemporaine, la comtesse de Boigne, écrira : « Être la jolie femme la plus à la mode lui paraissait le titre le plus désirable. » En effet, Louis XVI charge la reine d'organiser les plaisirs de la Cour. Marie-Antoinette prévoit chaque semaine deux bals, dont un costumé le lundi et deux représentations théâtrales.

Chaque nouvelle fête nécessitant une nouvelle robe, Mlle Bertin voit ses affaires prospérer en flèche. Au début, elle a deux rendez-vous hebdomadaires avec la reine, mais très vite de nouvelles séances d'essayage vont s'y ajouter, compte tenu de la « fièvre acheteuse » de Marie-Antoinette. Cette proximité quasi quotidienne de la reine avec Mlle Bertin va durer quinze ans, jusqu'aux journées d'octobre 1789 quand la famille royale quittera Versailles pour les Tuileries, dans des conditions épouvantables.

La reine découvre avec fébrilité les échantillons de tissu que Rose Bertin transporte dans un portefeuille rouge. Les essayages, les retouches, tout se fait dans les appartements de la reine à Versailles, plus exactement dans le salon de la Méridienne. On en est sûr puisque lors de travaux, on a retrouvé des épingles à tête dorée dans le plancher de ce petit salon situé derrière la chambre de la reine. La présence, au cœur de l'intimité royale, d'une personne étrangère à la Cour provoque des commentaires peu aimables, comme ceux de Mme Campan : « On peut dire que l'admission d'une marchande de modes chez la reine fut suivie de résultats fâcheux pour Sa Majesté. L'art de la marchande, reçue dans l'intérieur en dépit de l'usage qui en éloignait, sans exception, toutes les personnes de sa classe, lui facilitait les moyens de faire adopter, chaque jour, quelque mode nouvelle. La reine, jusqu'à ce moment, n'avait développé qu'un goût fort simple pour sa toilette ; elle commença à en faire une occupation principale. »

Rose Bertin, pionnière de la haute couture

Il est vrai que Rose Bertin va profiter de la notoriété que lui procure sa royale cliente. Non seulement les factures extravagantes qu'elle présente à la reine sont réglées sans retard mais le fait qu'elle puisse apposer sur le frontispice de son magasin « Marchande de modes de la reine » lui assure une clientèle encore plus nombreuse.

Encore mieux : les femmes illustres de l'Europe entière seront habillées par Mlle Bertin : la reine de Suède, la grande-duchesse de Russie Maria Feodorovna, belle-fille de la Grande Catherine, la reine d'Espagne, la reine de Bohême. Sa notoriété est immense, mais, bien sûr, la reine de France aura toujours la primeur de ses créations.

Elle est habile, agrandit son magasin et ses ateliers, elle augmente son personnel, elle veille toujours à la qualité parfaite de son travail, choisit les meilleurs fournisseurs dans tous les domaines, tissus, dentelles, rubans, plumes, bijoux. Cordonniers, gantiers, chausseurs, les meilleurs de Paris travaillent pour elle. Créatrice de talent, c'est aussi une remarquable femme d'affaires. On peut presque dire que Mlle Bertin a été une pionnière de ce que nous appelons aujourd'hui la haute couture.

Des coiffures aux proportions hallucinantes…

Marie-Antoinette ne jure plus que par elle. Ses robes de cour, dites robes à la française, sont somptueuses. La reine accepte le double supplice du corset et du panier. Le panier prend de telles proportions qu'il faut ouvrir les portes à deux battants pour qu'elle puisse les franchir. Avec un grand panier, on ne peut passer partout, mais la reine déclare en 1778 : « J'ai été à tous les offices de la semaine, excepté que j'ai été dans une tribune, au lieu d'aller avec le roi à cause du Grand Habit. »

Les coiffures, elles aussi, ont pris des proportions hallucinantes et sont d'une telle hauteur qu'il faut que son coiffeur, Léonard, les rabaisse pour qu'elle puisse entrer dans son carrosse ! Si le grand habit est indispensable pour les cérémonies et apparitions officielles, Mlle Bertin a senti le vent de l'époque. Marie-Antoinette aussi.

… avant un retour à plus de simplicité

On sait que le roi, lors de son avènement, a donné à la reine le ravissant Petit Trianon, château de campagne à l'intérieur du parc de Versailles. Elle n'a cessé de l'améliorer et de l'embellir. Elle y crée, notamment, un parc à l'anglaise puis un petit village campagnard, le Hameau. Tout cela est commandé par une autre mode, celle du retour à la nature et à la simplicité bucolique prôné par Jean-Jacques Rousseau.

Enfin, Marie-Antoinette est aussi devenue une mère. Huit ans après son mariage, elle accouche d'une fille, Marie-Thérèse, surnommée « Mousseline ». En 1781, le dauphin, Louis-Joseph, tant attendu, est né. En 1785, le petit duc de Normandie, surnommé « Chou d'amour », fait à son tour le bonheur de la famille royale. C'est donc aussi pour ses enfants que la reine encourage ce retour à la simplicité.

Mlle Bertin, dès 1786, a commencé à lui livrer ses robes blanches, sans garnitures, sans falbalas, sans folles coiffures, juste un chapeau de paille, tout ce qu'il faut pour se promener à Trianon. Ce sont ces fameuses robes qui font scandale au Salon de 1783. Hélas… Malgré leur simplicité, ces merveilles sont aussi chères que les précédentes et puis il faut aussi, quand même, toujours commander des robes de cour.

Une passion qui coûte cher à la reine

Les dépenses de la reine pour sa garde-robe explosent : de 30 000 livres en 1776, elles passent à 108 000 en 1780. Certes, le budget de la mode n'est pas la seule cause d'impopularité de la reine, mais il l'aggrave. On reproche tout à Marie-Antoinette : ses travaux à Trianon, ses fêtes, les représentations qu'elle donne dans son petit théâtre, ses dépenses de jeu, sa coterie d'amis privilégiés, et notamment l'influence de sa chère Mme de Polignac.

Il est vrai que celle-ci est couverte d'or et de bienfaits par la reine. Mais il y a pis : l'affaire du Collier, dans laquelle elle est totalement innocente, se retourne contre elle en raison d'une gestion maladroite. Ce qui aurait dû rester une affaire privée devient un scandale d'État. Des libelles orduriers sont déposés partout, jusque sur son oreiller. Son amitié amoureuse avec le beau Fersen est explicitement dénoncée. La reine réalise alors son impopularité et s'effondre dans les bras de Mme Campan en lui demandant : « Mais que leur ai-je fait ? »

Le 9 juillet 1786, la reine accouche de son dernier enfant, Sophie. De santé fragile, la petite fille va mourir l'année suivante, en juin 1787. Au même moment, la santé du dauphin se détériore, il est atteint d'une tuberculose osseuse. Ses souffrances et son agonie torturent le roi et la reine. Le dauphin meurt le 4 juin 1789, un mois après l'ouverture des États généraux. La Révolution est en marche.

Pour Marie-Antoinette, accablée par tous ces malheurs familiaux et politiques, l'heure n'est plus à la fête ni à la mode. Son monde s'écroule. La famille royale est désormais réduite à quatre personnes, leur fille Marie-Thérèse et le duc de Normandie, devenu dauphin à la mort de son frère aîné. Il faut y ajouter une cinquième personne, la jeune sœur du roi, Madame Élisabeth, protégée de Marie-Antoinette.

Leur chemin de croix commence avec les journées d'Octobre, l'invasion du château de Versailles par l'émeute et l'obligation pour la famille royale de quitter Versailles et de s'installer à Paris, aux Tuileries.

La maison de couture de Mlle Bertin perd de son prestige

Mlle Bertin va elle aussi connaître des difficultés : trop proche de la reine, elle est considérée comme suspecte. Elle va néanmoins se rendre plusieurs fois aux Tuileries, pour livrer quelques modestes robes. Après les événements du 10 août 1792, quand la famille royale est emprisonnée au Temple, Rose Bertin va être utilisée par Marie-Antoinette pour faire passer des messages à Fersen, alors à Bruxelles.

Après l'exécution de Louis XVI le 21 janvier 1793, la Commune accorde des vêtements de deuil à « la veuve Capet », autrement dit l'ex-reine Marie-Antoinette. Trois jours plus tard, Mlle Bertin apporte au Temple des boîtes où sont soigneusement pliés des robes, des coiffes, des gants, des ceintures et des châles noir et blanc. La fille de Louis XVI et de Marie-Antoinette, la seule survivante du Temple, racontera plus tard : « Nous pûmes voir les personnes qui nous apportaient les habits de deuil, mais en présence des Municipaux. »

C'est la dernière rencontre entre les deux femmes. Lorsque Marie-Antoinette est guillotinée, le 16 octobre 1793, Rose Bertin a déjà émigré en Angleterre. Elle survivra à la Révolution mais sa maison de couture aura perdu tout prestige. D'autres vont lui succéder. Mlle Bertin n'était plus à la mode. Elle s'éteindra en septembre 1813, à Saint-Cloud.

Références bibliographiques

André Castelot, *Marie-Antoinette*, Paris, Perrin, 1965.

Hélène Delalex, *Un jour avec Marie-Antoinette*, Paris, Flammarion, 2015.

Evelyne Lever, *Marie-Antoinette*, Paris, Fayard, 1991.

Marie-Antoinette. Correspondance (1770-1793), établie et présentée par Evelyne Lever, Paris, Tallandier, 2005.

LE SAVIEZ-VOUS ?

Marie-Antoinette s'est servie d'un tableau pour faire grimper sa cote de popularité

En septembre 1785, Mme Vigée-Lebrun reçoit la commande d'un tableau représentant la reine Marie-Antoinette et ses enfants. Il s'agit de représenter l'épouse de Louis XVI en majesté mais aussi en mère de famille attentive. La réputation de la reine, déjà très dégradée, est devenue catastrophique avec l'affaire du Collier.

Mme Vigée-Lebrun, qui a déjà peint plusieurs portraits de Marie-Antoinette, est déstabilisée par ce projet. Elle doit mettre en scène plusieurs personnages dans un très grand tableau : près de 3 mètres de haut et un peu plus de 2 mètres de large ! Elle demande conseil à son ami le peintre David, qui lui suggère de s'inspirer de *La Sainte Famille* de Raphaël, ce qu'elle fera.

La reine aux côtés de ses quatre enfants

Le projet n'aboutira que deux ans plus tard, pour le Salon d'août 1787. Entre-temps, la famille royale s'est agrandie : il faudra représenter non pas trois mais quatre enfants puisque la petite Sophie est née au printemps 1786. La reine sera au centre du tableau. À sa droite, tendrement blottie contre elle, sa fille Marie-Thérèse, dite « Mousseline ». Sur ses genoux, le petit duc de Normandie et à sa gauche (à droite quand on regarde le tableau), on voit le berceau de Sophie et le dauphin présentant sa petite sœur.

Le vêtement de la reine revêt une grande importance. C'est Mlle Bertin qui a confectionné une superbe robe de velours écarlate dont le bas est garni de fourrure. Un béret du même velours, lui aussi bordé de fourrure, orné d'un panache blanc, complète la tenue.

Peu de bijoux, juste deux perles en gouttes d'eau aux oreilles. Les trésors de la reine ne sont pas ses bijoux mais ses enfants. La robe, écarlate elle aussi, de la petite Marie-Thérèse et le costume de soie bouton-d'or, garni de dentelle, du dauphin sont également l'œuvre de Mlle Bertin.

Hélas, au dernier moment, alors que le tableau est presque fini, Mme Vigée-Lebrun doit le modifier car la petite Sophie vient de mourir. Il faut effacer le bébé et le petit dauphin désignera le berceau vide.

L'un des trésors de Versailles

Ce tableau est magnifique. Marie-Antoinette y apparaît majestueuse, grave et tendre à la fois, et les trois enfants sont charmants. Mme Vigée-Lebrun appréhendait beaucoup les réactions du public au Salon. L'impopularité de la reine allait-elle condamner le tableau ? Pas du tout ! C'est un triomphe. L'opération de reconquête de l'image de la reine est réussie. Après le Salon, le tableau est accroché à Versailles et le roi félicite Mme Vigée-Lebrun pour son talent.

Mais la mort du dauphin, en juin 1789, anéantit Marie-Antoinette. Elle ne supporte plus de passer chaque jour devant cette scène qui lui rappelle son fils. Elle fait décrocher la toile. Cela évitera à l'œuvre d'être saccagée lorsque la foule envahira le château de Versailles lors des journées d'octobre 1789. Aujourd'hui, le tableau a regagné sa place. Il est l'un des trésors de Versailles.

LE SAVIEZ-VOUS ?

Comment Louis XVI a piégé les Français pour qu'ils mangent des pommes de terre

Avant la Révolution, le roi Louis XVI a soutenu Antoine Parmentier dans un projet incroyable. L'idée de cet apothicaire (aujourd'hui, nous dirions pharmacien) était qu'en cas de famine, la pomme de terre, qu'il avait bien étudiée, pourrait remplacer le pain. Saviez-vous que ce légume avait alors mauvaise réputation ? On l'accusait aussi bien de donner la lèpre que d'appauvrir le terrain où on la plantait !

En 1785, Louis XVI, très inquiet des mauvaises récoltes, intervient personnellement pour défendre les idées de Parmentier. Pour ce savant, « les végétaux peuvent suppléer, en temps de disette, à ceux qu'on emploie communément à la nourriture des hommes ». Autrement dit, la pomme de terre pourrait facilement remplacer le blé et le maïs. Mais par jalousie et ignorance, beaucoup se méfient de Parmentier.

Une fleur de pomme de terre à la boutonnière

Le roi, lui, a compris que l'apothicaire a raison. En 1786, il lui permet de planter des pommes de terre sur le terrain des Sablons, au village de Neuilly, sur la route de Versailles à Paris. Pour exciter la curiosité, Parmentier fait placer des gardes autour de son champ. Mais c'est une ruse : ils ont ordre de ne pas arrêter les voleurs ! Ils lui feront la meilleure des réclames ! L'année suivante, le 24 août, le terrain est couvert de fleurs. C'est la veille de la Saint-Louis. Antoine Parmentier offre un bouquet de ces étranges fleurs au roi et à la reine. Et il leur dit : « Si le dixième du territoire de la France est planté en pommes de terre, voilà du pain tout fait. »

Reconnaissant, Louis XVI porte des fleurs de pomme de terre à sa boutonnière. Les courtisans veulent en faire autant et sont prêts à payer 10 louis pour une seule fleur ! Une fortune !

La parmentière

Parmentier renouvelle son expérience des Sablons dans la plaine du village de Grenelle. Et le 21 octobre 1787, aux Invalides, il organise un dîner pour lancer ce légume qui n'a toujours pas bonne réputation. Aujourd'hui, le souvenir de Parmentier est présent à Neuilly. Saviez-vous que cette commune des Hauts-de-Seine a trois fleurs de pomme de terre dans ses armes ? Et saviez-vous que la pomme de terre fut, d'abord, appelée parmentière ? Mais cet usage n'a pas duré. Maintenant, on se contente de donner le nom de ce bienfaiteur de l'humanité à un hachis de viande recouvert d'une épaisse couverture de purée, le hachis Parmentier.

Eugénie, la dernière impératrice des Français

Nous sommes au château de Compiègne, un dimanche de l'été 1910. Il fait très chaud. Un peu à part des visiteurs, quatre personnes s'avancent doucement dans le palais, vers un guide qui attend le groupe pour la visite. Deux messieurs, coiffés d'un canotier, accompagnent deux femmes en noir. L'une d'elles, le visage dissimulé par un long voile noir, marche péniblement, s'appuyant sur le bras de l'autre. Elle hésite avant de continuer…

Devant le volet intérieur d'une fenêtre, elle s'arrête. Elle semble fixer une inscription : « Louis, 16 mars 1866 »… Soudain, elle éclate en sanglots, semble au bord du malaise. On demande une chaise. Un gardien en apporte une, une dame du vestiaire arrive avec un verre d'eau. La visiteuse s'assoit. Cette femme est sûrement victime d'un coup de chaleur. Elle relève son voile pour boire. Son visage est dégagé. Le couple d'employés recule un peu et, stupéfait, murmure ce mot incroyable : « L'impératrice ! C'est l'impératrice ! »

Un petit groupe la scrute. Oui, c'est bien l'impératrice Eugénie, la survivante oubliée du Second Empire. Elle n'était jamais revenue à Compiègne depuis le printemps 1870, ce Compiègne où elle était la maîtresse de maison qui recevait lors des fameuses « séries », à l'automne. C'était avant la catastrophe, la guerre contre la

Prusse, Sedan, la capitulation de l'empereur, sa captivité, la chute, la fuite et l'exil en Angleterre grâce à la reine Victoria.

Mais en ce dimanche d'été, l'impératrice ne souffre pas de la chaleur. Elle souffre de ses souvenirs, en particulier celui de son fils Louis, surnommé Loulou, son seul enfant, mort en Afrique australe. Il fut tué par des guerriers zoulous, après s'être engagé, contre l'avis de sa mère, dans l'armée britannique qui menait alors une guerre coloniale. Et cette date sur le volet, 16 mars 1866, c'était le jour de ses 10 ans, quand sa mère avait mesuré sa taille avec une toise. À la place du volet, il y avait alors une porte : c'était celle de la chambre de Louis, qui aimait sortir facilement dans le parc. Louis qu'on appelait le prince impérial, l'espoir de la dynastie Bonaparte.

On prévient le conservateur en chef du musée de la venue d'Eugénie ce dimanche d'été. L'événement restera très peu connu. Ainsi, quarante ans plus tard, Eugénie l'Espagnole était revenue. On ne parlait pas d'elle, elle ne se faisait pas remarquer. Les républicains avaient reconnu son courage et sa discrétion. Beaucoup de gens pensaient qu'elle était morte. Non. Elle était le fantôme de Compiègne, l'héroïne d'une existence romanesque, douloureuse et courageuse. Un roman vécu de quatre-vingt-quatorze années.

Une Andalouse née pendant un séisme

Eugénie de Guzmán y Palafox est née en Andalousie, à Grenade, le 5 mai 1826. Les Français l'appelleront Eugénie de Montijo, confondant son patronyme et le titre du frère de son père. Justement, son père, quel personnage ! Don Cipriano est, dans les années 1805-1815, l'un des rares Espagnols favorables à Napoléon. Il s'était battu à Trafalgar, aux côtés des Français. Il y avait perdu un œil et l'usage normal du bras gauche. En 1814, à Paris, il participe à la défense de la capitale, mais les Cosaques du tsar Alexandre Ier investissent la ville.

La mère d'Eugénie, Manuela, est la fille d'un négociant aisé en vins et primeurs d'origine écossaise. Elle a un solide bon sens, un peu de fortune et elle est très cultivée. Elle a déjà une fille, Paca. Pour Eugénie, l'accouchement se déroule au milieu d'un jardin, en plein tremblement de terre comme il y en a souvent dans cette région. De cette naissance dans des conditions spectaculaires, Eugénie prétendra qu'elle est restée traumatisée par les colères de la nature. Elle dira : « Je ne puis exprimer la terreur que me causent les éclairs et le tonnerre. » C'est étrange car toute sa vie cette femme sera très courageuse, y compris lors des épidémies de choléra.

Sa mère fuit la guerre dynastique qui ravage l'Espagne. Avec ses filles, elle parcourt l'Europe et vient souvent à Paris. Elle y a deux amis, qu'elle invite chez un chocolatier de la rue du Bac. L'un d'eux, gros, avec un collier de barbe, raconte l'épopée impériale et la bataille de Waterloo. Il en a été témoin. Il s'appelle Henri Beyle, mais on le connaît sous le pseudonyme de Stendhal. L'autre homme, très mince, est Prosper Mérimée, passionné par l'Espagne où il a voyagé.

Eugénie les écoute avec passion. Elle a un caractère fantasque, impétueux, entêté. Elle est pieuse mais également superstitieuse. Bien que son instruction soit assez superficielle, elle parle plusieurs langues. Grande, elle a beaucoup d'allure. Sa mère, intrigante, cherche à marier ses filles. Eugénie, très courtisée, laisse sa sœur, Paca, épouser le duc d'Albe, porteur du titre le plus prestigieux de l'aristocratie espagnole. Manuela s'occupe ensuite de bien marier sa seconde fille. Elle cherche un parti glorieux.

Sa rencontre avec Louis-Napoléon

En 1849, lors d'une revue militaire, la jeune Eugénie est adroitement placée par sa mère pour attirer l'attention du prince Louis-Napoléon, devenu un an plus tôt le premier président de la République française. Un Bonaparte à l'Élysée, une aventure incroyable ! Eugénie est fascinée. Elle a 23 ans, il en a 52. Il parle avec un accent suisse allemand. Ce conspirateur a vécu en prison, s'est évadé, a été exilé et, revenu en France, a remporté l'élection présidentielle avec une large majorité. Neveu de Napoléon, il incarne une nostalgie, la continuité impériale.

Comme beaucoup d'hommes, il est sous le charme d'Eugénie. Il admire l'ovale de son visage, son teint transparent, ses cheveux aux reflets roux et le modelé de ses épaules. Très vite, le président aux aventures féminines multiples cherche à revoir la belle Eugénie. Il l'invite, avec sa mère, aux fêtes de l'Élysée. Il lui tend des pièges pour être seul avec elle. Eugénie ne lui cède pas – à 13 ans, une Gitane lui avait prédit : « Tu iras très haut ! » Le président finit par lui demander comment il peut arriver dans sa chambre. Elle lui répond : « Par la chapelle. » Autrement dit par le mariage.

Or, dans la famille Bonaparte, de la princesse Mathilde, cousine du président, qu'elle a failli épouser, au prince Napoléon, tous s'opposent à cette union. Le gouvernement aussi.

Eugénie se sent humiliée. Elle annonce son départ de Paris. Lorsque l'Empire est restauré, le 2 décembre 1852, et approuvé par plébiscite, le nouvel empereur se décide enfin à demander la main d'Eugénie à sa mère, le 12 janvier 1853. Le 29, le mariage civil est célébré aux Tuileries, la cérémonie religieuse se déroule le lendemain à Notre-Dame. Sur le parvis, la foule acclame Eugénie. Elle fait une superbe révérence au peuple. La ferveur populaire est réelle tandis que la vieille aristocratie et la bourgeoisie se gaussent de cette union. Après Joséphine, après Marie-Louise, les Français ont une nouvelle impératrice, déjà surnommée « l'Espagnole », comme on avait surnommé Marie-Antoinette « l'Autrichienne ». En ce début 1853, la prédiction de la Gitane est réalisée. L'Europe est stupéfaite.

Très populaire à ses débuts

Pendant les premières années du règne, malgré les caricatures désobligeantes dans les journaux, l'impératrice est très respectée par la population. L'empereur s'affirme comme le rénovateur de la France et Eugénie, par sa beauté, sa générosité et sa charité, est très populaire. La fête impériale se passe désormais aux Tuileries. Eugénie dit s'y sentir « en cage » mais elle est une hôtesse remarquable. Avec une obstination glacée, l'impératrice veille à ce que le cérémonial et les usages soient respectés pour en imposer aux tenants de l'ancienne monarchie.

Un chroniqueur mondain écrira : « L'Étiquette, on la voulait d'autant plus stricte qu'elle était de date récente. L'impératrice y veillait plus jalousement que l'empereur. Napoléon III, avec son air habituel d'indifférence, aurait fermé les yeux sur une infraction au respect de la formule, ou peut-être ne l'aurait-il pas seulement aperçue. Eugénie n'admettait pas d'omission, en un chapitre qui lui tenait essentiellement à cœur pour la triple raison qu'elle était femme, espagnole et princesse de fortune. »

Si les femmes, notamment les épouses de diplomates, rivalisent d'élégance, c'est parce que l'impératrice, soutenue par Napoléon III, a lancé une activité qui allie la mode et le commerce : la haute couture. Un Anglais, M. Worth, qui a travaillé chez des soyeux de Lyon, fournit la cour impériale. La province, et bientôt toute l'Europe, veut s'habiller « comme à Paris ». Et pour des budgets plus modestes, voici les grands magasins, comme Le Bon Marché. On y entre sans être obligé d'acheter. Et on peut échanger un article ! Une révolution ! La vie parisienne devient une réalité.

La capitale elle-même est en pleine transformation avec les gigantesques travaux que Napoléon III a chargé le préfet Haussmann de réaliser. Il faut que Paris soit une ville moderne, propre, bien éclairée le soir. Le couple impérial fait passer Paris du temps de Balzac et d'Eugène Sue à celui d'Offenbach et de Zola.

Eugénie est très attentive à ces transformations spectaculaires mais aussi à la condition féminine. Par une porte discrète donnant sur le quai de la Seine, elle quitte les Tuileries dans un fiacre anonyme, seulement accompagnée d'une dame d'honneur. Elle visite les orphelinats et aide les femmes dites de « mauvaise vie » à la prison Saint-Lazare. La Ville de Paris lui ayant offert un somptueux collier, elle l'a vendu pour doter une fondation dans le faubourg Saint-Antoine qui permet à des jeunes filles d'apprendre un métier.

Pour les familles les plus défavorisées, le couple impérial crée les « Fourneaux économiques », ancêtres oubliés de nos Restos du cœur. En 1865, l'impératrice remet elle-même la Légion d'honneur pour la première fois à une femme, la peintre animalière Rosa Bonheur, qui vit et travaille en Seine-et-Marne. Lorsque Gustave Flaubert est poursuivi par la justice pour son livre *Madame Bovary*, Eugénie invite l'auteur à Compiègne, ce qu'il oubliera…

L'impératrice a pour son mari de l'estime et de l'affection. Bien que coquette, elle lui est fidèle. L'empereur, lui, ne s'empêchera pas d'avoir des maîtresses. Eugénie, jalouse, s'accommode de moins en moins de cette situation, parfois avec colère, parfois avec humour. Ainsi, découvrant le portrait d'une nouvelle conquête sur le bureau de Napoléon III, elle le brise et lui lance : « Désormais, il faudra vous contenter de l'original ! »

Et lorsqu'elle admire le tableau de Winterhalter, le peintre des cours d'Europe, intitulé *L'Impératrice Eugénie et ses dames d'honneur*, elle dit : « Je me demande laquelle n'a pas couché avec l'empereur… »

Eugénie tombe dans des pièges politiques

La grande question qui agite l'opinion, en particulier l'opposition républicaine et sarcastique, est celle-ci : et après ? Quelle sera la succession ? Eugénie réussit un exploit : au moment où se tient à Paris le congrès de la paix soldant la guerre de Crimée qui est une victoire pour la France, l'impératrice donne naissance à un garçon, le 16 mars 1856. C'est le prince impérial. La popularité d'Eugénie monte encore puisque l'avenir de la dynastie est assuré. Confortée dans son statut, l'impératrice va s'intéresser à la politique. Napoléon III n'y voit pas d'objection. Mieux : il a confiance en elle et lui confie la régence, avec tous les pouvoirs constitutionnels, à plusieurs reprises, notamment quand il part pour l'Italie en 1859 puis pour l'Algérie en 1865.

Mais Eugénie va commettre une grave erreur. Elle va pousser l'intervention française au Mexique. Napoléon III soutient le frère cadet de François-Joseph, Maximilien, devenu empereur du Mexique. Ce sera un fiasco tragique. L'échec mexicain dresse l'opinion contre elle. Maintenant, elle redevient « l'Espagnole ». De plus, elle remet à la mode le style Marie-Antoinette et Louis XVI dans une partie des Tuileries. C'est évidemment une faute que l'opinion ne peut pardonner.

Toutefois, elle est à nouveau populaire lorsque, en 1869, elle inaugure le canal de Suez, construit, après des années d'effort, par Ferdinand de Lesseps, un de ses cousins. Cet ouvrage, digne des temps pharaoniques, apporte un prestige exceptionnel à la France. L'égyptologie, une passion française grâce à Bonaparte ; le canal de Suez, une révolution dans le commerce maritime mondial grâce à Napoléon III.

Lorsque la guerre franco-prussienne éclate à l'été 1870, Eugénie est à nouveau régente. Contrairement à ce que l'on colportera après le désastre de Sedan et la chute du Second Empire, ce n'était pas « sa guerre ». Elle n'avait pas poussé la France dans le conflit avec la Prusse. Mais elle ne l'a pas empêché et n'a pas tenu compte de la santé très dégradée de Napoléon III. L'empereur souffrait de calculs dans la vessie et ne pouvait pas se tenir à cheval. En fait, il aurait voulu mourir sur le champ de bataille. Hélas, il est fait prisonnier par les Prussiens après la défaite de Sedan, le 1er septembre 1870.

La survivante

Le 4 septembre, Eugénie quitte Paris secrètement, grâce à son dentiste, le docteur Evans. Elle gagne Deauville, puis arrive en Angleterre où son fils la retrouve. Libéré, Napoléon III les rejoint à Chislehurst. La reine Victoria, qui a une grande affection pour Eugénie, veille à ce que le trio exilé vive le mieux possible. La mort de l'empereur, le 8 janvier 1873, et la fin tragique du prince impérial le 1er juin 1879 (un Bonaparte tué sous l'uniforme britannique !) donnent à Eugénie l'auréole du malheur. Elle est plongée dans un profond désespoir. En septembre 1880, elle s'installe à Farnborough, qui devient un véritable mausolée impérial. Une église est construite dans le parc et Eugénie y fait transférer les cendres de son mari et de son fils en 1887. La vieille dame en noir reçoit de nombreux visiteurs de tous rangs et voyage beaucoup.

En 1882, la République lui permettant de revenir sur le territoire français, elle fait construire, au cap Martin, une villa, à laquelle elle donne le nom de « Cyrnos » : c'était, en grec, le mot qui désignait la Corse, ce berceau de l'épopée Bonaparte qu'elle voit à l'horizon.

En 1914, quand éclate la guerre mondiale, elle fait remarquer qu'elle n'y est pour rien… À Farnborough, elle installe une infirmerie et elle organise des ambulances pour les blessés alliés. Elle donne son yacht, le *Thistle*, à l'amirauté britannique. Après 1918, elle se rend en Espagne pour une opération de la cataracte. Celle-ci réussit, mais à Madrid, au palais des ducs d'Albe, le dimanche 11 juillet 1920, la vieille dame en noir grelotte, son visage rougit. C'est une crise d'urémie, comme Napoléon III. Sereine, elle murmure : « Il est temps de m'en aller… »

La France de Clemenceau lui refuse des funérailles officielles et les honneurs militaires. Choqué, le roi George V, qui a fait l'ancienne impératrice des Français chevalier de l'Empire britannique, organise les obsèques d'Eugénie. Il y assiste avec son épouse la reine Mary et le roi d'Espagne Alphonse XIII. Les honneurs militaires britanniques sont rendus à Eugénie, comme Victoria l'avait exigé pour le prince impérial. Eugénie a survécu cinquante ans à l'écroulement de son rêve. Désormais, elle repose auprès de son époux et de leur fils dans la crypte de Farnborough. Eugénie n'avait pas tous les dons mais elle ne fut jamais lâche ni médiocre.

LE SAVIEZ-VOUS ?

L'Alsace-Lorraine ne serait peut-être pas française sans l'impératrice Eugénie

En 1918, la veuve de Napoléon III, âgée de 92 ans et presque aveugle, intervient pour que l'Alsace-Lorraine soit rendue à la France. En effet, les Américains ne réalisaient pas l'importance de cette restitution. Les négociations n'avançaient pas. Mais Eugénie se souvient de ce que le vieux roi Guillaume de Prusse lui avait écrit en septembre 1870. Il lui précisait qu'il ne considérait pas l'Alsace-Lorraine comme des morceaux de terre germanique mais comme des positions stratégiques. Il était tout de même devenu le premier empereur allemand en 1871, lors d'une cérémonie à Versailles, dans la galerie des Glaces. Eugénie, dont le patriotisme français était occulté, en avait souffert personnellement.

L'impératrice cherche donc cette lettre, aidée de sa femme de chambre et d'une dame d'honneur ; elle fouille tous ses tiroirs, vide les commodes, le bureau de l'empereur, les armoires. Cela faisait près de cinquante ans. Elle cherche et fait prévenir Clemenceau, qui est à Versailles.

Le « Tigre », républicain athée, est l'ennemi acharné des monarchies. Et les Bonaparte, leur famille, leurs alliés, n'échappent pas à sa haine. Eugénie insiste auprès de son cabinet : elle se souvient de cette lettre que personne, en dehors d'elle, ne connaît. Il faut absolument qu'elle la retrouve ! Clemenceau n'y croit pas. Mais que raconte encore cette vieille bonne femme, cette catholique bigote ? Elle invente, pour se faire pardonner la guerre et la chute de l'Empire. Elle ment ou elle est folle, le Tigre en est sûr.

Un document capital

Pourtant, Eugénie continue de fouiller des montagnes de papiers. Enfin, le 30 novembre 1918, elle retrouve la précieuse lettre et la fait porter à Clemenceau, après en avoir fait faire une copie.

C'est un document capital. Le « Tigre » accepte de le soumettre aux Américains. Le retour de l'Alsace-Lorraine à la France est accéléré. Mieux – et c'est incroyable –, le « Tigre » remercie l'impératrice par un courrier de sa main !

C'est une correspondance que rien ne pouvait laisser prévoir, car tout séparait ces deux êtres. Lorsque l'impératrice reçoit la lettre de Clemenceau qu'on lui lit, elle dit seulement : « Si mon pauvre enfant était là, qu'il serait heureux... »

Sissi et François-Joseph : l'histoire d'un véritable coup de foudre

C'était convenu entre les deux sœurs, l'archiduchesse d'Autriche Sophie et la duchesse en Bavière Ludovika : on allait marier l'empereur François-Joseph, fils de Sophie, à sa cousine germaine Hélène, fille aînée de Ludovika. On annoncerait leurs fiançailles officielles le jour du 23e anniversaire de François-Joseph, le 18 août 1853. Cela se passerait à Bad Ischl, station thermale du Tyrol. La famille impériale d'Autriche a l'habitude d'y séjourner chaque été.

Il n'est pas facile de marier un empereur d'Autriche. Les critères sont précis : l'élue doit être issue d'une famille souveraine et être catholique. François-Joseph, qui règne sur l'Autriche depuis 1848, est monté sur le trône à l'âge de 18 ans, dans des conditions difficiles, en pleine révolution populaire. Vienne était dans un tel chaos que sa prise de pouvoir s'était faite à Olmutz, loin de la capitale, après l'abdication de son oncle Ferdinand Ier, atteint de troubles mentaux. Le propre père de François-Joseph, l'archiduc François-Charles, avait renoncé à la Couronne. C'est l'archiduchesse Sophie qui avait mis son fils sur le trône. Elle est bien décidée, aussi, à contrôler son mariage.

Le jeune souverain avait parcouru l'Europe pour trouver l'épouse idéale. Il était tombé amoureux d'une très jolie nièce du roi de Prusse, la princesse Anna. Une alliance prussienne aurait ravi sa mère, mais Anna était déjà promise et le roi de Prusse ne voulait en aucun cas d'une union autrichienne. François-Joseph rencontra aussi la princesse Sidonie de Saxe, une cousine germaine, mais il la trouva trop lymphatique et peu agréable. Il restait encore une option, la famille de Sophie, les Wittelsbach. La sœur cadette de Sophie, Ludovika, avait épousé un cousin, Maximilien, duc en Bavière, chef de la branche cadette de la dynastie bavaroise. Ils avaient eu dix enfants. L'aînée des filles, Hélène, surnommée Néné, semblait posséder toutes les qualités nécessaires pour devenir impératrice d'Autriche.

Exit Hélène, bonjour Sissi

Ludovika est aux anges à l'idée d'une alliance aussi prestigieuse pour sa fille aînée. Pour Hélène, on fait faire une garde-robe digne d'une future impératrice d'Autriche, notamment une somptueuse robe de bal pour la soirée d'anniversaire de l'empereur.

La mère et la fille doivent partir seules pour Bad Ischl. Au dernier moment, Ludovika décide que sa cadette, Élisabeth, que tout le monde surnomme Sissi, fera le voyage avec elle. Sissi a fêté ses 15 ans le 25 décembre précédent. Elle est triste. Un de ses amis, un certain Richard, vient de mourir. La perte de cet amoureux l'a beaucoup affectée. Ludovika pense que ce voyage lui changera les idées. Et puis on ne sait jamais... On pourra peut-être en profiter pour la marier, elle aussi, au frère cadet de l'empereur, Charles-Louis, qui vient d'avoir 20 ans.

On s'engouffre dans une berline, suivie d'une voiture chargée de bagages. Le 15 août 1853, au relais de poste de Rosenheim, la berline ducale s'arrête et Sissi exaspère sa mère en voulant elle-même donner à boire aux chevaux. Car Sissi est ainsi : spontanée, exaltée, romantique, aimant les chevaux et les chiens, et n'en faisant qu'à sa tête. Le 16 août, la berline arrive enfin à Bad Ischl devant l'hôtel Austria. À peine rafraîchies et recoiffées, mère et filles se précipitent pour ne pas être en retard au thé de l'archiduchesse Sophie.

L'empereur s'invite au thé. On l'a placé à côté d'Hélène, mais il n'a d'yeux que pour Sissi. Le lendemain matin, François-Joseph se présente très tôt chez sa mère. Il est d'une humeur charmante. Il ne lui parle que de Sissi. Sophie est intelligente et a l'habitude de décider à la place des hommes défaillants de la famille. Elle sent que son fils va lui résister. Pour la première fois ! François-Joseph continue : il ne tarit pas d'éloges sur sa cousine, son charme, son intelligence, sa silhouette svelte, son exubérance de petite fille encore, sa douceur. Quant à sa beauté, il ne sait comment la décrire. Bref, il est follement amoureux !

Sophie contre-attaque

Une autre sœur de Sophie, la reine de Prusse, dit alors à Sophie : « Le voilà tout feu tout flamme ! » La reine de Prusse semble ravie, mais Sophie pas du tout ! Elle est même atterrée ! Ce mariage serait une folie ! Sissi ne connaît rien des usages de la cour de Vienne. Elle n'est qu'une petite campagnarde sans éducation. Mais Sophie est surtout vexée : son fils ne lui obéit plus ! Son fils, dont elle a fait un empereur, prend une décision capitale sans elle, une maîtresse femme dont Talleyrand avait dit, au congrès de Vienne : « Elle est le seul homme de la famille ! »

Sophie contre-attaque ! Au déjeuner suivant, Sissi est exclue de la table impériale. Elle est reléguée avec sa gouvernante dans une petite pièce contiguë. Mais François-Joseph est opiniâtre, lui aussi. Il demande à Ludovika la permission d'inviter Sissi à sa table. Permission accordée ! On se pousse un peu et l'empereur ne va plus la quitter des yeux pendant le déjeuner. C'est ce soir, au dîner suivi d'un bal, que tout va se décider. Sissi, qui n'était pas prévue, y est aussi conviée par l'empereur.

On se prépare fiévreusement. Hélène revêt sa somptueuse robe de satin blanc pour ses supposées fiançailles. Sissi devra se contenter d'une simple robe de voile couleur pêche. Après tout, elle ne devait pas être là. Lorsque le bal commence, François-Joseph ne danse pas. Tout le monde s'interroge. On explique que Sa Majesté honorera le cotillon qui, traditionnellement, clôt le bal. Avec qui va-t-il se lancer ? Hélène ou Sissi ? L'aide de camp de l'empereur, qui a dansé la deuxième polka avec Sissi, murmure à son voisin : « Il me semble que j'ai dansé avec notre future impératrice… »

Il a raison. L'empereur ne dansera qu'avec Sissi, lui offrira le bouquet du cotillon et tous les bouquets que devaient recevoir les autres danseuses. Pauvre Hélène ! Elle vient de comprendre qu'elle ne sera pas impératrice !

Sophie et Ludovika, médusées, cachent leur dépit derrière leurs éventails. Leur complot a raté ! Mais Sophie sera bonne joueuse et dans une lettre à son autre sœur, Marie de Saxe, elle dira : « Élisabeth (Sissi) semblait un bouton de rose qui s'épanouit au soleil. Elle lui (François-Joseph) a paru si attirante dans sa modestie enfantine, et si naturelle pourtant face à lui. Seule la foule l'intimidait. »

Les dés sont jetés. Tôt le lendemain, l'empereur annonce à sa mère qu'il va demander la main de Sissi. Toute l'Europe est informée. La duchesse de Dino, nièce de Talleyrand, fine connaisseuse des cours d'Europe, écrira dans sa chronique : « J'ai eu une nouvelle d'Ischl dans laquelle on me rapporte que, lorsque l'empereur a parlé à Madame sa mère, du désir d'épouser la princesse de Bavière, il l'a fait en ces termes : "Si j'étais sûr qu'on ne persuadât et ne poussât pas la princesse à m'accepter, je voudrais lui demander moi-même si elle consent à partager mon sort difficile, à m'aider à en porter le poids et à l'alléger." On a donc sondé la jeune personne en lui disant qu'elle ne devait consulter que son cœur et ne regarder en rien à l'éclat de la situation. Elle a répondu que ce n'était que cette position trop élevée et trop difficile qui pourrait l'effrayer, car quant à la personne, elle s'y sentait vivement attirée... Les deux mères auraient voulu que la chose fût tenue secrète jusqu'à l'arrivée ou, au moins, jusqu'à la réponse du duc Maximilien, père de la princesse, auquel personne n'avait songé dans les premiers moments d'effusions ; et l'empereur a dit qu'il ne fallait pas que son bonheur fût caché et qu'il avait hâte de le proclamer. »

Sissi préparée à devenir impératrice

Sitôt les fiançailles proclamées dans un Bad Ischl illuminé de 10 000 bougies, sur une petite colline des lampions ont été disposés formant les initiales des deux fiancés. Partout sont déposées des lanternes aux couleurs de l'Autriche et de la Bavière. Le 31 août, Ludovika et ses deux filles regagnent Munich tandis que François-Joseph rentre à Vienne. Il a été décidé que la cérémonie de mariage se déroulerait à Vienne le 24 avril 1854. Ludovika aurait préféré Munich mais l'empereur en a décidé autrement. Pour lui, ce mariage est une sorte de revanche. Il est amoureux, il est heureux, il a une fiancée merveilleuse. Il veut la montrer aux Viennois et souhaite une fête éblouissante. Il entend faire oublier les désordres de 1848 qui ne lui avaient pas permis de prêter son serment d'empereur dans sa capitale.

Le mariage sera comme une sorte de sacre du couple impérial. Pendant la durée de leurs fiançailles, François-Joseph vient trois fois à Munich pour voir Sissi. Ce sont des voyages de plus d'une journée, car il lui faut passer par Prague : il n'y a pas de chemin de fer direct entre Vienne et Munich. Il arrive toujours chargé de cadeaux, généralement des bijoux. Il est notamment auprès de Sissi le 25 décembre 1853, pour l'anniversaire de ses 17 ans. Il lui offre un perroquet, présent original qui la comble de bonheur !

Sissi est enchantée de ces parenthèses auprès de son fiancé car elle est soumise à un rude traitement. Elle doit commencer par apprendre le français, langue diplomatique, l'italien, que l'on parle dans les provinces autrichiennes de Lombardie et de Vénétie, et aussi le hongrois. C'est horriblement difficile. Mais on sait que Sissi le parlera admirablement et adorera la Hongrie. Les leçons se succèdent, entrecoupées d'interminables séances d'essayage. On confectionne son trousseau et sa garde-robe d'impératrice.

Quand la famille quitte Munich pour Possenhofen, le château familial au bord du lac de Starnberg, Sissi écrit des poèmes empreints de tristesse sur la beauté de la nature, les lacs, les animaux. Tout symbolise un adieu prématuré à son enfance si libre en compagnie d'un père original. Ce grand voyageur rapportait toujours à ses enfants des présents extraordinaires et des récits passionnants. Dans son hôtel particulier de Munich, il avait fait installer une piste de cirque où se produisaient clowns, acrobates et cavaliers dresseurs de chevaux pour le plus grand plaisir de ses enfants, en particulier de Sissi. C'est à tout cela que la petite duchesse doit dire adieu. Elle est sincèrement amoureuse de François-Joseph, mais elle a peur de la nouvelle vie qui l'attend à Vienne.

Sur le Danube, un voyage de légende

Le jeudi 20 avril 1854, après une messe dans le palais familial où elle a vu le jour, Sissi dit adieu au personnel et lui distribue des cadeaux. Dans une berline découverte tirée par six chevaux, qui fend la foule émue, la jeune fille, ovationnée, se lève et salue pour la première fois. Le lendemain, à 2 heures de l'après-midi, les berlines et les calèches de Sissi et de sa famille atteignent Passau, la ville frontière entre la Bavière et l'Autriche. L'escorte bavaroise monte à bord d'un bateau accompagné de deux vapeurs autrichiens décorés.

À 18 heures, ils atteignent Linz. François-Joseph, ce qui n'était pas prévu, les rejoint. Il assiste auprès de sa fiancée à un gala suivi d'illuminations et d'une retraite aux flambeaux. Il repart pour Vienne à 4 h 30 du matin. Trois heures plus tard, Sissi et sa famille montent à bord du plus beau vapeur à aubes du Danube, le *François-Joseph*, dont le pont et les flancs sont recouverts de roses coupées le matin même dans les serres de Schönbrunn.

Par ordre de l'empereur, la navigation est arrêtée sur le Danube. Les rives du fleuve sont noires de monde. Les fanfares jouent l'hymne impérial entre deux salves de canon. La fiancée de l'empereur salue la foule en agitant son mouchoir de dentelle. Le bateau arrive dans les faubourgs de Vienne, à Nussdorf. Il a à peine le temps d'accoster que l'empereur saute à bord. Il prend Sissi dans ses bras et l'embrasse sur la bouche devant des milliers de spectateurs. Du jamais vu à cette époque !

Tout le monde gagne Schönbrunn. Dans le salon de cérémonie de l'impératrice Marie-Thérèse, Sissi est présentée aux Habsbourg puis aux grands officiers de la Cour. Enfin, elle fait la connaissance de sa première dame d'honneur, la comtesse Esterhazy-Liechtenstein, 56 ans, austère et cérémonieuse. Sissi pressent qu'elle ne va pas s'entendre avec cette rigide gardienne de l'étiquette. Une apparition au balcon devant une foule immense puis un grand dîner de gala. Enfin, les convives, épuisés, se retirent. La famille et les futurs mariés aussi.

« Un oiseau effrayé »

Le lendemain, 23 avril, le programme est très chargé. Sissi inaugure un nouveau pont, le pont Élisabeth, sur la petite rivière Inn. Puis elle gagne le palais impérial, la Hofburg, où François-Joseph l'attend. Nouvelles présentations aux généraux, officiers et domestiques du palais. Le lendemain, 24 avril, le mariage est célébré à 7 heures du soir, dans l'église des Augustins qui jouxte la Hofburg. L'église est entièrement drapée de rouge, éclairée par 15 000 flambeaux qui font scintiller les diamants et le diadème de la mariée.

Sissi, désormais impératrice, subit une nouvelle présentation, cette fois à l'état-major et aux diplomates. Après ces exténuantes corvées, le couple impérial ressort du palais pour traverser Vienne dans un carrosse découvert tiré par seulement deux chevaux. Tout Vienne leur fait un triomphe. À leur retour, un souper solennel leur est servi, de 10 heures à 11 heures du soir. Et puis, laissons parler Sophie, qui écrira dans son journal : « Nous conduisîmes, Ludovika et moi, la jeune mariée dans sa chambre. Je la laissai avec sa mère et m'établis dans le cabinet à côté de sa chambre jusqu'à ce qu'elle fût au lit. Et jc cherchai mon fils et l'emmenai près de sa jeune femme que je trouvai, en lui disant bonne nuit, cachant son joli visage inondé de la profusion de ses beaux cheveux dans son oreiller, comme un oiseau effrayé se cache dans son nid. »

L'oiseau effrayé, comme le dit si justement sa tante et belle-mère, va ressentir tout le poids de son nouveau statut. Elle aimerait avoir des moments d'intimité avec son mari. Ils seront rares. L'empereur a un emploi du temps très prenant. Elle en souffrira. Souvent, elle dira : « Si seulement il n'était pas empereur… »

Une vie conjugale étonnante

Ce couple aura une vie conjugale étonnante. Lui l'homme de devoir, elle la rebelle vont s'aimer, avoir des enfants, de grandes peines, un destin politique compliqué. Souvent, elle voyagera pour échapper à sa vie trop exposée. Mais ce coup de foudre durera toute leur vie commune, jusqu'à la mort de Sissi, assassinée à Genève le 10 septembre 1898. François-Joseph, effondré, dira alors : « Personne ne saura jamais combien je l'ai aimée… »

LE SAVIEZ-VOUS ?

C'est le deuil de sa fille qui lia Sissi à la Hongrie

C'est par une tragédie que va commencer cette relation passionnée. Le 3 mai 1857, François-Joseph et Sissi partent pour la Hongrie. C'est un voyage politique, les Hongrois n'ont jamais pardonné à l'empereur la dure répression des révolutions de 1848. Mais la montée en puissance de la Prusse et la volonté de Napoléon III de soutenir l'unité italienne poussent François-Joseph à chercher des débouchés vers l'est, et particulièrement en Hongrie.

Sissi, qui sera son « atout charme », décide qu'ils partiront avec leurs deux filles : Sophie, 2 ans, et Gisèle, 1 an. La belle-mère de l'impératrice est farouchement opposée à cette décision. François-Joseph, lassé d'arbitrer le conflit permanent entre sa mère et son épouse, donne raison à Sissi. Le voyage est un succès, l'impératrice séduit les Hongrois.

Laissant leurs deux filles à Budapest, le couple impérial visite la plaine hongroise, la *puszta*, lorsqu'on le rappelle d'urgence dans la capitale. Sophie, leur fille aînée, est au plus mal. On ne sait s'il s'agit d'une typhoïde, mais la petite fille meurt le soir du 29 mai 1857. Le couple impérial est dévasté. Sissi culpabilise : est-elle punie pour avoir désobéi à sa belle-mère ?

Les Hongrois sont touchés par le malheur du couple. Ils lui témoignent leur soutien et leur affection. Un pacte d'amour entre Sissi et la Hongrie vient de se sceller avec ce deuil insupportable.

Le rôle du comte Andrassy

Elle reviendra en Hongrie neuf ans plus tard, avec ses deux enfants, Gisèle, 10 ans, et l'héritier enfin arrivé, Rodolphe, 8 ans. L'empire est en crise. Après la perte de la Lombardie-Vénétie, c'est contre la Prusse que François-Joseph est en guerre. C'est une lutte d'influence entre les deux empereurs après un conflit qu'on a appelé la guerre des Duchés. Et c'est la Prusse qui l'a emporté après la lourde défaite des Autrichiens à Sadowa, le 3 juillet 1866.

Sissi et ses enfants à Budapest en ce moment crucial, c'est une preuve de confiance en la Hongrie. C'est aussi la consécration de négociations menées depuis plusieurs mois avec le comte Andrassy. Cet aristocrate magyar travaille à la réconciliation entre les patriotes hongrois et les Habsbourg. Il est séduisant et efficace... et sous le charme de Sissi. Bien trop intelligent pour aller plus loin, il va seulement faire de l'impératrice l'incarnation de cette réconciliation.

Sissi joue le jeu, elle parle hongrois et porte le costume national à ravir. François-Joseph, lui, travaille à ce qu'on appellera le « compromis austro-hongrois ». Un nouveau statut pour l'empire d'Autriche : ce sera désormais l'Autriche-Hongrie. Budapest devient la deuxième capitale de l'empire. Andrassy sera le Premier ministre de la Hongrie reconnue comme entité.

La concrétisation de cette double monarchie sera le couronnement, le 8 juin 1867, du couple impérial à Budapest. Ils sont sacrés roi et reine de Hongrie, dans l'église Mathias, sur la colline de Buda. Élisabeth, Erzsébet en hongrois, sublime dans une robe de couronnement réalisée à Paris par le couturier Worth, n'a jamais été aussi belle et rayonnante. C'est un triomphe. Désormais, Sissi vivra à l'heure hongroise. Le peuple magyar lui offrira, aux environs de Budapest, le château baroque de Gödöllö, où elle va beaucoup séjourner.

Des apparitions à Vienne plus rares

François-Joseph et Sissi ont affronté bien des épreuves : les défaites en Italie et contre la Prusse, l'exécution du frère du souverain, Maximilien, éphémère empereur du Mexique à Querétaro en mai 1867. Le couple va enfin se retrouver et Sissi aura un quatrième enfant, une fille, Marie-Valérie, qui naîtra à Budapest le 28 avril 1868. L'enfant de la Hongrie !

Scandale à Vienne ! L'impératrice serait-elle devenue totalement hongroise ? Ses dames d'honneur sont désormais magyares. Ses apparitions à Vienne sont trop rares ; bref, les Viennois, une fois de plus, en veulent à leur impératrice. Ils sont jaloux.

Elle est toute à la joie de sa nouvelle maternité. Pour la première fois, elle va pouvoir s'occuper de son enfant sans que sa belle-mère s'interpose. Elle sera tellement excessive dans son amour de la Hongrie et de Marie-Valérie que plus tard celle-ci détestera la Hongrie et reprochera à sa mère de l'avoir trop couvée.

Tout est excessif chez Sissi, mais son amour pour la Hongrie était totalement sincère. Les étés à Gödöllö avec François-Joseph et les enfants seront de merveilleux moments. Tout cela jusqu'au fatal mois de janvier 1889 et la mort de l'héritier du trône, à Mayerling. Sissi ne s'en remettra jamais. Elle voyagera beaucoup. Elle oubliera la Hongrie mais la Hongrie ne l'a jamais oubliée. Son souvenir y est toujours présent.

Sedan, 2 septembre 1870 :
la fin du Second Empire

Nous sommes à l'aube, le 2 septembre 1870. Napoléon III sort à cheval de la sous-préfecture de Sedan, dans les Ardennes. La veille, les forces françaises se sont inclinées devant l'armée prussienne, et l'empereur fait partie des prisonniers... La défaite l'accable moralement mais il souffre aussi physiquement. Plusieurs fois, il doit mettre pied à terre, soutenu par son aide de camp. L'homme est crispé de douleur à cause d'un calcul à la vessie. Il aurait dû être opéré depuis longtemps. À présent, les calmants ne font plus d'effet. Le teint blafard, c'est un homme brisé qui s'avance vers la reddition.

Toute la journée de la veille, Napoléon III a pourtant voulu s'exposer en première ligne. Il est allé jusqu'à pointer lui-même une mitrailleuse contre les Prussiens ! Il cherchait la mort... En fin de matinée, il est cependant contraint de regagner la sous-préfecture, où ses médecins l'attendent. À peine devant eux, il veut repartir, même épuisé, sur le champ de bataille. On l'en dissuade. Là-bas, de l'autre côté de la Meuse, près de 700 canons font pleuvoir sur Sedan, ses remparts et sa forteresse des tonnes de projectiles. Les rues sont encombrées de blessés. Prostré dans sa chambre, le souverain comprend qu'il faut arrêter le massacre. Après trois jours de combats et d'ordres contradictoires, Sedan est encerclée. L'acharnement est inutile. D'une voix faible, l'empereur dit : « Je sais le désastre. L'armée s'est sacrifiée. Je suis résolu à demander un armistice. »

Il donne l'ordre de hisser le drapeau blanc sur la citadelle. Immédiatement, plusieurs drapeaux blancs apparaissent… La canonnade s'arrête. Le roi de Prusse, Guillaume Ier, envoie un lieutenant-colonel et un capitaine sommer les Français de rendre la place. Entre-temps, le général Reille a été chargé de porter une lettre au roi. C'est une correspondance étonnante qui commence. Au monarque de Berlin, Napoléon III écrit : « Monsieur mon frère, n'ayant pu mourir au milieu de mes troupes, il ne me reste qu'à remettre mon épée entre les mains de Votre Majesté. Je suis, de Votre Majesté, le bon frère. Napoléon. »

Le roi Guillaume lui répond d'une façon tout aussi courtoise : « Monsieur mon frère, en regrettant les circonstances dans lesquelles nous nous rencontrons, j'accepte l'épée de Votre Majesté et je la prie de bien vouloir nommer un de ses officiers, muni de ses pleins pouvoirs, pour traiter de la capitulation de l'armée, qui s'est si bravement battue sous ses ordres. De mon côté, j'ai désigné le maréchal Moltke à cet effet. Je suis, de Votre Majesté, le bon frère. Guillaume. »

Le calvaire de l'empereur

Mais malgré ce ton cordial, les conditions imposées par la Prusse sont très dures : toute l'armée vaincue à Sedan sera internée en Allemagne. La reddition sans condition de Napoléon III, de Mac-Mahon, des officiers et des 82 000 soldats s'accompagne de prises de guerre : les munitions, les canons, les chevaux. L'empereur adresse un télégramme à l'impératrice Eugénie qui, depuis le 27 juillet et le départ de son mari pour la guerre, assure la régence avec les pleins pouvoirs que lui donne la Constitution. Elle ne veut pas croire qu'il a capitulé : « L'armée est défaite. N'ayant pu me faire tuer au milieu de mes soldats, j'ai dû me constituer prisonnier pour sauver l'armée. Ma chère Eugénie, il m'est impossible de te dire ce que j'ai souffert et ce que je souffre. Nous avons fait une marche contraire à tous les principes et au sens commun. Cela devait amener la catastrophe. Elle a été complète. [...] J'aurais préféré la mort à être témoin d'une capitulation si désastreuse. Cependant, dans les circonstances présentes, c'était la seule manière d'éviter une boucherie de 60 000 personnes. Je suis au désespoir. »

Tôt dans la matinée du 2 septembre, Napoléon III quitte Sedan pour retrouver Bismarck près du village de Donchery, dans une boucle de la Meuse, au sud-ouest de Sedan. Avec le chancelier du roi de Prusse, l'entretien doit être bref. En le voyant arriver, le secrétaire de Bismarck a du mal à reconnaître l'empereur des Français : « Cet homme court et épais avec un pardessus bordé de galons d'or et un pantalon rouge... Il portait des gants de peau blanche et fumait une cigarette. Son aspect n'avait rien de militaire. Il était trop alourdi par l'uniforme dont il était revêtu. C'était Napoléon III. »

Le vaincu rencontre le vrai vainqueur : Bismarck. L'empereur lui dit qu'il n'a pas voulu cette guerre. Le chancelier balaie cette remarque de la main : il le sait mieux que personne puisqu'il a été l'instigateur du piège de la dépêche d'Ems qui a conduit la France à déclarer la guerre à la Prusse ! L'empereur des Français rencontre ensuite Guillaume Ier. Le roi est très impressionné, et même ému, par l'attitude de son prisonnier. À son épouse, il dit : « Il est abattu mais digne et résigné. Il semble que cet homme, si malade, soit comme soulagé. »

Napoléon III quitte la France pour toujours

Le lendemain, 3 septembre, sous une pluie torrentielle, Napoléon III va quitter la France pour toujours. Il le sait, il ne reviendra pas dans son pays. Arrive un convoi de huit voitures : un coupé pour l'empereur, deux breaks pour sa suite, deux chars à bancs pour les domestiques et trois fourgons pour les bagages. Un escadron de uhlans, ces terribles cavaliers de l'armée prussienne, vient se ranger. Il servira d'escorte.

Le ciel est bas. À 8 heures du matin, Napoléon III apparaît sur le perron. Il est enveloppé d'un long manteau ne portant aucun insigne ou broderie. Un large capuchon cache son visage, mais lorsqu'il est dégagé, les témoins le voient « livide, grelottant de fièvre, tenant à peine debout ». Il prend place dans le coupé. À sa droite, le baron Reille. L'empereur dira de cette route qu'elle « fut un supplice ». Traverser ces colonnes de prisonniers français est particulièrement pénible. C'est le troupeau de la débâcle… Hagards, dépenaillés, harassés, les soldats ont parfois des réactions hostiles, ils parlent de « trahison ». L'un de ces malheureux tente de se jeter sur le coupé, il insulte le souverain. Un officier prussien l'écarte d'un coup de crosse. Le contraste entre l'armée des vaincus, en déroute, et celle des vainqueurs est accablant. En voyant les débris de son armée, Napoléon III ne peut retenir ses larmes.

Pour écourter le trajet en territoire français, il a obtenu de passer par la Belgique. À la frontière, l'escadron de uhlans cesse sa pesante escorte. Les officiers prussiens qui prennent le relais sont d'une extrême déférence, Napoléon III les en remercie. Le cortège fait escale pour la nuit dans un hôtel du village de Bouillon, dans l'Ardenne belge. À sa grande surprise, le souverain déchu est autorisé à se promener, sous une surveillance discrète. Le soir, il refuse de dîner dans la salle à manger pour ne pas avoir à affronter les regards. De toute façon, il n'a pas faim. Il reste dans sa chambre, où l'hôtelière lui sert un thé. Elle dira qu'elle a trouvé l'empereur « très affaissé, les yeux pleins de larmes ». Et c'est exact : depuis quarante-huit heures, le vaincu ne fait que pleurer… Il n'a aucune nouvelle de l'impératrice. On lui dit seulement que son fils va bien, sans plus de détails.

Au matin du 4 septembre, Napoléon III doit poursuivre son exode en train spécial. Sur le quai de la gare, il bavarde avec plusieurs personnes. Ses interlocuteurs lui trouvent « l'œil terne, les traits vieillis, le teint très pâle ». Le soir, à la dernière gare belge, on lui apprend les nouvelles de France.

La nouvelle de la défaite gagne Paris

Dans la journée du 3 septembre, des bruits alarmants courent dans Paris. La catastrophe de Sedan et la capitulation de l'empereur sont annoncées officiellement. La foule a commencé à se rassembler sur les boulevards. Des cris s'élèvent : « Déchéance ! »

À force d'enfler, la rumeur parvient aux Tuileries, sous les fenêtres d'Eugénie. Tétanisée, incrédule, furieuse, l'impératrice régente répète mécaniquement : « Il n'a pas capitulé ! Il ne s'est pas constitué prisonnier ! Un Napoléon ne se rend pas ! Il est mort ! L'empereur est mort ! »

La malheureuse hurle, martelant ces mots, le regard fixe, hagarde, selon son entourage pétrifié. Elle tremble. Non, ce n'est pas possible ! Puis, ses ultimes forces la trahissent. Dans un silence complet, personne n'osant murmurer le moindre mot de réconfort, Eugénie s'écroule sur un canapé. Soudain elle est frappée par la révélation complète du désastre où domine la vision du drapeau blanc agité dans la mitraille, sur ordre de son mari. La défaite, les morts, les dizaines de milliers de prisonniers, le territoire qui va être envahi, tout est horrible, mais l'annonce de la capitulation, c'est le pire ! C'est insoutenable…

À 6 heures du soir, dans un sursaut, la souveraine réunit de toute urgence le Conseil des ministres et le Conseil privé. La discussion, confuse, dure deux heures. Deux heures pour élaborer une déclaration gouvernementale qui énumère les drames, dresse le bilan des pertes, place Paris en état de défense renforcée et contient une phrase révélatrice et pathétique : « L'empereur a été fait prisonnier dans la lutte. »

Eugénie y tient… C'est une question d'honneur. Des députés de l'opposition exigent la réunion d'urgence du Corps législatif, c'est-à-dire de l'Assemblée. Eugénie, exténuée, se retire dans ses appartements. Elle a refusé de prendre la moindre nourriture. Autour d'elle, les journaux qui, il y a encore deux jours, publiaient des communiqués claironnants de victoire, alors qu'elle recevait, dépêche après dépêche, l'accumulation des échecs.

Pourquoi ont-ils menti ? *Le Siècle*, *Le National*, *Le Figaro*, *La Liberté*, *Le Pays*, tous ont intoxiqué le gouvernement, abusé l'opinion, déstabilisé la régence. Beaucoup de Parisiens refusent de croire à la défaite, eux aussi victimes de cette propagande insensée.

« Ne vous occupez pas de moi, occupez-vous de la France ! »

Un peu avant 22 heures, le préfet de police fait porter un message à la souveraine. Des vendeurs de journaux portent des piles d'éditions spéciales, révélant cette fois la vérité. Il ajoute que des cris ont été entendus : « À bas l'impératrice ! Vive la république ! »

La foule grossit autour du Parlement et s'avance vers les Tuileries. À la souveraine, très pâle, le regard fixe, le préfet propose de nommer un dictateur. Lui seul saura mater l'émeute… Et il lui recommande de fuir… Elle s'insurge : « Jamais ! Vous ne savez pas ce qu'est une guerre civile ! Moi, je sais ! Pendant des décennies les Espagnols se sont déchirés ! Ne vous occupez pas de moi ! Occupez-vous de la France ! »

L'impératrice refuse de faire couler le sang des Français. D'une voix métallique, elle ajoute : « Si le Corps législatif croit que je sois un obstacle, que le nom de l'empereur soit un obstacle et non une force pour dominer la situation et organiser la résistance, que l'on propose la déchéance. Je ne me plaindrai pas. Je pourrai quitter mon poste avec honneur, je ne l'aurai pas déserté. »

Ses derniers mots trahissent son obsession et peut-être la crainte du jugement de l'Histoire. On peut la tuer, elle n'est pas lâche. Elle, l'impératrice, ne capitulera pas. Mais comment en est-on arrivé à ce désastre ?

Le piège de la « dépêche d'Ems »

Techniquement, si l'on peut dire, la guerre franco-prussienne de 1870 est due à ce qu'on appelle la « dépêche d'Ems ». Il s'agit d'un piège diplomatique tendu à la France par le chancelier de Prusse, Bismarck. L'origine en est la candidature d'un prince allemand, un Hohenzollern, petit-cousin du roi de Prusse, au trône d'Espagne. Cette candidature est recherchée par le gouvernement provisoire espagnol dirigé par le général Prim : il faut absolument un nouveau souverain en Espagne ! Mais qu'il s'agisse d'un Hohenzollern ferait entrer un pays proche de la Prusse dans le voisinage immédiat de la France... L'ambassadeur français à Berlin, Benedetti, exige alors des garanties du roi de Prusse, Guillaume Ier, qui séjourne dans la station thermale d'Ems, à l'est de Coblence.

Ce dernier lui répond négativement : il ne s'opposera pas à la candidature d'un Hohenzollern sur le trône de Madrid. Cette réponse négative est habilement et secrètement transmise au chancelier Bismarck. Ce dernier comprend immédiatement ce qu'il peut en tirer : le 13 juillet 1870, il déforme le point de vue du roi de Prusse dans un sens injurieux et humiliant pour la France.

Le texte, qui est donc largement un faux, est publié par la presse française à la date symbolique du 14 juillet. L'opinion est scandalisée. Sans attendre les explications de l'ambassadeur Benedetti revenu à Paris, sans essayer de résoudre diplomatiquement ce contentieux, le gouvernement français, dirigé par Émile Ollivier, saisit l'occasion de réunir l'opinion derrière lui. Le climat politique français est en effet tendu depuis plusieurs mois, notamment à cause de l'assassinat, le 12 janvier, du journaliste Victor Noir par le prince Pierre Bonaparte. Ses funérailles, suivies par près de 100 000 personnes, ont été l'occasion d'une grande manifestation républicaine contre le régime impérial.

Le 17 juillet 1870, sous l'impulsion de plusieurs députés, la France déclare la guerre à la Prusse. Elle est tombée dans le piège de Bismarck.

La France de Napoléon III exaspérait la Prusse

Il faut dire qu'il y avait longtemps que la France de Napoléon III exaspérait la Prusse. Elle faisait d'ailleurs beaucoup de jaloux en Europe. Jusqu'au début de 1870, Louis-Napoléon Bonaparte, l'aventurier, avait osé faire briller à nouveau le nom de Napoléon. Après bien des échecs, des déboires et des exils, en Suisse puis en Angleterre, le neveu de Napoléon Ier avait profité d'une nouvelle révolution en France, celle de 1848, pour se faire élire, avant de rétablir un bonapartisme autoritaire à la faveur du coup d'État du 2 décembre 1851, à quelques mois de la fin de son mandat présidentiel.

Observant sa campagne électorale qui enthousiasmait les foules, Victor Hugo, qui sera son plus acharné et son plus talentueux adversaire, disait : « Bonaparte, ce n'est pas un nom, c'est une idée. »

L'élection de ce prince, qui parlait français avec un accent suisse allemand, avait enthousiasmé Hugo. Il faut aussi noter que le neveu du grand empereur, dont le nom était encore magique, avait séduit des millions de Français, lassés par la succession des révolutions et des bouleversements politiques. Qu'un Bonaparte soit le premier président de la République française était incroyable… et très romanesque !

L'empereur amplifie la révolution économique

Proclamé empereur un an après son coup d'État, celui qui se fait désormais appeler Napoléon III réforme et rénove la France, dont il impute le retard à la Révolution de 1789.

Il se donne pour mission d'améliorer la condition ouvrière dans le but d'« éteindre le paupérisme ». L'empereur amplifie la révolution économique en la rendant utile dans la vie quotidienne. Parcourant la France lors de sa campagne électorale, il a constaté combien le réseau ferroviaire était limité par rapport à ce qu'il était déjà en Angleterre. En mettant en concurrence plusieurs compagnies, Napoléon III fait passer le réseau de 3 000 à 20 000 kilomètres, multipliant l'exploitation du charbon par trois.

Désormais, Paris et les métropoles provinciales sont reliées entre elles. La création de ce tissu social et économique transforme la France et permet à ses habitants de découvrir leur pays. Les déplacements professionnels et familiaux arrachent les régions à leur isolement. Le quartier de la gare devient un rendez-vous essentiel dans l'activité et le transport des marchandises, y compris celui des denrées alimentaires, avec par exemple les trains de marées.

L'empereur, dont l'oncle avait créé la Banque de France en 1800, fonde le Crédit foncier et de grandes banques comme la Société générale et le Crédit lyonnais. Il est le premier chef d'État français à s'impliquer personnellement dans la création d'entreprises, notamment en soutenant la naissance des grands magasins : Le Bon Marché, le Printemps, la Samaritaine. Un vrai « Bonheur des Dames » ! Ces établissements très vastes, sur plusieurs étages, symbolisent une spectaculaire révolution commerciale : l'entrée sans obligation d'achat, les livraisons à domicile, la possibilité d'échanger un article défectueux ou ne convenant pas et celle d'acquérir à prix réduit des produits lors des soldes… Tout un univers inédit qui servira de cadre au talent d'artistes tels qu'Émile Zola…

Tandis que le régime impérial, d'abord autoritaire avec le coup d'État, devient libéral, les œuvres sociales et caritatives en faveur des déshérités se multiplient sous l'action conjointe de l'empereur et de sa femme, Eugénie, attentive aux misères et aux douleurs du peuple.

Après la victorieuse guerre de Crimée et la défaite de la Russie, Napoléon III renforce encore le rôle extérieur de la France par l'inauguration du canal de Suez en 1869. Malgré les obstacles posés par l'Angleterre et les immenses difficultés techniques qui s'accumulent pendant dix ans, cet ouvrage, digne des pharaons, dirigé par Ferdinand de Lesseps, va modifier le trafic maritime mondial.

Ses vraies batailles ne sont pas militaires, elles sont politiques

La politique étrangère de Napoléon III, inspirée par le principe des nationalités, connaît des succès qui dérangent une partie de l'Europe : l'Italie, enfin unifiée, s'affranchit définitivement de la domination autrichienne. De même, l'annexion de Nice et de la Savoie renforce la place de la France et Napoléon III intervient en Europe centrale, ce qui conduira, entre autres, à la création de la future Roumanie. L'empire colonial se renforce en Afrique du Nord et en Asie en s'assurant le contrôle de la Cochinchine et du Cambodge. Et quand le Japon de l'ère Meiji s'ouvre au monde occidental, c'est avec le soutien français.

À partir de 1860, Napoléon III rend obligatoire le repos hebdomadaire, institue le droit de grève, organise les accords paritaires sur les rémunérations, crée les caisses d'épargne et de retraite ainsi que le statut des cheminots, sans oublier le droit d'initiative et d'interpellation pour les députés, une libéralisation de la presse (qui ne se privera pas d'en user !) et la liberté de réunion. À plusieurs égards, l'empereur est un souverain humaniste et socialiste. Ses vraies batailles ne sont pas militaires, elles sont politiques, diplomatiques et économiques.

Il est impossible de ne pas rappeler le duo énergique et inspiré que l'empereur constitue avec le préfet de la Seine, le baron Haussmann, faisant naître la plus belle capitale du monde avec ses boulevards, ses éclairages… La plus saine aussi puisqu'elle est enfin débarrassée du choléra et des sentines sordides du temps de Balzac et d'Eugène Sue grâce à un nouveau réseau d'égouts. Les Halles apparaissent comme le fameux « ventre de Paris » grâce aux pavillons de l'architecte Victor Baltard. Et n'oublions pas la possibilité, inédite, de traverser la capitale grâce à la Compagnie générale des omnibus et de profiter d'une vingtaine de squares, de cinq parcs ainsi que des bois de Boulogne et de Vincennes. Le monde entier vient à Paris s'amuser du génie farceur d'Offenbach. Paris est la ville qui donne le ton et lance même la mode de ce règne où la femme triomphe avec l'invention, grâce à l'impératrice, de la haute couture par l'intermédiaire d'un Anglais ayant travaillé chez les soyeux de Lyon : M. Worth.

Bien entendu, la guerre du Mexique fut un fiasco épouvantable qui souilla le prestige de la France. Mais lorsqu'il qualifiait Napoléon III de petit, Victor Hugo se trompait. Napoléon III ne fut pas « petit ». Il fut rapide et moderne. Même Émile Zola, dont le Second Empire est le décor des romans naturalistes implacables, reconnaît qu'il « est un brave homme, hanté de rêves généreux, incapable d'une action méchante, très sincère dans l'inébranlable conviction qui le porte à travers les événements de sa vie ».

La fin de l'Empire

Mais au lendemain de la défaite de Sedan, tout a changé. Le 4 septembre, le député Gambetta monte à la tribune et lance : « Citoyens, la patrie est en danger ! Attendu que nous sommes et nous constituons le pouvoir régulier issu du suffrage universel, nous déclarons que Louis-Napoléon Bonaparte et sa dynastie ont à jamais cessé de régner sur la France. » La séance se poursuit dans un tel vacarme que le député Jules Favre a l'idée de détourner le courant de la révolte. Il hurle : « Ce n'est pas ici que vous devez proclamer la république ! C'est à l'Hôtel de Ville ! »

Et c'est ainsi que sans violence, sans la moindre effusion de sang, la république est proclamée à l'Hôtel de Ville, le 4 septembre 1870 en milieu d'après-midi. Napoléon III et le Second Empire, qui se sentaient si forts au mois de juillet, sont entraînés dans la tourmente d'un seul nom : Sedan.

Références bibliographiques

Jean des Cars, *Eugénie, la dernière impératrice*, Paris, Perrin, 2000, grand prix de la Fondation Napoléon.
Georges Roux, *Napoléon III*, Paris, Flammarion, 1969.
Philippe Seguin, *Louis-Napoléon le Grand*, Paris, Grasset, 1990, grand prix de la Fondation Napoléon.

À qui revient le trône de France ?

Le comte de Chambord ne saisit pas sa chance

Le 18 janvier 1871, Guillaume Ier de Prusse est proclamé empereur allemand dans la galerie des Glaces du château de Versailles. Dix jours plus tard, la République française signe un armistice de vingt et un jours avec Bismarck. Dans ce délai, une nouvelle Assemblée nationale doit être élue. C'est elle qui décidera de la paix ou de la poursuite de la guerre.

Les élections, organisées à la hâte, donnent un résultat surprenant : une majorité monarchiste ! Elle est partagée entre légitimistes et orléanistes. Les premiers sont partisans du descendant de Charles X, le comte de Chambord, et les autres se rallient au descendant de Louis-Philippe, le comte de Paris. La république a pourtant été proclamée le 4 septembre 1870. Mais si elle est considérée comme le régime officiel de la France, elle n'est encore que provisoire, et d'origine insurrectionnelle.

Le 18 mars 1871 débute à Paris le mouvement révolutionnaire de la Commune. Le gouvernement de Thiers s'installe à Versailles. Le 8 juin, l'Assemblée abroge les lois d'exil frappant les diverses branches de la famille royale.

Toute une partie de l'opinion s'attend au retour du comte de Chambord, le petit-fils de Charles X, exilé à Frohsdorf, près de Vienne.

S'il veut tenter sa chance pour monter sur le trône de France, il doit se manifester vite… C'est le moment ou jamais ! D'autant que le 12 juin, Thiers donne un grand dîner à la préfecture de Versailles en l'honneur du prince de Joinville, troisième fils de Louis-Philippe, auquel assistent également son frère cadet, le duc d'Aumale, et son fils, le duc de Chartres. Face à cette concentration d'Orléans, l'un des convives remarque qu'il ne manque que le comte de Chambord, ce à quoi Thiers répond : « Monseigneur le comte de Chambord aurait été le bienvenu et je ne désespère pas de cet honneur… »

Il va être exaucé. À 51 ans, après quarante et un ans d'exil, le comte de Chambord a décidé de revenir en France. Mais il commet une grave erreur : alors que les Orléans, ses rivaux, sont déjà apparus en pleine lumière, il fait le choix de rester incognito, et de ne faire qu'un bref séjour dans son pays.

Le dimanche 2 juillet 1871, jour anniversaire du sacre d'Hugues Capet, un fiacre ralentit et s'arrête place des Pyramides, à l'angle du pavillon de Marsan. Un homme en descend, c'est le comte de Rezé. Il contourne le fiacre, ouvre la porte, un autre homme sort. Rezé s'incline devant lui en l'appelant Monseigneur. Il a les traits marqués, un visage massif, les paupières tombantes sur des yeux bleu clair, une barbe blonde et fournie, un fort embonpoint et une démarche claudicante. C'est le comte de Chambord.

Parti de Bruges la veille, il a débarqué à Paris le matin même, à la gare du Nord. L'homme s'avance vers la grille des Tuileries. Du château où il est né et a passé son enfance ne restent que des murs noircis, une carcasse béante, trouée de rectangles aveugles. Les ruines sont entourées d'une clôture de planches mal ajustées.

Chambord entre dans le jardin, contourne la clôture et dit à son ami : « Voilà les fenêtres de ma chambre, voilà l'appartement où je suis né, voici la pièce où se trouvaient les jeux, voilà la fenêtre du cabinet où mes précepteurs me donnaient des leçons, voilà l'appartement de ma mère, la duchesse de Berry, voilà où logeait mon grand-père, le roi Charles X. » Les yeux pleins de larmes, il regagne son fiacre. Dans les ruines des Tuileries incendiées par la Commune, il avait rendez-vous avec son enfance. Maintenant, il va se rendre à Chambord, son château. Il a rendez-vous avec l'Histoire.

Lors de sa naissance, en septembre 1820, c'est son grand-oncle, Louis XVIII, le frère cadet de Louis XVI, qui règne sur la France. On est en pleine Restauration. Le roi est âgé de 65 ans et n'a pas d'héritier. Dans ces conditions, c'est son autre frère, le comte d'Artois, qui est appelé à lui succéder. Ce comte d'Artois, c'est le futur Charles X. Lui a eu deux fils : Louis-Antoine, duc d'Angoulême, qui n'a pas d'enfants, et Charles-Ferdinand, duc de Berry. Or ce dernier est tué dans un attentat en février 1820, faisant de son propre fils – qui n'est alors pas encore né – l'héritier en second de la couronne de France.

La naissance d'Henri d'Artois, huit mois après l'attentat qui a coûté la vie au duc de Berry, fait figure de miracle. Il est d'abord titré duc de Bordeaux, mais l'euphorie est telle que l'un des membres de la maison du roi Louis XVIII propose d'ouvrir une souscription pour acheter le château de Chambord afin de l'offrir au prince. Le duc de Bordeaux devient comte de Chambord. En 1830, quand son oncle, le duc d'Angoulême, renonce à ses droits lors des événements de la révolution de Juillet, il est *de facto* le dernier Bourbon en lice pour le trône de France. C'est lui qui représente l'avenir de la dynastie.

Mais revenons à ce dimanche de juillet 1871. Quittant les ruines des Tuileries, le comte va assister à la messe à

Notre-Dame-des-Victoires, où il avait été baptisé, puis il visite Notre-Dame et la Sainte-Chapelle où se trouve la statue équestre d'Henri IV, le premier roi Bourbon. Le lendemain, il est à Chambord. C'est la première fois qu'il voit le château. Il gérait le domaine depuis son exil autrichien mais l'occupation prussienne pendant la guerre l'avait laissé dans un triste état. Les Prussiens avaient utilisé les boiseries comme bois de chauffage. Le château est devenu inhabitable. Le prince devra passer la nuit chez des amis.

La nouvelle de la présence du prince à Chambord est connue le mardi 4 au matin. Elle provoque un immense enthousiasme chez ses partisans. Toutefois, ceux-ci sont contrariés par le résultat des élections partielles du 2 juillet, consécutives à la défection de parlementaires élus en février, durant l'armistice de vingt et un jours négocié avec Bismarck. L'Assemblée ne donne plus à l'ensemble des royalistes qu'une très courte majorité. Il faut réchauffer les ardeurs ! Une délégation de fervents soutiens arrive à Chambord : le comte de Maillé, le duc de La Rochefoucauld, le vicomte de Gontaut-Biron et bien d'autres. On dit que l'ancienne France vient adjurer son chef de ne pas tourner le dos à la nouvelle... Mais ils vont repartir navrés. En effet, Chambord leur dit : « Je sais qu'avec le drapeau tricolore, je ne suis plus moi-même... »

Monseigneur Dupanloup, illustre figure du clergé français devenu évêque d'Orléans, ancien professeur de catéchisme d'Henri lorsqu'il était enfant, est effaré quand le prince lui déclare son attachement au drapeau blanc, ajoutant que s'il devait renoncer à cette mission il ne serait plus qu'un gros homme boiteux ! Dupanloup n'a jamais vu un tel cas de « cécité morale »...

Le 7 juillet, le journal monarchiste *L'Unité* publie un long manifeste du prétendant. C'est un mélange d'idées saines, quoique floues, et de préventions contre certains principes susceptible de soulever hostilité ou ironie. Le prince veut construire un nouveau régime. Il prône la décentralisation, et préconise un « suffrage universel honnêtement pratiqué » : personne ne comprend ce que cela veut dire ! Il opte aussi pour le contrôle des deux Chambres. C'est un retour de la Charte de 1814, assez floue et pas du tout novatrice. Puis arrive la seconde partie, qui aborde le sujet du drapeau : « Je ne laisserai pas arracher de mes mains l'étendard de Henri IV, de François Ier et de Jeanne d'Arc. Il a flotté sur mon berceau, je veux qu'il ombrage ma tombe. » À la lecture du journal, Thiers persifle : « La monarchie du comte de Chambord est impossible : c'est le drapeau blanc et le retour du billet de confession. »

Le comte de Chambord commet une nouvelle faute en reprenant immédiatement le chemin de l'exil. Il dit ne pas vouloir donner, par sa présence prolongée, de nouveaux prétextes à l'agitation des esprits. Mais les victoires se gagnent sur le terrain. Il aurait dû analyser les réactions à son message, rencontrer les députés, chercher à se faire connaître. Mais Henri, homme d'une autre époque, ne veut pas vivre dans son pays natal sans y régner.

Cet autosabotage du héros des légitimistes fait le jeu des orléanistes. L'avenir de la monarchie en France semble à présent résider dans le petit-fils de Louis-Philippe, Ferdinand-Philippe d'Orléans, comte de Paris, dont le père est décédé alors qu'il n'avait que 4 ans. À 34 ans, il est réservé et timide, encore moins charismatique que le comte de Chambord ! Un peu falot, féru de botanique, ballotté par l'exil durant près d'un quart de siècle, resté longtemps sous la tutelle de sa mère allemande et de ses oncles, il finit par considérer l'entreprise des Orléans comme une aventure.

Il aurait dû proposer une monarchie plus libérale, plus humaine et plus réformatrice que celle de Chambord. Mais il admire son grand-père Louis-Philippe, ce roi-citoyen qui avait fini par verser dans l'autocratisme. Or il manque au comte de Paris l'instinct modernisateur qui avait fait la force des Orléans en 1830. Il ne se manifeste finalement pas. Thiers conclut par cette petite phrase cinglante : « On ne peut plus nier que le fondateur de la république est le comte de Chambord. »

L'exil des Bourbons

Il faut rappeler que le grand-oncle du comte de Chambord et son propre grand-père, respectivement Louis XVIII et Charles X, tous deux frères de Louis XVI, ont vécu un long exil lors de la Révolution française et du Premier Empire. C'est Charles X, alors comte d'Artois, qui donne le signal de l'émigration dans les jours qui suivent la prise de la Bastille, le 14 juillet 1789. Il passe une grande partie de son exil en Angleterre.

Le comte de Provence, futur Louis XVIII, part en émigration le même jour que Louis XVI et Marie-Antoinette, le 20 juin 1791. Mais ceux-ci sont arrêtés à Varennes et ramenés à Paris. Provence, lui, réussit à gagner Coblence. Il passe la plus grande partie de son exil en Courlande, hébergé par le tsar de Russie.

Les deux frères rentrent en France une première fois après l'abdication de Napoléon. Provence est devenu le roi Louis XVIII depuis la mort, dans sa prison du Temple, de son neveu, le petit Louis XVII. Mais la première Restauration est interrompue par les Cent-Jours et le surprenant retour de l'Empereur. La défaite définitive de Napoléon permet une seconde Restauration en 1815.

Louis XVIII et son cadet avaient épousé deux sœurs, des princesses de Savoie. Nous l'avons vu, le premier n'a pas eu d'enfants, et son frère, Artois, a eu deux fils. L'aîné, le duc d'Angoulême, épouse la seule survivante de la prison du Temple, fille de Louis XVI et Marie-Antoinette – donc sa cousine germaine –, Marie-Thérèse, la fameuse « Madame Royale ». Ce couple mal assorti reste sans enfants. Tous les espoirs de la dynastie Bourbon reposent donc sur le deuxième fils du comte d'Artois, le duc de Berry. Celui-ci, né en 1778, a 38 ans lorsqu'il épouse, en 1816, Marie-Caroline de Bourbon-Sicile, qui en a vingt de moins.

Le couple est heureux, malgré les multiples aventures extraconjugales du duc. Ils ont une première fille en 1819, Louise. Lorsque le duc de Berry est assassiné à Paris, le 12 février 1820, Marie-Caroline est enceinte. Elle accouche le 28 septembre d'un garçon, Henri, futur comte de Chambord, l'« enfant du miracle ».

Chambord, prince choyé et roi d'un jour, en perpétuel exil

La cour de Louis XVIII n'est pas très amusante, elle est même assez sinistre. La mère du comte de Chambord, la duchesse de Berry, est le rayon de soleil de cette triste Restauration. Louis XVIII s'éteint en septembre 1824. Son frère Artois lui succède sous le nom de Charles X.

Si Louis XVIII avait su gérer avec intelligence le retour des Bourbons, Charles X va le gâcher par sa tendance à l'autocratie, fidèle à ses « vieilles idées ». Il n'a rien compris à l'époque. La publication de quatre désastreuses ordonnances contre la liberté de la presse le 15 juillet 1830 fait éclater dans Paris une nouvelle révolution : la « révolution de Juillet ». On appelle ces trois journées des 27, 28 et 29 juillet les « Trois Glorieuses ».

Le roi s'enfuit de Paris. Puis, sous la pression de troupes envoyées par son cousin le duc d'Orléans, il abdique, d'abord en faveur de son fils aîné, le duc d'Angoulême. Puis, comme il n'a aucune confiance en lui, il l'oblige à abdiquer à son tour en faveur de son neveu, le comte de Chambord. Celui-ci, âgé de 10 ans, devient pour un jour le roi Henri V. Pour un jour seulement car c'est le cousin Orléans qui va finalement devenir roi des Français sous le nom de Louis-Philippe. Charles X et sa cour en déroute sont accueillis en Angleterre par la reine Victoria. Ils s'installent au château de Holyrood, à Édimbourg, en Écosse.

Le petit comte de Chambord aime beaucoup sa mère, mais il la voit peu. Elle est trop occupée à tenter de remettre son fils sur le trône de France. En 1832, elle se lance dans une équipée désastreuse en Vendée, province royaliste qu'elle espère soulever. Elle ne réussira qu'à se faire emprisonner par Louis-Philippe à la forteresse de Blaye, près de Bordeaux. Comme si ça ne suffisait pas, la romanesque duchesse est enceinte et accouche d'une petite fille le 10 mai 1833, révélant opportunément un mariage secret avec un aristocrate sicilien, le comte de Lucchesi-Palli. Il serait le père de l'enfant… Libérée, elle rejoint son beau mari, de huit ans son cadet, et leur fille en Sicile.

Pendant ce temps, Charles X et le duc et la duchesse d'Angoulême, qui s'occupent des deux enfants de la duchesse de Berry, ont quitté l'Écosse. Ils sont maintenant hébergés à Prague par l'empereur d'Autriche. Évidemment, ils jugent inacceptable la conduite de leur belle-fille et belle-sœur. Elle ne récupère pas ses enfants. Le comte de Chambord est donc élevé par son oncle et sa tante, « les Angoulême ». Il reçoit une éducation étriquée, tournée vers le regret et le passé. Charles X meurt en 1836. Le comte vit alors en exil au château de Frohsdorf, en Autriche, près de Vienne. Il épouse Marie-Thérèse d'Este-Modène en 1846. Le couple n'aura pas d'enfants. Le comte de Chambord n'a donc pas d'héritier. C'est le dernier Bourbon.

L'échec de 1871 aura pourtant une suite en 1873. La démission de Thiers et l'accession au pouvoir du maréchal de Mac-Mahon redonnent espoir aux royalistes. Le comte de Paris rend visite au comte de Chambord à Frohsdorf. Les deux hommes ne décident rien, mais pour les royalistes, la fusion des deux branches Bourbon et Orléans est faite. On commence à croire à une nouvelle Restauration. On en est sûr. Le comte de Chambord deviendra roi.

Mais le 30 octobre, un coup de théâtre familier survient. Le journal *L'Union* publie une lettre du comte. Il persiste et signe : le drapeau de la France sera le drapeau blanc ! C'est la consternation chez les monarchistes. Les républicains triomphent. Les espoirs de restauration s'envolent.

Chambord, qui n'a rien compris, fait néanmoins une dernière tentative personnelle. Il arrive secrètement à Versailles. Naïvement, il compte demander à Mac-Mahon de paraître à son bras à l'Assemblée pour l'adouber. Mais le maréchal, bien que monarchiste, est respectueux du vote qui l'a porté à la présidence de la République le 24 mai 1873. Il refuse. Pour les Bourbons, c'est fini. La république est définitivement consolidée.

Les descendants de Louis-Philippe

Le comte de Paris, qui a fini par se mettre d'accord avec le comte de Chambord, est le petit-fils de Louis-Philippe, roi des Français. On les appelle Orléans car ils descendent du frère de Louis XIV, Philippe, duc d'Orléans. Son fils, qui se prénomme aussi Philippe et qui devient duc d'Orléans, est régent pendant la minorité du roi Louis XV. Le fils du Régent, Louis-Philippe, est lui aussi duc d'Orléans, mais il est entré dans l'histoire sous le nom de Philippe Égalité. Député de la noblesse aux

États généraux en 1789, il est l'un des premiers nobles à se joindre au tiers état. Il fait de sa résidence du Palais-Royal un centre d'agitation révolutionnaire. Élu député de Paris à la Convention en 1792, il vote la mort de son cousin, le roi Louis XVI. Arrêté en avril 1793, il est lui aussi guillotiné.

Son fils, Louis-Philippe, qui a pris part aux campagnes de 1792 et participé à la bataille de Valmy, doit, comme la branche aînée des Bourbons, s'exiler pour échapper à la guillotine. Il est le nouveau duc d'Orléans, émigré et fils d'un régicide… Il voyage beaucoup, de la Suisse à Hambourg, de la Scandinavie aux États-Unis, où il séjourne de 1797 à 1799. À son retour en Europe, il s'établit en Angleterre et tente de se rapprocher de ses oncles Bourbon, les frères de Louis XVI : le comte de Provence et le comte d'Artois. Mais ceux-ci se méfient de lui : ils le voient comme un rival.

En novembre 1809, il épouse Marie-Amélie, fille du roi Ferdinand IV de Naples, et part vivre en Sicile, dans sa belle-famille. Pour le prince fils de régicide, trouver une épouse n'a pas été chose facile… Seuls les Bourbon-Sicile l'ont accueilli avec bienveillance.

À la Restauration, Louis-Philippe revient d'exil et entre en possession des biens immenses de sa famille. Pendant les Cent-Jours, il s'exile en Angleterre mais Louis XVIII, toujours méfiant, ne lui permet de rentrer en France qu'en 1817.

Installé au Palais-Royal, il affecte de vivre comme un simple bourgeois malgré son immense fortune. Il envoie ses cinq fils au collège Henri-IV. Il se met à fréquenter des hommes politiques, des financiers et des écrivains appartenant à l'opposition. En janvier 1830, il est devenu l'espoir de la bourgeoisie d'affaires. Il a autour de lui un groupe très actif : le banquier Laffitte, Casimir Perier, Guizot et Thiers. Leur soutien est décisif lors des Trois Glorieuses, lorsqu'il réussit à faire abdiquer son cousin Charles X et à se faire proclamer lieutenant général du royaume le 31 juillet, puis roi des Français le 7 août. Il faut noter la nuance de ce titre : contrairement à ses prédécesseurs, il se veut proche du peuple.

La monarchie de Juillet (c'est ainsi qu'on appelle le règne de Louis-Philippe) est une période de développement économique pour la France. Le souverain tente une réconciliation avec les bonapartistes en organisant une impressionnante cérémonie en 1840 pour le retour des cendres de Napoléon depuis Sainte-Hélène et leur installation aux Invalides. Mais cet attachement à la cohésion des Français n'empêchera pas le roi-citoyen d'être la cible de sept attentats.

En 1842, la mort accidentelle de son héritier le duc d'Orléans, qui était très apprécié, porte un coup à la dynastie. Mais la chute de Louis-Philippe est provoquée par le conservatisme du chef du gouvernement, Guizot, qui s'oppose obstinément à toute réforme électorale. La « campagne des banquets », en 1847, prépare une révolution. Elle éclate le 24 février 1848. Louis-Philippe abdique en faveur de son petit-fils, le comte de Paris, mais c'est trop tard. La république est proclamée le lendemain. Le roi détrôné est obligé de se réfugier en Angleterre. La reine Victoria met à sa disposition la résidence de Claremont, dans le Surrey. Ses quatre fils, le duc de Nemours, le prince de Joinville, le duc d'Aumale et le duc de Montpensier, l'accompagnent dans son exil. Il s'éteint en Angleterre en 1850. Après la chute du Second Empire, grâce à l'abolition de la loi d'exil, ses héritiers peuvent se réinstaller en France.

La relève des Orléans

On a vu que le petit-fils de Louis-Philippe, le comte de Paris, n'a pas réussi à s'imposer en 1871. Il en ira de même pour son fils, qui porte le titre de duc d'Orléans et mourra sans postérité. Mais le comte de Paris avait un frère, Robert, duc de Chartres. C'est son fils Jean, duc de Guise, qui se retrouve à la tête de la maison d'Orléans après la disparition, en 1926, de Philippe, duc d'Orléans, fils du comte de Paris.

Soumis à la loi d'exil, rétablie entre-temps, le duc de Guise s'installe en Belgique, au manoir d'Anjou, près de Bruxelles. Il vit aussi beaucoup au Maroc espagnol, où il possède un immense domaine, Larache. Jean de Guise avait épousé une fille du comte de Paris, sa cousine germaine Isabelle, en 1899. Leur fils Henri, né en 1908, porte le titre de comte de Paris. À la mort de son père, en 1940, il est le nouveau chef de la maison d'Orléans.

En avril 1931, Henri, comte de Paris, épouse Isabelle d'Orléans-Bragance, toujours une cousine. Le mariage a lieu à Palerme, en Sicile, au palais Orléans. C'est un mariage extrêmement médiatisé : l'élégance et la beauté des jeunes mariés ont attiré journalistes et photographes. Un grand nombre de royalistes français font le déplacement.

Dans cette période troublée des années 1930 et devant l'instabilité politique, la monarchie redevient à la mode. Le comte de Paris a été formé à la politique par Charles Benoist, journaliste et diplomate, grand admirateur de Machiavel. Du vivant de son père, avant même de devenir chef de la maison d'Orléans, et malgré son exil, il a toujours manifesté un intérêt passionné pour les affaires françaises. Très tôt, il est convaincu de la nécessité d'adapter les espérances royalistes aux données de la France moderne.

Estimant que les excès de l'Action française risquent de compromettre un retour de la monarchie, il rompt avec ce mouvement en 1937. Pendant la Seconde Guerre mondiale, entre 1939 et 1940, il accomplit une mission d'information pour le 2e Bureau et prend contact avec le chef du gouvernement du maréchal Pétain à Vichy, Pierre Laval. On lui offre le ministère du Ravitaillement, il refuse.

Le prince se rend alors à Alger, où il a des soutiens fidèles et puissants. Ceux-ci tentent de profiter de l'incertitude qui suit le débarquement allié en Afrique du Nord pour monter un complot dans lequel se mêlent gaullistes et monarchistes, et qui aboutit à l'assassinat de l'amiral Darlan, en décembre 1942.

Le comte de Paris n'en tire aucun profit. Les Américains mettent un veto à sa présence dans le futur gouvernement de la France. Il rejoint alors sa famille dans la propriété de Larache, au Maroc espagnol. Son père, le duc de Guise, meurt en 1940. Désormais, il se considère comme le chef de la maison de France.

La famille s'est considérablement agrandie : Henri et Isabelle ont déjà neuf enfants. Isabelle, née en 1932, Henri en 1933, Hélène en 1934, François en 1935, Anne en 1938. Les cinq premiers enfants sont nés en Belgique, au manoir d'Anjou. Diane naît en 1940 au Brésil, où vit la famille de la comtesse de Paris. Les jumeaux Jacques et Michel naissent en 1941 au Maroc, ainsi que la princesse Claude en 1943. La famille séjourne ensuite en Espagne, où naît Chantal, en 1946. Cette année-là, la tribu se fixe au Portugal, à la Quinta do Anjinho, à une trentaine de kilomètres de Lisbonne. C'est là que leur dernier fils, Thibaut, voit le jour en 1948.

En 1950, l'abrogation de la loi d'exil de 1886 permet au comte de Paris de s'installer en France avec sa famille. Ils choisissent comme port d'attache une grande maison nommée « Le Cœur volant » sur la colline de Louveciennes.

Dès son retour dans l'Hexagone, le comte noue de nombreux contacts avec des personnalités politiques de toutes tendances. Il va beaucoup recevoir au Cœur volant. La famille suscite une grande curiosité et de nombreux reportages lui sont consacrés.

Le comte de Paris espère bien réussir à restaurer la monarchie en France. Sachant que le général de Gaulle est favorable à l'idée monarchique, garante de stabilité, il le rencontre une première fois en tête à tête le 13 juin 1954 à Saint-Léger-en-Yvelines. Le prince est très favorable au retour du Général au pouvoir en 1958. Ils se rencontrent encore à de nombreuses reprises. Il semble que le comte de Paris ait mené plusieurs missions officieuses pour le nouveau président de la République. Mais l'idylle ne va pas durer. Le comte comprend vite que de Gaulle n'envisage nullement d'en faire son successeur. Il en conçoit une immense amertume.

Au même moment, il a une crise cardiaque qui l'oblige à ralentir ses activités. Désormais, il se consacre à la Fondation Saint-Louis, qu'il crée officiellement en janvier 1974. Elle succède à la société civile du domaine de Dreux, créée à la fin du XIXe siècle par la volonté des enfants et des petits-enfants du roi Louis-Philippe. Le but en est d'assurer la sauvegarde du patrimoine historique de la famille, notamment la chapelle royale de Dreux où sont les tombeaux des Orléans et le château d'Amboise, joyau de la vallée de la Loire.

Entre-temps, la famille a vécu des jours heureux et un grand malheur. Les jours heureux, c'est le mariage d'Hélène, la première à quitter le nid, celui de l'héritier Henri, comte de Clermont, et celui de Diane en juillet 1960. Un mois plus tard, le comte et la comtesse de Paris sont seuls dans leur *quinta* au Portugal. Le téléphone sonne. C'est Henri qui appelle de Paris pour leur apprendre la mort au combat, en Algérie, de leur deuxième fils, François.

La France entière va partager la douleur des Orléans, tout comme elle s'était émerveillée des trois mariages qui avaient précédé cette tragédie. Le prince François avait 25 ans. Il est tombé en haute Kabylie, au matin du 11 octobre 1960. Ses parents se précipitent en Algérie. Une messe de requiem est célébrée dans la cathédrale d'Alger. Les obsèques se déroulent à Dreux le 17 octobre. Au cours des années suivantes, les autres enfants se marient. En dehors de Thibaut, le Cœur volant est vide à présent.

Le comte de Paris prend alors la décision de se séparer de son épouse. À partir de 1980, on ne les voit presque plus jamais ensemble. On trouve parfois étrange qu'ils s'embrassent en se retrouvant à l'église lors du baptême d'un de leurs petits-enfants. Impossible de savoir qu'ils ne se sont en fait pas vus depuis six mois ! La comtesse de Paris en souffre. Elle a toujours aimé son mari et vit désormais dans un appartement rue de Miromesnil. Le prince est à Chantilly dans une modeste maison. Une dame de compagnie veille sur lui et partage désormais sa vie. Il s'éteint en 1999, son épouse quatre ans plus tard. Ils reposent côte à côte dans la chapelle de Dreux.

Leur petit-fils Jean, actuel comte de Paris, revendique le trône de France sous le nom de Jean IV. Il est marié et a cinq enfants. Il tente de maintenir le flambeau mais la France, qui se passionne tant pour la famille royale britannique, a-t-elle encore la fibre monarchique ?

Orléans *vs* Bourbons

Si les Bourbons de France se sont éteints avec le comte de Chambord, les descendants directs de Louis XIV sont encore nombreux, à commencer par l'actuel roi d'Espagne, Felipe VI. En effet, on sait qu'à la suite de la guerre de Succession d'Espagne, le petit-fils de Louis XIV, Philippe, duc d'Anjou, est devenu Philippe V, roi d'Espagne. Celui-ci a eu une abondante descendance qui comprend plusieurs branches, dont les Bourbon-Sicile et les Bourbon-Parme.

Mais dans les descendants directs du roi d'Espagne Alphonse XIII, arrière-grand-père du souverain actuel, se trouve le prince Alphonse de Bourbon, qui a épousé la petite-fille de Franco. Les légitimistes français l'ont choisi comme prétendant. C'était périlleux, car en devenant roi d'Espagne, Philippe V avait renoncé à toute prétention dynastique sur la France, pour lui et ses descendants.

Le destin d'Alphonse de Bourbon est particulièrement tragique. Séparé de son épouse, il cause la mort de son fils aîné Francisco, âgé de 12 ans, lors d'un accident de voiture en 1984. Il trouve lui-même tragiquement la mort le 30 janvier 1989, décapité par un câble en pleine descente à skis, aux États-Unis. Les légitimistes français reconnaissent son second fils, Louis Alphonse, comme prétendant. Il revendique aujourd'hui le nom de Louis XX. Marié à une Vénézuélienne, il vit entre l'Espagne et les États-Unis avec femme et enfants.

En 2021, la commémoration du bicentenaire de la mort de Napoléon à Sainte-Hélène va mettre à l'honneur la famille impériale. Les bonapartistes ont aussi leur prétendant, chef de la maison impériale, le prince Jean-Christophe Napoléon, âgé de 34 ans, et marié depuis un an. Légitimistes, orléanistes, bonapartistes, chacun a son prétendant. Comme au XIXe siècle finalement…

Références bibliographiques

Jean-Paul Clément, avec le concours de Daniel de Montplaisir, *Charles X, le dernier Bourbon*, Paris, Perrin, 2015.

Isabelle, comtesse de Paris, *Tout m'est bonheur*, Paris, Robert Laffont, 1981.

Georges Poisson, *Le Comte de Chambord*, Paris, Pygmalion, 2009.

Arnaud Teyssier, *Louis-Philippe, le dernier roi des Français*, Paris, Perrin, 2010.

Le tsar Alexandre II et Katia : un amour interdit

Le 18 juillet 1880, à 15 heures, dans le grand palais de Tsarskoïe Selo, Alexandre II, 62 ans, vêtu de l'uniforme bleu pâle des hussards de la Garde, va chercher dans sa chambre Catherine Dolgorouki, sa maîtresse, âgée de 34 ans. Elle porte une robe de drap beige, aucune fleur, aucun diadème et pourtant, si le tsar vient la chercher, c'est parce que l'on va célébrer leur mariage. Ils s'aiment depuis quatorze ans. Pour le tsar, c'est le plus beau cadeau qu'il puisse lui offrir. Pour elle, c'est une sorte de triomphe. Tous deux traversent le palais jusqu'à un petit salon, isolé et sans meubles. Au milieu, une simple table qui va servir d'autel. L'archiprêtre du palais d'Hiver y a disposé une croix, un évangile, deux flambeaux, les couronnes indispensables au rite orthodoxe et deux alliances.

Seuls deux témoins, des généraux proches de l'empereur, feront office de garçons d'honneur et tiendront les couronnes au-dessus de la tête des fiancés. Derrière eux, un couple d'amis de Katia. Et c'est tout. Bien sûr, il s'agit d'un mariage morganatique. Ce qui veut dire que la mariée ne deviendra pas tsarine et que les trois enfants qu'elle a eus du tsar ne seront pas héritiers. Néanmoins, le souverain va faire de sa nouvelle épouse la princesse

Yourievski. Les enfants porteront le même titre avec le prédicat d'Altesse Sérénissime.

Un scandale, un sacrilège !

Pour les enfants du premier mariage du tsar, qui ne sont même pas au courant, c'est une véritable provocation. Pour la Cour, c'est un scandale. Pour le clergé orthodoxe, c'est un sacrilège : la première épouse du tsar, Maria Alexandrovna, s'est éteinte il y a moins de deux mois, victime de la tuberculose. Si le deuil de cour, de quarante jours, est effectivement terminé, il est en principe impossible de se remarier moins d'un an après le décès de la légitime épouse. Mais Katia compte tellement pour le tsar, il est tellement fou d'elle, il a été si malheureux de lui imposer une vie clandestine de quatorze ans qu'il est prêt à tout pour se racheter.

Quant à Katia, certes amoureuse du souverain, mais aussi ambitieuse, elle accomplit le premier acte de son rêve : épouser le tsar ! Il ne lui reste plus qu'à se faire couronner impératrice.

Mais qui sont réellement la belle Katia et cet homme de 62 ans ? Et comment est-il tombé amoureux de cette jeune princesse désargentée ?

Coup de foudre à l'Institut Smolny

Alexandre II est monté sur le trône des Romanov en 1855. Son père, le tsar Nicolas Ier, ne lui laisse pas un héritage facile : une guerre de Crimée inachevée et qui tourne au désastre pour la Russie et un pays révolté par la poigne de fer de celui qui était surnommé « le gendarme de l'Europe ». Pour ne rien arranger, le traité de Paris, en 1856, met fin à la guerre de Crimée dans des conditions désagréables pour la Russie. Elle se voit privée d'accès aux détroits, et donc d'un accès à la Méditerranée.

Alexandre II se veut un tsar réformateur. Il va mettre six ans à imposer l'abolition du servage en Russie. C'est une idée généreuse et courageuse. Mais elle ne lui vaudra que des ennuis. L'aristocratie proteste, les paysans vont s'endetter pour acheter leurs terres. Beaucoup vont gagner les villes qui s'industrialisent, en particulier Saint-Pétersbourg. Ils constituent un prolétariat misérable qui sera le terreau des idées révolutionnaires. Un mouvement nihiliste est constitué. Et le tsar réformateur qui voulait faire le bonheur de son pays sera victime de huit attentats.

En famille, le tsar a été très heureux avec sa ravissante et intelligente épouse. Elle lui a donné sept enfants, six garçons et une fille. Mais Maria Alexandrovna est de santé fragile. Elle est épuisée par ses maternités successives et sans doute déjà rongée par la phtisie, qui finira par l'emporter. Alexandre II est beau, séduisant, il aime les femmes. Il aura quelques aventures sans suite. C'est au moment où son épouse lui ferme sa chambre, car elle ne peut plus risquer d'être de nouveau enceinte, qu'Alexandre II choisit de s'en détourner complètement et rencontre celle qui sera le véritable amour de sa vie.

Catherine Dolgorouki, Katia pour les intimes, appartient à une famille noble ruinée. Elle est pensionnaire à l'Institut Smolny. C'est une institution fondée par la fille de Pierre le Grand, Élisabeth Ire, pour l'éducation des jeunes filles de l'aristocratie. L'équivalent russe du Saint-Cyr de Mme de Maintenon.

La tsarine vient souvent visiter Smolny. Elle s'intéresse à ses pensionnaires. Alexandre II l'accompagne parfois et remarque le regard malicieux de la jeune Katia. Un jour de printemps, alors qu'il se promène au jardin d'Été, il la croise, la reconnaît et commence à lui parler. L'académicien Henri Troyat, d'origine russe, nous décrit la scène : « À la fois fière et effrayée d'avoir été distinguée par Sa Majesté, elle n'a qu'une hâte, c'est de s'échapper et disparaître. Alexandre, cependant, la dévore du regard. Elle a des traits fins, un teint d'ivoire, des tresses châtain, souples et soyeuses, des yeux fendus en amande et un sourire enjôleur. Tant de joliesse et de naïveté le transportent. »

Tout Saint-Pétersbourg est au courant de cette nouvelle liaison

Elle a 17 ans. Il va la revoir souvent. Ils se promènent dans les parcs impériaux. Alexandre lui déclare son amour. Elle se refuse. Elle mettra deux ans à lui céder. C'est le 13 juillet 1866 que Katia devient la maîtresse du tsar. Ils se sont retrouvés au belvédère de Babygone, un ravissant pavillon à colonnade dominant la Baltique dans le parc du palais de Peterhof. Il a vingt-neuf ans de plus qu'elle, mais qu'importe ! C'est une révélation sensuelle réciproque que le temps n'émoussera jamais. Ils échangent une correspondance érotique. C'est le tsar qui s'exprime : « N'oublie pas que toute ma vie est à toi, ange de mon âme, et que le seul but de cette vie est de te voir heureuse, autant qu'on peut être heureux au monde… Je me sens tout imprégné de notre délicieuse soirée d'hier et de nos… (mot censuré) délirants qui nous ont fait jouir à crier. Et de nos ébats… »

La réponse de Katia n'est pas moins inouïe puisqu'elle ose écrire : « Je t'aime à la folie, mon cher mari délirant, ma vie, mon tout, et cela déborde de moi. Je n'en reviens pas du bonheur de t'avoir vu hier et avoir tant joui vraiment de ces délices n'a pas de nom. Et certes, rien au monde ne peut y être comparé. »

Il faut noter que Katia appelle le tsar « mon cher mari ». Lui a-t-il promis quelque chose ? Ou lui suggère-t-elle que cela pourrait arriver un jour ? Le tsar remet à Katia une clé. Ainsi, elle pourra s'introduire, par une petite porte du palais d'Hiver, jusqu'à ses appartements privés. Ils ont des rendez-vous qu'ils croient discrets mais, hélas, rien dans la vie du souverain ne peut être complètement secret. Tout Saint-Pétersbourg est au courant de cette nouvelle liaison. C'est fâcheux, car au même moment la Monnaie de la capitale russe émet une pièce d'un rouble en or qui célèbre les vingt-cinq ans de mariage du couple impérial !

La liaison s'organise

Depuis deux ans, Katia, qui a fini ses études, vit chez son frère et sa belle-sœur, le prince et la princesse Michel Dolgorouki. La princesse est inquiète des rumeurs circulant sur la liaison de Katia. Elle juge qu'il faut protéger la jeune fille. Elle l'emmène à Naples, dans sa famille. Alexandre II est désespéré. Il lui écrit tous les jours. Elle lui manque terriblement, au point qu'à l'occasion d'une visite d'État à Paris, à l'été 1867, il demande à Katia de le rejoindre.

Napoléon III loge ses hôtes officiels à l'Élysée. Katia arrive de Naples et s'installe dans un hôtel du boulevard des Capucines. Elle retrouve son amant le soir à l'Élysée, par une porte secrète. Alexandre II a bien besoin d'être réconforté. Certes, il est ébloui par les fastes de la fête impériale donnée à l'occasion de l'Exposition universelle. Mais il est sans cesse insulté et agressé par des Polonais en exil. Même les Français s'en mêlent ! Au passage du cortège du tsar, le républicain Charles Floquet lui lance : « Vive la Pologne, Monsieur ! » Pis, un Polonais tire sur le tsar devant la grande cascade du bois de Boulogne, le manquant de peu. Alexandre II est furieux et il faudra tout le charme et toute la persuasion de l'impératrice Eugénie pour qu'il n'abrège pas son séjour.

À son retour de Paris, la liaison s'organise. Katia réside toujours chez son frère et sa belle-sœur dans un hôtel particulier du quai des Anglais, à Saint-Pétersbourg. Elle a ses propres domestiques et son équipage. Au palais d'Hiver, le tsar met à sa disposition l'ancien cabinet de travail de son père Nicolas Ier. Lors des séjours aussi bien à Tsarskoïe Selo qu'à Peterhof ou en Crimée, à Livadia, elle dispose d'une villa à proximité de la résidence du tsar.

Pour justifier sa présence à la Cour, Alexandre II la fait nommer demoiselle d'honneur de l'impératrice. Celle-ci avale, résignée, cette nouvelle couleuvre. Mais Katia profite peu de cette fonction. On ne la voit pas dans la voiture officielle de la tsarine. Elle tient par-dessus tout aux moments d'intimité qu'elle partage avec le tsar. Lors de ses voyages à l'étranger, elle l'accompagne. À Ems, en Rhénanie, en juin 1870, lors de la rencontre d'Alexandre II avec le roi de Prusse Guillaume Ier, elle dispose d'une petite villa.

La favorite s'installe au palais d'Hiver

Le 3 avril 1872, au palais d'Hiver, Katia accouche de son premier enfant avec Alexandre II, le petit Georges. Pour éviter un scandale, le bébé est placé dans une maison surveillée par la police secrète. Une nourrice russe et une gouvernante française prennent soin de lui. En 1873, c'est la naissance d'une fille, Olga. En 1876, un nouveau fils, Boris, vient au monde mais il meurt très vite. En 1877, le tsar engage une guerre contre l'Empire ottoman. La campagne est rude mais victorieuse. La paix de San Stefano, en 1878, est très avantageuse pour la Russie. Mais le congrès de Berlin réduit considérablement ses dispositions. Le tsar est déçu, amer, et comme toujours c'est auprès de Katia qu'il trouve du réconfort. Il prend alors une décision provocante : il installe sa seconde famille au deuxième étage du palais d'Hiver… juste au-dessus de ses propres appartements ! La tsarine, épuisée et malade, subit l'affront. Elle se confie à son amie la comtesse Alexandrine Tolstoï : « Je pardonne les offenses qu'on fait à la souveraine ; je ne peux prendre sur moi de pardonner les tortures qu'on inflige à l'épouse. »

En imposant la présence de sa favorite au palais, Alexandre II satisfait, certes, son désir d'intimité avec Katia, mais il dresse toute la Cour contre elle. Bien qu'elle se montre discrète, elle est en contact avec la domesticité impériale, femmes de chambre, valets, cuisiniers, cochers, intendants et même avec quelques dignitaires.

Certains courtisans s'adressent à elle pour qu'elle use de son influence auprès du tsar en leur faveur. On cherche son appui dans une entreprise commerciale. Mais même ceux qui la sollicitent la condamnent. Le tsar vieillit, il est fatigué, amaigri et voûté. Et pourtant, il est heureux. Le 9 septembre 1878, Katia donne naissance à leur quatrième enfant, une petite Catherine, qui le comble de bonheur. Joie intime d'un côté, désapprobation générale de l'autre : la double vie du tsar est très mal perçue, particulièrement par l'héritier, le tsarévitch, futur Alexandre III.

Un attentat et la fin d'un amour

Cependant, les nihilistes sont de plus en plus audacieux. En janvier 1878, une terroriste blesse grièvement, par balles, le chef de la police de Saint-Pétersbourg. Non seulement cette femme est acquittée lors de son procès, mais elle est portée en triomphe comme une héroïne. Le 2 avril 1879, un homme tire à cinq reprises sur le tsar place de l'État-Major. Alexandre II ne doit son salut qu'à sa fuite en courant ! Il passe ses vacances avec Katia en Crimée. À leur retour à Moscou le 19 novembre, le train impérial échappe de peu à une bombe. Le 5 février 1880, c'est dans le palais d'Hiver que les terroristes réussissent à faire exploser une bombe. Elle avait été placée dans la salle à manger où devait avoir lieu un dîner d'apparat en l'honneur du grand-duc Alexandre de Hesse et de ses fils. Le train qui les amenait ayant pris du retard, le tsar et sa suite attendaient dans un salon. À quelques minutes près, ils auraient tous péri. L'attentat fait quand même 11 morts et 56 blessés ! L'explosif, dissimulé dans les soubassements, a détruit tout le corps de garde sous la salle à manger. C'est d'une incroyable violence !

Katia était dans ses appartements au deuxième étage, avec ses enfants. Elle ne pouvait être invitée au dîner officiel. Elle est terrorisée : les ennemis du tsar prennent de plus en plus de risques. Ils veulent le tuer… Au printemps suivant, l'impératrice meurt, et moins de deux mois plus tard, le tsar épouse Katia. Elle n'est qu'une épouse morganatique, mais c'est quand même la femme du tsar.

Cette situation n'est acceptée ni par sa famille ni par la Cour. Elle doit céder le pas à tous les grands-ducs et à toutes les grandes-duchesses. Pour elle, le protocole est une humiliation permanente. Le tsar songe alors à la faire couronner impératrice. Ce serait une première en Russie, la tsarine étant toujours couronnée en même temps que son époux. Ce serait aussi le dernier cadeau du souverain à Katia. Très las, il abdiquerait et irait vivre ensuite avec elle et leurs trois enfants en France, sur la Côte d'Azur. Il s'est fait communiquer une liste de propriétés à vendre dans la région. Mais le destin en décide autrement…

Le mardi 1er mars 1881, comme chaque semaine, Alexandre II se rend à une parade au manège Michel, non loin du palais d'Hiver. En début d'après-midi, le tsar revient du manège. Il fait froid mais beau. Alors que le cortège longe le canal Catherine, perpendiculaire à la perspective Nevski, quelqu'un jette une bombe qui tue deux Cosaques de l'escorte et un jeune pâtissier qui allait livrer des gâteaux. Indemne, le tsar sort de son coupé. Le lanceur de bombe a été interpellé. Quelques secondes plus tard, un complice jette une seconde bombe. Cette fois-ci en direction du tsar debout. C'est un carnage. Son pied gauche est arraché par l'explosion. Il est atteint au visage et gît dans une mare de sang. On le ramène rapidement au palais d'Hiver. Katia se jette sur son corps déchiqueté, le couvre de baisers en criant : « Sacha ! Sacha ! »

À 15 h 35, Alexandre II expire, entouré de toute sa famille. Son successeur, Alexandre III, est accompagné du nouvel héritier, le futur Nicolas II, horrifié par la vision de son grand-père martyrisé. Il n'oubliera jamais. Son père non plus : voilà où conduisent les réformes. Les deux prochains tsars refuseront d'en faire. Quant à Katia, son rêve est brisé. Alexandre II l'a financièrement mise à l'abri. Elle part seule, avec ses trois enfants, s'installer à Nice. Elle y mourra en 1922, âgée de 75 ans. À ce moment-là, l'empire des Romanov n'existe plus et il n'y a plus de tsar en Russie.

Le tsar Alexandre II et Katia : un amour interdit

RÉFÉRENCES BIBLIOGRAPHIQUES

Hélène Carrère d'Encausse, de l'Académie française, *Alexandre II, le printemps de la Russie*, Paris, Fayard, 2008.

Jean des Cars, *La Saga des Romanov, de Pierre le Grand à Nicolas II*, Paris, Plon, 2008.

LE SAVIEZ-VOUS ?

C'est sur la Côte d'Azur que Katia fit le deuil de son mari, le tsar Alexandre II

Les obsèques d'Alexandre II ont eu lieu dans la cathédrale Saint-Pierre-et-Saint-Paul, le Saint-Denis des Romanov, à Saint-Pétersbourg. C'est le nouveau souverain, Alexandre III, qui porte le catafalque avec les grands-ducs. Pendant la cérémonie, la famille impériale est au premier rang. Puis, chacun se lève pour rendre hommage au défunt tsar : on lui baise les mains – selon la tradition russe, le cercueil est ouvert. Les ambassadeurs succèdent aux Romanov. Soudain, le maître de cérémonie arrête le défilé. Du fond de la cathédrale s'avance, soutenue par un ministre de la Cour, une jeune femme enveloppée dans ses voiles de deuil : c'est Katia. Dévastée, elle rend un ultime hommage à l'homme qui l'a tant aimée. Quelques jours plus tard, elle quitte la Russie pour toujours, avec ses trois enfants.

Elle achète une somptueuse villa à Nice

Elle se réfugie d'abord à Biarritz, déjà très prisée par l'aristocratie russe. Puis, en janvier 1891, elle achète, à Nice, la somptueuse villa Georges et va s'y installer définitivement.

Nice est aussi très appréciée des Romanov. Le premier tsarévitch, le fils aîné d'Alexandre II, Nicolas, y avait séjourné en 1865 pour tenter de guérir sa tuberculose. Il y était décédé le 25 avril de cette année-là. Sa fiancée, née Dagmar de Danemark, épousa finalement son frère cadet, le nouvel héritier, le futur Alexandre III. Pour commémorer la mort du tsarévitch, une chapelle avait été construite à l'emplacement de la villa où il avait rendu le dernier soupir. Elle fut inaugurée en 1869. Bien plus tard, en 1912, non loin de là, sera inaugurée la cathédrale Saint-Nicolas, l'église russe de Nice, un hommage de l'épouse d'Alexandre III, Maria Feodorovna, à son premier fiancé Nicolas. Aujourd'hui encore, ce très important édifice orthodoxe est géré par la Russie.

Une vie digne et retirée

Katia fréquente la cathédrale dès son inauguration. Elle lui fera don de sa relique la plus chère, la chemise ensanglantée que portait Alexandre II au moment de sa mort. À Nice, elle mène une vie digne et retirée. Elle se dévoue à des œuvres charitables, en particulier une maison de retraite portant le nom de son mari.

Son fils, Georges Yourevski, sera officier de la marine russe puis capitaine au régiment des hussards de la Garde de Tsarskoïe Selo. Il mourra en 1913. Sa fille aînée, Olga, épousera le comte de Meremberg, de la famille des Nassau-Luxembourg. Enfin, Catherine épousera un prince Obolenski, dont elle divorcera en 1922. Katia, elle, s'éteint la même année, âgée de 75 ans et oubliée de tous...

Parmi les Romanov ayant échappé à la révolution de 1917 et fui la Russie, certains s'installeront aussi sur la Côte d'Azur. C'est le cas du grand-duc André, cousin du tsar, qui y résidera avec son épouse, la célèbre ballerine Mathilde Kchessinskaya, qui avait été le premier amour du futur Nicolas II. Ils font construire la splendide villa Alam, au Cap-d'Ail. Son frère, le grand-duc Cyril, choisit le château Fabron. Aujourd'hui encore, de nombreux Russes résident sur la Côte d'Azur et n'y passent pas inaperçus...

LE SAVIEZ-VOUS ?

Le tsar des Bulgares a fait de l'Orient-Express son jouet personnel

Qui est donc celui qu'on appelle au début du XXe siècle le « tsar des Bulgares » ? Il règne sur un de ces nouveaux pays nés sur les dépouilles de l'Empire ottoman : la Bulgarie. Cet État a été créé par le congrès de Berlin en 1878. Mais on ne se bouscule pas pour régner sur ce territoire aux frontières incertaines et réputé ingouvernable. Ferdinand de Saxe-Cobourg-Gotha monte sur le trône de Bulgarie en 1887, poussé par sa mère Clémentine d'Orléans, plus jeune fille du roi des Français Louis-Philippe. Elle est si habile que sa famille la surnomme « Clémentine de Médicis » !

Son plus jeune fils est un homme très raffiné, esthète, collectionneur de bijoux. Mais il a aussi les talents politiques de sa mère. Sa belle cousine, la reine Marie de Roumanie, l'a surnommé « Ferdinand le Renard ». Toutefois, sa véritable passion ce sont les trains, et un en particulier, l'Orient-Express. Déjà mythique, il traverse la Bulgarie deux fois par semaine, dans les deux sens, sur l'itinéraire de Paris à Constantinople. Ferdinand ne peut pas résister : il faut qu'il monte à bord ! Mieux : il faut qu'il le conduise !

Le prince aux commandes

Déjà, quand il n'était que prince, Ferdinand faisait arrêter sa voiture le long de la voie, à la frontière. Le train était obligé de stopper. Le futur tsar montait à bord de la locomotive. Et, après avoir salué courtoisement le mécanicien, le chauffeur et le chef de train, il revêtait une combinaison blanche (qui, à cause du charbon, allait vite devenir noire !), actionnait le sifflet et le levier d'admission de la vapeur. Il était maître à bord ! L'équipe protestait, car il allait trop vite, freinait brusquement et les voyageurs poussaient des cris affolés !

Arrivé à la frontière de la Bulgarie, il consentait à immobiliser la rame, descendait, distribuait de généreux pourboires au personnel et retrouvait sa voiture. Elle avait suivi son parcours chaotique ! Et il disparaissait... jusqu'à la prochaine fois !

Les guerres lui feront oublier ses caprices

Évidemment, les réclamations s'accumulaient sur le bureau du fondateur-directeur de la Compagnie internationale des wagons-lits, propriétaire du train, le Belge Georges Nagelmackers. L'affaire était délicate : on fit savoir au monarque, par voie diplomatique, que l'Orient-Express n'était pas un jouet ! Rien n'y fit ! Ferdinand fit même accrocher une voiture-salon personnelle au train sur son territoire. À la frontière, ce passionné s'écria : « Je suis chez moi ! » Et il reprit les commandes de la locomotive !

Ce jeu d'enfant capricieux deviendra célèbre dans toute l'Europe centrale. Pour apaiser les inquiétudes de Georges Nagelmackers, Ferdinand lui adressera ses compliments et une superbe décoration ! Mais le divertissement ferroviaire de

Sa Majesté n'aura qu'un temps : à partir de 1912, les guerres balkaniques puis la Première Guerre mondiale feront oublier à Ferdinand de Bulgarie combien il était amusant de « jouer au train »...

Raspoutine : âme damnée des Romanov

Été 1912. Le tsar Nicolas II, la tsarine Alexandra, les quatre grandes-duchesses, Olga, 17 ans, Tatiana, 15 ans, Maria, 13 ans et Anastasia, 11 ans, et le petit tsarévitch, Alexis, 8 ans, se sont rendus à Moscou pour commémorer le centenaire de la bataille de Borodino contre Napoléon. Alexis a parcouru le champ de bataille, apparemment en pleine forme. La santé du tsarévitch hémophile est la préoccupation constante de ses parents, mais c'est aussi un secret, pour l'instant bien gardé.

Après ces festivités, fin septembre, comme chaque année, le tsar et sa famille se rendent dans leur propriété de chasse en Pologne, à Spala. Pendant que Nicolas et sa suite chassent les bisons, les cerfs, les élans et les sangliers, Alexis joue dans le parc avec l'intendant, au bord de l'étang. En voulant sauter sur son bateau, l'enfant fait un faux pas et se cogne la jambe gauche. C'est le début de la plus grave crise d'hémophilie qui ait frappé le petit tsarévitch. Il se plaint d'abord de quelques douleurs mais le 2 octobre, après une promenade en calèche avec sa mère, le mal s'amplifie. Un énorme hématome se forme au niveau de sa hanche. La douleur est terrible. L'héritier a 39 °C de fièvre. Le docteur Botkine, médecin de la Cour, est dépassé. Il fait venir des spécialistes de Saint-Pétersbourg. La tsarine Alexandra est horrifiée par l'état de son fils, mais surtout par l'absence du seul homme capable de le soulager, voire de le sauver : Raspoutine.

L'« ami » est en effet très loin, dans sa Sibérie natale. Il a regagné son village de Pokrovskoïe. Le 9 octobre, la situation semblant désespérée, le tsar décide de rendre officielle la maladie de son fils. C'est alors qu'Alexandra envoie un télégramme à Raspoutine, le suppliant d'intercéder pour son Alexis mourant. Il répond immédiatement par un télégramme réconfortant : « Dieu a vu tes larmes et écouté tes prières... Ton fils vivra. »

Le tsarévitch souffre encore, il a toujours de la fièvre mais l'impératrice est comme ressuscitée. Elle brandit le télégramme : elle est sûre que son fils est sauvé ! Le 21 octobre, Alexis est tiré d'affaire.

À partir de l'épisode de Spala, Raspoutine devient indispensable et surtout intouchable puisque pour la tsarine il est le seul qui puisse guérir le tsarévitch. Mais qui est donc Raspoutine ? Et comment a-t-il réussi à s'introduire dans l'intimité de la famille impériale ?

Raspoutine, un « starets » pas comme les autres

Grigori Raspoutine est né vers 1871 à Pokrovskoïe, aux confins de la Sibérie occidentale, dans une famille de paysans éleveurs de chevaux pas si pauvre qu'on pourrait le croire.

La Russie était alors sillonnée par des « errants », les *stranniki*, qui frappaient aux portes des isbas, demandant l'hospitalité pour la nuit. Le père de Raspoutine les accueillait volontiers. Grigori entendait ces « saints hommes » prier, prêcher et parler de leurs pouvoirs de guérison. C'est à leur contact qu'il découvre sa vocation.

Adolescent, il choque les villageois par sa débauche sexuelle. À 19 ans, dans une fête au monastère d'Abalak, il rencontre une jeune fille qui deviendra sa femme, Praskovia Doubrovina. Une fois mariés, ils s'installent dans la maison des parents de Grigori. Un fils va naître. Il ne vivra que six mois. Raspoutine part alors en pèlerinage au monastère de Verkhotourié. Il se prosterne devant les reliques de saint Simon le Juste. Il reviendra chez lui le cœur allégé.

Peu de temps après, Grigori décide de partir pour le mont Athos, en Grèce. Pendant trois ans, il parcourt des milliers de kilomètres de steppes et de forêts avant d'atteindre le pays. Mais le mont Athos ne lui convient pas, il rentre. Il s'arrête plusieurs fois dans des lieux saints. Il rencontre des flagellants, une sorte de secte plutôt sadomasochiste à tendance érotique.

Quand il rentre chez lui, il déclare qu'il est devenu un « starets », c'est-à-dire un homme de Dieu. Entre 1896 et 1900, il a une vie familiale normale : sa femme lui donne trois enfants, deux filles et un fils. Les villageois viennent l'écouter le soir ; il transforme sa cave en oratoire, mais les autorités religieuses locales ne l'aiment pas. Alors, il décide de repartir en pèlerinage. Il séjourne longuement à Kazan, un centre d'enseignement religieux en Russie, et fait la connaissance de nombreux ecclésiastiques ; il est introduit dans certains salons. Dans les archives, on trouve une explication à son succès, notamment auprès des femmes : « Raspoutine avait un point de vue original, un langage simple, bref et imagé, des yeux expressifs qui semblaient vous transpercer… Et le fait est que le starets avait, dans une certaine mesure, le don d'hypnotiser ceux qui l'approchaient. »

De Kazan, il retourne à Pokrovskoïe en 1903. Mais la renommée qu'il y avait acquise est parvenue jusqu'à Saint-Pétersbourg, et l'inspecteur de l'Académie religieuse de la capitale, l'évêque Théophane, annonce : « En Sibérie, était apparu un prophète, un homme d'une clairvoyance divine, un ascète, un faiseur de miracles du nom de Grigori. »

Raspoutine conquiert Saint-Pétersbourg

Au printemps 1903, Raspoutine arrive à Saint-Pétersbourg. L'évêque Théophane le loge chez lui. Le starets fait aussi la conquête de l'évêque Hermogène et même du père Jean de Cronstadt, qui avait marié le tsar Nicolas II et Alexandra au palais d'Hiver.

Très rapidement, il devient la coqueluche de la ville. Ses soutiens les plus efficaces sont deux filles du roi Nicolas de Monténégro, Anastasia, qui a épousé le grand-duc Nicolas de Russie, futur général en chef des armées impériales en 1914, et Militza, mariée au frère de Nicolas, le grand-duc Pierre. Les « princesses noires », ainsi surnommées tant pour la couleur de leurs cheveux que pour leur goût du spiritisme, reçoivent Raspoutine chez elles et le présentent au « tout-Saint-Pétersbourg ». Le 17 novembre 1905, Nicolas II écrit dans son journal : « Nous avons bu le thé chez Anastasia et Militza. Nous avons fait la connaissance d'un homme de Dieu, de la province de Tobolsk. » C'est la première rencontre du couple impérial avec Raspoutine. Elle a lieu dans une période difficile, après la guerre perdue contre le Japon, la mutinerie du cuirassé *Potemkine*, et avant la terrible journée dite du « Dimanche rouge » de décembre 1905.

L'année suivante, le 15 octobre 1906, le tsar et la tsarine, toujours très inquiets pour la santé de leur petit garçon, reçoivent pour la première fois Raspoutine au palais Alexandre, leur résidence principale à Tsarskoïe Selo. Il y rencontre aussi les quatre grandes-duchesses et le petit

Alexis. Très observateur, il a remarqué le regard inquiet de la tsarine sur son fils. Il sait scruter les âmes et les douleurs. Il bénit la famille impériale avant de partir.

C'est seulement en octobre 1907 que la tsarine fait appeler pour la première fois Raspoutine au chevet de son fils. Alexis est tombé dans le parc de Tsarskoïe Selo. Un œdème s'est formé sur sa jambe. Il souffre atrocement, les médecins ne parviennent pas à le soulager. Raspoutine s'assied à côté de l'enfant, sans le toucher. Il se contente de le fixer longuement, dans un état de concentration intense. L'enfant se calme et réussit à s'endormir. Le lendemain, l'œdème se résorbe.

À partir de ce moment-là, le starets prend souvent le chemin du palais. Son intermédiaire est Anna Vyroubova, la dame d'honneur préférée de la tsarine. Elle n'est ni très belle ni très intelligente, totalement dévouée à Alexandra, sans doute secrètement amoureuse de Nicolas II. Elle est surtout une disciple inconditionnelle de Raspoutine.

La rançon du succès

Mais Raspoutine n'a pas que des adeptes. Il a aussi beaucoup d'ennemis. Il pratique une débauche débridée en compagnie de nombreuses femmes dans des établissements de bains à la périphérie de Saint-Pétersbourg. Il consulte et reçoit beaucoup dans son appartement. À Saint-Pétersbourg, il prend même des rendez-vous par téléphone !

Il a visiblement de l'argent puisqu'il s'est fait construire une maison à un étage dans son village de Sibérie, et c'est la plus belle résidence de Pokrovskoïe ! On la voit de loin, au milieu des fleurs. Si le rez-de-chaussée est très simple, le premier étage dispose d'un confort exceptionnel vu le contexte : un piano, un sofa, un lustre, des chaises viennoises et même un gramophone. Cette description, on la doit à l'évêque Théophane, que tout ce luxe a choqué lorsqu'il a séjourné quinze jours chez Raspoutine à l'été 1909.

L'Église orthodoxe commence à s'inquiéter de la vraie nature de Raspoutine. Théophane lance une campagne de presse contre lui, mettant en doute sa foi orthodoxe. Un autre ami du starets, le pope Iliodore, à qui Grigori a sauvé la mise à plusieurs reprises après des prêches un peu trop antigouvernementaux, va aussi le trahir. Alors qu'il séjourne chez Raspoutine à Pokrovskoïe, celui-ci se vante auprès de son invité et ami de sa proximité avec la famille impériale. Il lui montre de nombreuses lettres de la tsarine et de ses filles. Des missives naïves mais très affectueuses. Il les vole et s'en servira plus tard pour déstabiliser le starets et la famille impériale.

Le comportement de Raspoutine alarme aussi le Premier ministre Stolypine, qui ose mettre en garde Nicolas II contre la fréquentation de cet individu peu recommandable. Le tsar, qui n'aimait déjà pas beaucoup cet homme talentueux, dont il était certainement un peu jaloux, ne tient aucun compte de cet avertissement. Néanmoins, la police secrète, l'Okhrana, surveille dorénavant les faits et gestes du starets. L'assassinat de Stolypine par un révolutionnaire déguisé en faux policier à l'opéra de Kiev, le 1er septembre 1911, soulage Raspoutine : il est débarrassé de son pire ennemi.

L'année 1913 marque une sorte d'apogée pour la famille impériale. Dans toute la Russie, particulièrement à Moscou et à Saint-Pétersbourg, c'est la célébration du tricentenaire de la dynastie des Romanov. Économiquement, le pays s'est redressé grâce aux fameux « emprunts russes ». L'illettrisme est aussi en recul. La révolution de 1905 semble loin et même Lénine, exilé en Suisse, s'inquiète : la Russie n'est vraiment pas prête pour le changement !

La famille est acclamée partout. Le petit tsarévitch, qui se remet doucement de la crise de Spala, assiste à toutes les festivités, mais il est très souvent porté par un Cosaque. La fragilité de l'enfant est le meilleur atout de Raspoutine. Mais un événement imprévisible et dramatique survient l'année suivante. L'assassinat à Sarajevo, le 28 juin 1914, de l'archiduc François-Ferdinand, héritier de l'Autriche-Hongrie, et de son épouse Sophie va conduire les monarchies européennes, et particulièrement la Russie, dans un conflit fatal et sans précédent…

La Russie entre en guerre

Il se passe un mois entre l'attentat de Sarajevo et la déclaration de guerre de l'Allemagne à la Russie, le 1er août 1914. En ce moment historique, une fois encore, Raspoutine n'est pas à Saint-Pétersbourg. Il a été poignardé par une femme dans son village de Pokrovskoïe, et il se remet de ses blessures. Malgré ses nombreux ennemis, c'est la première fois qu'il est visé directement par un attentat. Violemment opposé à la guerre, il livre alors une prophétie qu'il envoie au tsar : « Cher ami, je te répéterai une fois encore ce que je t'ai dit : un nuage menaçant s'étend sur la Russie. Malheur ! Souffrances innombrables ! Il fait sombre et on ne voit pas d'éclaircies. Une mer de larmes, mer sans limites. Quant au sang, il n'y a pas de mots, l'horreur est indescriptible… On veut la guerre mais probablement, on ne comprend pas que c'est la perdition… On vaincra l'Allemagne, mais que deviendra la Russie ? En vérité, il n'y eut jamais, depuis le commencement des siècles, une martyre plus grande. Elle est toute submergée de sang. Sa perdition est complète. Tristesse sans fin. Grigori. »

Cette prophétie est troublante. Néanmoins, le peuple russe accepte la guerre. Sur la place du palais d'Hiver, il applaudit avec enthousiasme le tsar lorsqu'il apparaît au balcon. L'antigermanisme est à son comble. Si le roi George V attend 1917 pour changer le nom de sa dynastie « Saxe-Cobourg-Gotha » en « Windsor », Nicolas II rebaptise Saint-Pétersbourg, trop germanique, en Petrograd dès le 18 août 1914. Mais l'impératrice Alexandra est allemande. Sa proximité avec Raspoutine, lui-même opposé à la guerre, va la rendre très impopulaire. Le complotisme et les soupçons prospèrent, comme en toute période troublée. Sans aucune preuve, on accusera la tsarine de connivence avec son pays d'origine.

Les offensives du début de la guerre sont favorables à la Russie, notamment en Poméranie. Guillaume II est obligé de transférer des troupes du front de l'Ouest vers celui de l'Est. L'offensive russe sauve Paris, qui était menacée depuis la Marne.

Mais très vite, les Russes perdent pied. En réalité, l'empire n'était pas prêt pour cette guerre. Et elle est terriblement meurtrière. L'approvisionnement des troupes est insuffisant et désorganisé. Comme l'avait prédit Raspoutine, la souffrance russe est immense.

Pendant ce temps, à Petrograd, la tsarine et ses filles aînées se transforment en infirmières ; le grand palais de Tsarskoïe Selo devient un hôpital. Dans une ville vidée de ses hommes, Raspoutine, lui, continue ses débauches sans limites… Nicolas II est obligé de le convoquer pour le tancer. Le guérisseur reconnaît ses fautes : elles sont indignes d'un messager de Dieu, mais il n'est qu'un pauvre pécheur. S'il peut soulager les autres, il est incapable de se guérir lui-même, dit-il. Une fois de plus, le tsar et la tsarine lui pardonnent.

Nicolas II devient chef des armées

La guerre tourne mal pour la Russie. Après la grande retraite de 1915, le tsar décide de prendre la tête de ses armées, limogeant son oncle, le très populaire grand-duc Nicolas. Raspoutine considère que c'est une faute. Alexandre Sumpf explique l'attitude du tsar dans le livre qu'il a consacré au starets : « Il en allait du sort de la nation et du destin de la dynastie – et ce geste apparaît aussi comme le point final, logique, de l'illusion d'une proximité familière, d'une alliance mystique entre le peuple et le tsar. En portant l'uniforme et en vivant la vie militaire sur le front, loin des siens qu'il chérit si fort, Nicolas partage désormais, au moins sur le plan symbolique, le quotidien des treize millions de mobilisés. »

Désormais, le tsar vit principalement au grand quartier général de Moguilev. Certes, le petit tsarévitch le rejoindra, parfois pour de longs séjours, portant lui aussi l'uniforme et ravi de cette proximité avec son père et les militaires. Les grandes-duchesses, plus rarement l'impératrice lorsqu'elle n'est pas trop fatiguée, viendront elles aussi. Il existe des photos un peu surréalistes où on les voit au milieu des champs, comme s'il s'agissait d'un pique-nique, dans une atmosphère champêtre qui contraste avec la réalité d'une guerre de plus en plus difficile.

Une hémorragie nasale exige le rapatriement d'Alexis par train à Tsarskoïe Selo, à 800 kilomètres de Moguilev. Une fois de plus, la tsarine appelle Raspoutine. Une fois de plus, Raspoutine guérit l'enfant. Alexandra est de plus en plus dépendante du starets. Il va désormais se mêler de la politique de l'empire… En février 1916, la tsarine conseille au tsar, sur la recommandation de Grigori, de nommer au poste de Premier ministre un membre du Conseil d'empire, Boris Stürmer. Celui-ci est d'origine allemande et sa nomination est reçue comme une provocation. On l'accuse d'être le « valet » de Raspoutine. Rodzianko, le président de la Douma – autrement dit le Parlement – informe Nicolas II de l'incompétence de Stürmer, que les journaux soupçonnent, de plus, de prévarication.

Les anti-Raspoutine commencent à oser s'exprimer. Élisabeth Feodorovna, sœur de la tsarine, entrée dans les ordres après la mort de son mari le grand-duc Serge, prévient Nicolas II de l'influence calamiteuse de Raspoutine sur la tsarine. Le tsar, furieux, est obligé de renvoyer Stürmer. À la tribune même de la Douma, le député monarchiste Pourichkévitch s'emporte contre Raspoutine et ses adeptes.

Le grand-duc Nicolas écrit au tsar, son neveu, qui lui a retiré son commandement en chef : « Il n'est pas en ton pouvoir d'écarter de ton épouse bien-aimée, mais égarée, des influences qui s'exercent sur elle. Tu devrais au moins te garder toi-même des interventions systématiques qui se produisent par son intermédiaire. »

Bref, en cette fin d'année 1916, l'opinion générale à Petrograd est qu'il faut se débarrasser de Raspoutine. Mais qui va oser s'en charger ?

Le complot du prince Youssoupov

Le prince Félix Youssoupov est l'héritier de l'une des familles les plus riches de Russie. Il a épousé une nièce du tsar, Irina, la fille de sa sœur Xenia et du grand-duc Alexandre, le 22 février 1914. Mais avant cette union, le prince Youssoupov avait une réputation sulfureuse : il adorait se déguiser en femme, paré des bijoux de sa mère. Son mariage, si près de la Couronne, avait mis fin à ses débordements.

Son seul frère étant mort, il n'est pas mobilisable. Mais cette situation lui est insupportable, car tous ses amis de son âge partent pour le front. En 1916, il s'inscrit pour suivre les cours d'une école d'officiers afin de pouvoir s'engager.

Consterné par l'influence désastreuse de Raspoutine, il juge qu'il est temps d'agir. Il s'en ouvre d'abord à son épouse Irina, qui l'approuve. Puis, il cherche quelques hommes résolus qui l'aideraient dans son projet radical : éliminer Raspoutine. Il rencontre le capitaine Soukhotine, blessé de guerre, en traitement à Petrograd, qui est disposé à prêter son concours. Il contacte aussi le grand-duc Dimitri Pavlovitch, cousin du tsar, avec lequel il est très lié. Ce choix est important, car Dimitri est l'un des « chouchous » de Nicolas II et d'Alexandra. La plupart du temps, Dimitri est auprès du tsar à Moguilev, mais Youssoupov profite de son passage à Petrograd pour lui faire part de son projet. Dimitri l'approuve, car il est persuadé que les médicaments envoyés au tsar par Alexandra, sur les conseils de Raspoutine, sont une drogue destinée à paralyser la volonté de Nicolas II. Il est exact que l'apathie du tsar et sa soumission à Raspoutine sont étranges…

Il y a donc déjà trois conjurés, Youssoupov, Soukhotine et Pavlovitch. Il va s'y ajouter le député Pourichkévitch, celui qui lançait contre Raspoutine les pires diatribes à la Douma, et un médecin, ami du député, le docteur Lazovert. Il ne reste plus à Youssoupov qu'à se rapprocher de Raspoutine pour le convaincre de venir passer une soirée chez lui…

Le rocambolesque assassinat de Raspoutine

Le starets se méfie de tout le monde, en particulier des aristocrates. Mais les époux Youssoupov l'intéressent. Il est très intrigué par la personnalité de Félix, ce prince si beau et si élégant. Il rêve aussi de connaître sa femme, la jolie Irina.

Le prince avait déjà rencontré Raspoutine en 1909, chez une amie. Et celle-ci l'appelle justement pour lui dire que Grigori aimerait beaucoup le revoir. Servi par le hasard, Félix se rend chez l'amie en question et revoit Raspoutine, qu'il trouve très changé. Il a grossi, son visage est gonflé. Au lieu de son modeste caftan, il porte maintenant une grande blouse de soie brodée sur un pantalon de velours.

Au milieu de la soirée, Raspoutine est appelé d'urgence à Tsarskoïe Selo par téléphone. Le lien est renoué, et malgré sa répulsion à l'égard du starets, Félix lui rend visite dans son appartement de la rue Gorokhovaya. Il passe par l'escalier de service, car l'entrée principale est surveillée par la police. Malgré ses journées fatigantes de préparation militaire, il s'oblige à voir régulièrement celui qu'il a décidé d'assassiner, afin de gagner sa confiance.

Un soir, il arrive très fatigué chez Raspoutine. Celui-ci lui propose de le soulager. Il l'installe sur un canapé dans son cabinet de travail. Il se met ensuite à genoux à côté de lui et pose ses deux mains sur son front en murmurant une prière pendant un temps assez long. Félix est, au sens propre, hypnotisé. Il se relève avec difficulté. Il a peur du pouvoir de Raspoutine, mais il doit subir cette cure pour se rapprocher encore de lui.

Un soir de décembre 1916, il propose à Grigori de venir passer un moment dans son palais de la Moïka pour rencontrer sa femme Irina. L'opération est risquée, car en réalité Irina n'est pas là, elle est partie en Crimée avec ses parents. Le grand-duc Dimitri et le député Pourichkévitch reviennent du front quelques jours plus tard. La décision est prise d'inviter Raspoutine le soir du 29 décembre. Le starets accepte, à condition que Félix vienne lui-même le chercher en voiture à son domicile.

Dans la journée, les conjurés se livrent aux derniers préparatifs de leur complot. Le palais Youssoupov, sur la Moïka, est immense. Le prince et son épouse occupent un appartement du rez-de-chaussée. Félix vient d'aménager de nouvelles pièces de réception au sous-sol. Il y a une grande salle qui doit servir de salle à manger et une autre, plus petite, auxquelles on accède par un escalier tournant à partir du rez-de-chaussée.

À mi-chemin de cet escalier, une porte donne accès à la cour. Elle est dissimulée par des panneaux de miroirs, donc très difficile à déceler si l'on ne connaît pas l'endroit. C'est dans la grande salle à manger du sous-sol que Youssoupov a décidé de recevoir Raspoutine. L'aménagement vient d'être achevé. Les ouvriers accrochent encore les tapisseries et posent des tapis. Le décor est planté. Le prince demande à son majordome de préparer le thé pour six personnes, d'acheter des gâteaux et de prendre du vin dans la cave. Il lui dit qu'il attend des invités à 23 heures et peut se retirer.

À 23 heures, tout est prêt dans l'appartement du sous-sol, confortablement meublé et éclairé. Le samovar fume sur la table, gâteaux et friandises sont sur des plateaux ainsi que des bouteilles de vin de Crimée. Les conjurés se retrouvent. Le docteur Lazovert, muni de gants de caoutchouc, ouvre une boîte contenant des cristaux de cyanure. Il les réduit en poudre, en garnit la partie inférieure des gâteaux et en verse dans les verres.

Il ne reste plus à Félix qu'à aller chercher Raspoutine chez lui, comme convenu. Le docteur Lazovert est travesti en chauffeur. Félix n'en mène pas large, les autres conjurés attendent au palais. Ils actionnent un gramophone pour donner l'illusion que la princesse est là, recevant quelques amies.

La soirée sera longue. Raspoutine s'extasie sur la beauté des meubles. Il avale les gâteaux, boit le vin de Crimée puis du madère, mais rien ne se passe. L'homme devrait être mort ! Youssoupov sort son revolver et lui tire une balle dans le flanc. Le starets s'effondre sur le plancher. Félix remonte chercher ses complices. Quand ils reviennent, Raspoutine est toujours vivant ! Ils lui tirent à nouveau dessus, mais il réussit à s'enfuir par l'escalier en colimaçon. Pourichkévitch tire à nouveau dans la cour : Grigori s'effondre enfin. Les conjurés le ficellent dans une grande toile, chargent son corps dans une voiture et le jettent dans un bras de la Neva.

L'appartement est immédiatement nettoyé, mais les coups de feu ont attiré l'attention de la police. Le lendemain matin, elle interroge le prince, car Raspoutine n'est pas rentré chez lui. Il a disparu. Son corps ne sera retrouvé que trois jours plus tard, une de ses chaussures émergeant de la Neva gelée. La tsarine est anéantie. Très vite, les complices sont identifiés. Pourichkévitch est épargné, car il a déjà regagné le front. Le grand-duc Dimitri et le prince Youssoupov sont mis aux arrêts.

La dernière prédiction

La tsarine, hors d'elle, voudrait que les coupables soient jugés. Nicolas II est responsable : Dimitri est un proche parent et Félix est le mari de sa nièce. Un procès public de membres de la famille impériale est impensable. La punition sera l'exil. Dimitri est expédié sur le front du

Caucase, ce qui lui permettra d'échapper à la révolution. Quant à Félix, il est assigné à résidence dans son domaine près de Moscou.

Si l'on en croit l'ambassadeur de France à Petrograd, la mort de Raspoutine provoque la liesse populaire. Des gens allument des cierges dans la cathédrale Notre-Dame-de-Kazan, on s'embrasse dans les rues. Son corps sera inhumé de nuit dans le parc de Tsarskoïe Selo, en présence de toute la famille impériale.

Avant de partir pour le palais Youssoupov, Raspoutine aurait écrit une lettre dans laquelle il s'adressait au tsar : « Si je suis tué par des hommes du peuple, par mes frères, toi, tsar Nicolas, tu vivras. Tu resteras sur le trône et tes enfants vivront. Si je suis tué par des seigneurs, des aristocrates, mon sang coulera sur toute la Russie. Toi et tes enfants ne vivrez pas plus de deux ans, la Russie basculera et sera vaincue. »

Trois mois plus tard, la révolution éclate à Petrograd. Le 3 mars 1917, dans sa voiture-salon, Nicolas II abdique. La famille impériale est assignée à résidence à Tsarskoïe Selo jusqu'au 31 juillet 1917. Après, ce sera la Sibérie, Tobolsk puis Ekaterinbourg où, dans la nuit du 17 juillet 1918, la famille impériale sera exécutée par les bolcheviques. Un bain de sang… comme l'avait prédit Raspoutine.

RÉFÉRENCES BIBLIOGRAPHIQUES

Jean des Cars, *Nicolas II et Alexandra de Russie, une tragédie impériale*, Paris, Perrin, 2015.

Eugénie de Grèce, *Le Tsarévitch enfant martyr*, Paris, Perrin, 1990.

Alexandre Sumpf, *Raspoutine*, Paris, Perrin, 2016.

Prince Félix Youssoupov, *Mémoires*, Paris, V & O Éditions, 1990.

Marie de Roumanie, une icône du peuple roumain

Coiffée d'un bonnet d'astrakan gris avec une mentonnière de cuir, dans son uniforme de colonel recouvert d'une cape militaire au col de fourrure, la reine Marie descend du train qui la ramène à Bucarest. En ce 1er décembre 1918, le roi Ferdinand et la reine Marie rejoignent leur capitale pour participer au défilé de la Victoire.

À ce moment, certainement, Marie repense à ces deux années de guerre, d'exil à Iassy, dans le nord de la Roumanie. Deux ans au cours desquels elle n'a jamais vraiment désespéré, même si les défaites et les revers diplomatiques se sont accumulés. Et puis, au mois d'août, l'offensive de l'armée d'Orient conduite par le général Franchet d'Espèrey a entraîné un renversement complet de la situation. La défaite des Empires centraux et de la Bulgarie apporte enfin l'espoir de voir naître la Grande Roumanie.

Sur son uniforme, la reine a fièrement épinglé la croix de guerre que l'ambassadeur de France lui a remise quelques jours auparavant, au nom de la France, de la part de Clemenceau. Elle se remémore sans doute les mots de l'ambassadeur : elle a été « une reine brave, une amie inébranlable, loyale et fidèle, aussi ferme à l'heure du désastre qu'à l'heure du triomphe ».

Son cheval et celui du roi Ferdinand, son époux, les attendaient à la gare. Le sien est gigantesque et solide, il s'agit de Jumbo, qu'elle qualifie elle-même de « véritable citadelle de résistance, imperturbable devant toute provocation » !

Le prince héritier Carol les a précédés, à cheval, en tête de son régiment. Leurs trois filles étaient parties avant eux dans un équipage à quatre chevaux. Le roi, la reine, le prince Nicolas, leur deuxième fils, et le général français Henri Berthelot, partis les derniers, chevauchent côte à côte. C'est un immense défilé militaire comprenant les troupes françaises, anglaises et roumaines. Rosiori, le régiment de la reine, est en tête.

Malgré la pluie, tout Bucarest est dehors. C'est une véritable marche triomphale à travers la capitale. Laissons la reine nous la raconter : « La ville exultait. Il semblait que les maisons et les pavés de la route nous acclamaient avec la foule. Les drapeaux flottaient partout, à chaque fenêtre, au sommet des maisons, aux réverbères, dans les mains de chaque enfant. C'était une mer mouvante, étourdissante de bleu, de jaune et de rouge. Haut perchée sur le dos solide de Jumbo, mon regard passant par-dessus la foule, je pouvais scruter les gens à chaque fenêtre, l'expression de chaque visage, répondre à chaque sourire, être en communion intime avec la joie du peuple. »

Mais qui est donc Marie de Roumanie, cette reine qui reçoit ce jour-là la récompense de son courage et de son obstination ?

La plus belle princesse d'Europe

C'est peu de dire que la princesse Marie de Saxe-Cobourg-Gotha est née « avec une cuillère d'argent dans la bouche ». Son ascendance en fait la cousine d'à peu près toutes les familles régnantes d'Europe. Son père, Alfred, duc d'Édimbourg, est le quatrième enfant de la reine Victoria et son deuxième fils. Il est aussi l'héritier de la principauté de Saxe-Cobourg-Gotha. Sa mère, également prénommée Marie, est la fille unique du tsar Alexandre II de Russie. Elle a cinq frères. Ce qui fait que la petite Marie, née en 1875 au château d'Eastwell, dans le Kent, aura un moyen très simple de distinguer ses deux grands-mères : il y a « grand-maman reine » (Victoria) et « grand-maman impératrice », épouse d'Alexandre II.

Elle a un frère aîné, Alfred, elle aura trois sœurs, Victoria-Mélita, d'un an sa cadette, puis Alexandra, deux ans plus tard, et Béatrice en 1884. Marie est surnommée « Missy ». Quant à Victoria-Mélita, on l'appelle « Ducky ». La blonde et la brune, des confidentes que rien ne séparera jamais.

Maman, fille de tsar, se sent un peu rétrogradée à la cour de Saint James. Elle est restée profondément orthodoxe, pratiquante, ayant dans chacune de ses maisons une petite chapelle et un chapelain orthodoxes. Elle regrette que ses enfants soient anglicans. Papa est marin, donc souvent absent. Les enfants l'adorent, mais c'est maman qui gère toute la maison. La vie des enfants se partage entre Eastwell à la belle saison et le palais de Clarence House, à Londres. Bien sûr, côté grand-maman reine, il y a des vacances idylliques sur l'île de Wight, à Osborne, dans une maison mise à la disposition de la famille dans le parc de la résidence de Victoria. Il y a aussi, en Écosse, Balmoral l'été et à l'automne. Grand-maman leur offre le manoir voisin de Birkhall. Et puis, de temps en temps, éblouissement : un séjour en Russie, d'abord chez le tsar Alexandre II puis, à partir de 1881, chez Alexandre III.

Une enfance entre Angleterre, Russie et Allemagne

Marie dépeint très bien le contraste entre la Cour confinée et un peu triste de Victoria et la débauche de fêtes, de plaisirs et de luxe de la cour des tsars à cette période. La réserve britannique contre l'exubérance russe : Marie possède les deux. De 1886 à 1889, son père est nommé commandant de la flotte en Méditerranée. Toute la famille vient s'installer à Malte. Une période enchantée pour Marie et ses sœurs. La mer, le soleil, les baignades, la vie libre, la passion des chevaux. Malte ne s'effacera jamais des souvenirs de Marie, comme une échappée au paradis. Elle aspirera toujours à cette liberté, indispensable pour elle, sinon elle s'étiole.

Il y a aussi, pour les enfants, les séjours à Cobourg, en Allemagne. Elle y réside régulièrement dans un château, Rosenau. C'est un autre paradis d'enfance. La princesse a une triple identité : elle est anglaise mais aussi allemande, comme la dynastie de Victoria, et russe. On fréquente tous les cousins. On se voit sans arrêt, aux réunions de famille, aux mariages, aux enterrements. Il y a cousin George (le futur roi George V), cousin Nicky (le futur tsar Nicolas II) et cousin Guillaume (le Kaiser Guillaume II).

Marie a donc été élevée dans trois civilisations, la britannique, la germanique et la russe. Ce ne sera pas facile à gérer quand éclatera la Première Guerre mondiale. Néanmoins, elle se sent profondément anglaise. Cela comptera dans ses choix futurs. Il faut aussi dire que Missy est très belle et très séduisante. Elle a 16 ans et il va falloir songer à la marier.

Un mariage arrangé

C'est l'empereur Guillaume II qui va décider du sort de Marie, en 1891. C'est lui qui organise la première rencontre dans un château près de Cassel entre la princesse, âgée de 16 ans, et l'héritier du trône de Roumanie, Ferdinand de Hohenzollern-Sigmaringen. Il importe de marier rapidement Ferdinand, car une tempête vient de secouer la famille royale de Roumanie. Le roi Carol Ier était monté sur le trône en 1866. Il était un prince de la branche aînée et catholique des Hohenzollern-Sigmaringen, cousin des Hohenzollern protestants de Prusse. Marié à la fantasque Élisabeth de Wied, poétesse sous le pseudonyme de Carmen Sylva, il n'avait pu avoir d'héritier. Il s'en choisit un : son neveu, Ferdinand, qu'il fait venir à Bucarest.

Ferdinand, d'un naturel timide et renfermé, est totalement sous la coupe de son oncle Carol. Il s'ennuie beaucoup à Bucarest. Carmen Sylva lui présente une de ses dames d'honneur, Hélène Vacaresco. Il en tombe amoureux et veut l'épouser. Scandale à la Cour ! Ce mariage inégal est impossible. Hélène Vacaresco est bannie. Pis encore : la reine, qui a soutenu l'idylle, est elle-même envoyée en exil dans sa famille en Allemagne pour deux ans ! Le roi Carol est un véritable tyran.

Quant au pauvre Ferdinand, il faut le marier d'urgence à une princesse digne de lui. C'est là que Guillaume II intervient. Avec la complicité de la mère de la princesse, il organise la rencontre des deux jeunes gens. Il n'est pas fâché de contrarier sa grand-mère la reine Victoria, qui voulait unir Marie au duc d'York, le futur George V.

Le père de Marie, le duc d'Édimbourg, est fou furieux : il n'avait pas été mis au courant. Mais quand les fiançailles sont annoncées, il ne peut que s'incliner. Dire que Marie et Ferdinand sont amoureux l'un de l'autre serait excessif.

Néanmoins, ils le croient, ou font semblant de le croire. Ce mariage princier est un mariage de raison. Marie ne sera pas reine d'Angleterre mais reine de Roumanie et elle s'en accommodera.

Le mariage a lieu en janvier 1893 au château de Sigmaringen, en présence de l'empereur Guillaume II. La mariée a 17 ans, Ferdinand en a 27. La cérémonie est fastueuse. Bals et réceptions se succèdent. La mariée est comblée par sa mère : une somptueuse garde-robe et d'extraordinaires bijoux Romanov. De quoi éblouir une jeune fille manipulée et néanmoins grisée par son nouveau statut de princesse héritière.

Des moments difficiles

Carol Ier est enchanté. Par sa naissance, Marie apporte un prestige dynastique à la récente monarchie roumaine, en manque de considération. La jeune mariée va néanmoins connaître des moments difficiles. L'arrivée à Bucarest, petite capitale qu'on ne saurait comparer à Londres, Berlin ou Saint-Pétersbourg. Un palais sinistre, une grossesse immédiate. Elle accouche de son premier enfant, Carol, le 15 octobre 1893, neuf mois après son mariage. Ferdinand et Marie auront six enfants. Carol, l'héritier et futur Carol II, Élisabeth, future reine de Grèce, l'année suivante, Marie, future reine de Yougoslavie en 1900, Nicolas en 1903, Hélène en 1909 et le dernier, le petit Mircea, en 1913, qui ne vivra que trois ans.

Le couple princier est totalement sous la coupe du roi Carol Ier, qui gère leur existence. Le retour d'exil de la reine au pseudonyme de Carmen Sylva n'arrange rien. Cette femme est meurtrie par l'impossibilité d'avoir des enfants. Elle est jalouse, sans doute malgré elle – car elle est plutôt bienveillante et généreuse –, de Marie, plus titrée qu'elle, jeune, belle et mère comblée. Celle-ci supporte mal le poids du couple royal sur sa vie. Elle les appelle « l'oncle » et « la tante » ! Parfois, la tante est surnommée « le Grand Inquisiteur ». C'est tout dire !

Les visites régulières de sa famille, notamment de sa mère et de sa sœur adorée Ducky, la réconfortent. Elle reprend goût à la vie, commence à s'intéresser à la Roumanie et à ses habitants, à se passionner pour l'histoire du pays. Elle séjourne dans les Carpates, au château de Peles, construit par le roi Carol Ier au cœur d'une nature magnifique.

Mais Marie va être aussi très critiquée pour sa frivolité, son goût pour la mode, les bijoux, les bals, les réceptions. Elle aime plaire et séduire. On cancane beaucoup à Bucarest. On la soupçonne d'une liaison avec le beau prince Stirbey. Marie n'en a cure. Elle finit par apprivoiser le roi. Il lui reconnaît certaines qualités et la reine aussi. Comme Carmen Sylva, Marie va écrire et peindre. Elle se spécialise dans les enluminures, pour lesquelles elle a un talent certain.

Les relations avec son mari sont, finalement, plutôt harmonieuses. Il a besoin d'elle, de sa chaleur, de son énergie. Marie l'aide à surmonter ses frustrations de prince héritier sans pouvoir et totalement sous la coupe de Carol Ier. Mais il va falloir des événements graves pour que, de séduisante princesse héritière, elle se transforme en icône du peuple roumain.

Marie se révèle lors de la deuxième guerre balkanique

Avant le conflit de 1914, les Balkans sont secoués par deux conflits qu'on appelle les guerres balkaniques. La première oppose les Serbes, les Grecs, les Bulgares et les Monténégrins aux Turcs. La Roumanie n'y participe pas. L'Empire ottoman est battu. La deuxième guerre oppose les Grecs, les Serbes et les Monténégrins à la Bulgarie. Cette fois, la Roumanie s'engage tardivement contre la Bulgarie. L'armée roumaine entre dans Sofia, capitale de la Bulgarie, où le roi Ferdinand demande la paix le 12 juillet 1913.

Les troupes roumaines n'ont pas eu à se battre en Bulgarie mais elles ont été victimes d'un autre fléau, le choléra. La princesse héritière décide de le combattre. Avec quelques amies, elle organise des hôpitaux pour soigner les malades et les blessés. Les femmes n'ont pas le droit de traverser le Danube pour entrer en Bulgarie. Mais rien n'arrête la princesse Marie ! Elle franchit le fleuve sans autorisation et réalise l'horreur de la situation. Elle demande au roi Ferdinand de lui permettre de prendre en charge un camp de cholériques à Zimnicea, une des étapes principales sur le chemin du retour des Roumains.

Elle se dévoue jour et nuit dans des conditions difficiles pour organiser et gérer ce camp. Elle isole les malades pour éviter la contagion. Aidée par des religieuses et des amies, elle les réconforte dans des conditions terribles, manquant de tout, même de nourriture. Comme toutes les épidémies, celle-ci disparaît. Le jour de la fermeture du camp, Marie et son époux participent à un *Te Deum* d'action de grâce pour la fin de l'épouvantable fléau. La princesse héritière a gagné un statut de femme d'action. Elle dit elle-même qu'ayant déjà six enfants, elle estimait son principal devoir accompli. Désormais, elle va se consacrer à la Roumanie. Une autre catastrophe lui permettra de déployer tous ses talents…

La guerre mondiale et le triomphe de Marie

L'assassinat à Sarajevo le 28 juin 1914 de l'archiduc héritier d'Autriche-Hongrie et de son épouse puis le déclenchement, un mois plus tard, de la Première Guerre mondiale mettent la monarchie roumaine à rude épreuve. Carol Ier souhaite combattre aux côtés de l'Allemagne, sa patrie d'origine. Mais la majorité du peuple roumain, totalement francophile, veut rejoindre le camp des Français et des Britanniques. Rappelons que c'est à Napoléon III que la Roumanie doit son existence. Les Roumains aiment la France, sa langue et sa culture. Ils n'imaginent pas la trahir… À Bucarest, il y a des manifestations contre le roi. La foule chante la *Marseillaise* et agite des drapeaux français. Carol Ier songe à abdiquer. Une seule personne dans la famille a compris l'enjeu de ce bras de fer, c'est Marie, dont le cœur penche vers la Grande-Bretagne et la France. Afin de ménager le vieux roi atteint d'un cancer, le conseil de la Couronne décide de la neutralité de la Roumanie. Carol Ier meurt le 11 octobre 1914. Ferdinand monte sur le trône et Marie est reine de Roumanie.

Elle va devoir convaincre son mari de mettre fin à la neutralité roumaine. Les diverses grandes puissances multiplient les surenchères auprès du nouveau souverain. Ce sont les Alliés – France, Grande-Bretagne et Russie – qui vont l'emporter en acceptant les revendications territoriales de la Roumanie.

Le royaume entre en guerre aux côtés des Alliés en juillet 1916. Un nouveau front est ouvert en Europe orientale, bien nécessaire à la France pour soulager le front de Verdun. Le 28 août 1916, jour de la Sainte-Marie, fête de la reine, les armées roumaines pénètrent en Transylvanie, alors en territoire hongrois. Aux premières victoires succèdent d'épouvantables défaites. Ferdinand et Marie ont la douleur de perdre leur dernier-né, le petit prince Mircea, le 20 octobre 1916, emporté par la typhoïde. Marie aura à peine le temps d'enterrer son fils avant de partir pour le Nord du pays : Bucarest est menacée par les Allemands. Les deux années suivantes vont se passer dans le Nord. La France envoie 2 000 officiers chargés d'encadrer l'armée roumaine sous les ordres du général Henri Berthelot.

La révolution russe est une catastrophe. La Roumanie perd un allié à ses frontières. En mai 1918, contre la volonté de la reine Marie qui préconise la résistance, un traité est signé par le gouvernement roumain avec les Empires centraux. Les liens avec les Alliés sont rompus. Marie obtient de son époux qu'il ne signe pas ce traité infamant. Pour elle, la résistance continue. Elle a raison : le général Franchet d'Espèrey, à la tête de l'armée d'Orient, lance une offensive victorieuse en septembre 1918. La capitulation de la Bulgarie et des Empires centraux va suivre. La Roumanie est dans le camp des vainqueurs grâce à la reine Marie. Le couple royal regagne Bucarest.

Une reine puissante et influente à Versailles

Marie, il faut le souligner, est la seule représentante d'une monarchie présente à Versailles, lors des négociations de paix. De Clemenceau, impressionné, elle obtient un agrandissement considérable du territoire roumain. Son prestige est immense. Le couple royal est enfin couronné le 5 octobre 1922. C'est le triomphe de la reine Marie.

Hélas, le comportement du prince héritier, qui abandonne son épouse, née princesse de Grèce, et leur fils Michel pour sa maîtresse Magda Lupescu, contraint les souverains à l'exiler. À la mort de Ferdinand, en 1927, c'est son petit-fils, Michel, âgé de 6 ans, qui est proclamé roi. Marie est membre du Conseil de régence. Le retour inopiné en juin 1930 de Carol l'exilé, pour récupérer son trône sous le nom de Carol II, signe la fin de l'influence de la reine. Soumise à des vexations et à une surveillance permanentes, elle assistera aux dérives fascisantes de son fils. Elle s'éteindra tristement à Sinaïa en 1938.

Référence bibliographique

Reine Marie de Roumanie, *Histoire de ma vie*, Paris, Plon, 1938, rééd. augmentée Lacurne, 2014.

LE SAVIEZ-VOUS ?

Le mariage d'un prince déserteur et d'une roturière a fait scandale pendant la Première Guerre mondiale

Quelques jours avant le défilé de la Victoire le 1er décembre 1918, le prince héritier Carol, fils du roi Ferdinand et de la reine Marie, était encore détenu dans un monastère, dans le nord de la Roumanie. Il avait été condamné par son père et par le gouvernement à soixante-quinze jours de prison pour désertion et franchissement de la frontière russe sans autorisation dans les derniers jours de la guerre. Un prince héritier en prison ce jour-là, c'était grave…

Le prince héritier Carol avait toujours été un incorrigible séducteur. Ses parents avaient tenté, sans succès, quelques mois avant le déclenchement de la guerre, de le marier à la fille aînée du tsar Nicolas II, la grande-duchesse Olga de Russie. Ils s'étaient résignés à le laisser vivre sa vie tant que cela ne portait pas à de fâcheuses conséquences.

Leur fils s'était très courageusement comporté au front. Mais lors des permissions à Iassy, dans le nord de la Roumanie, où les autorités s'étaient retirées, il menait joyeuse vie, entre les cafés et les soirées dansantes. Et là, il était tombé éperdument amoureux de la ravissante Zizi Lambrino, fille d'un officier de l'armée roumaine. Carol avait décidé de l'épouser. Mais, sachant que ses parents s'opposeraient à un mariage inégal, il n'avait rien de trouvé de mieux que de quitter la Roumanie avec elle. Il avait déserté.

Soixante-quinze jours de prison

Carol et Zizi passent à travers les lignes austro-hongroises, qui sont avancées sur le territoire russe. Finalement, les deux fugitifs arrivent à Odessa, sur les bords de la mer Noire. Les amoureux s'y marient, le 31 août 1918. Rappelons que la Russie est alors en pleine révolution bolchevique et que la famille impériale a été exécutée le 17 juillet. Inutile de dire que le roi et la reine sont horrifiés lorsqu'ils apprennent le mariage de leur fils.

Alors que la Roumanie est en train de gagner la guerre, ils parlementent avec celui-ci pour l'obliger à regagner son pays. Cela prend plus de dix jours. Carol accepte enfin de rentrer par le train que lui envoie le roi son père. Il apprend alors sa condamnation à soixante-quinze jours de prison pour désertion. Le 11 septembre, il est interné dans un monastère, tandis que Zizi Lambrino retrouve sa famille. Elle est désespérée.

Carol sera finalement relâché à temps pour participer au défilé de la Victoire. Son mariage sera annulé par le tribunal de Bucarest le 18 janvier 1919 pour « défaut de publication légale ». Le prince héritier continuera à vivre quelque temps avec Zizi, le temps de lui faire un enfant qu'il ne reconnaîtra pas.

Carol épousera ensuite la belle princesse Hélène, fille du roi de Grèce, pour le plus grand malheur de cette dernière… Elle lui donnera un fils, Michel, le dernier roi de Roumanie. Carol est un prince héritier bien encombrant qui posera encore beaucoup de problèmes à ses parents puis, plus tard, devenu souverain, à son pays.

LE SAVIEZ-VOUS ?

Le dernier empereur de Chine admirait Hitler et Mussolini

Tout commence le 13 novembre 1908, lorsque le jeune Puyi est enlevé à ses parents. Il n'a que 2 ans et 9 mois. L'impératrice Tseu-Hi veut en faire l'héritier du trône. Il est le fils du prince mandchou Tch'ouen et le neveu de l'empereur Kouang Siu, souverain fantoche, martyrisé et emprisonné par l'implacable Tseu-Hi. Le jour même, il est « présenté » à l'empereur mourant. Celui-ci l'accepte officiellement comme son successeur et meurt dans l'heure qui suit, grâce aux sbires de Tseu-Hi.

Ce qui n'était pas prévu est que Tseu-Hi, qui était déjà très diminuée par une attaque cérébrale, meure le 15 novembre, deux jours plus tard. Elle avait 73 ans. Le père du petit garçon est nommé prince régent. Puyi est intronisé fastueusement le 2 décembre 1908. Dans son film *Le Dernier Empereur*, le cinéaste Bernardo Bertolucci a magnifiquement mis en scène cette ultime grande cérémonie de l'Empire chinois, tournant dans la Cité interdite, à Pékin.

Le symbole de la grandeur révolue de la Chine impériale

À l'automne 1911, la Chine devient une république. Des négociations avec le nouveau chef du gouvernement, Sun Yat-sen, font de Pékin la capitale de la République chinoise alors qu'il était prévu qu'elle se déplace à Nankin. Puyi doit abdiquer. C'est chose faite le 10 février 1912. Il n'a pas 6 ans. Il est très dépité. Néanmoins, il garde son titre d'empereur et son palais. On lui alloue une pension de 4 millions de dollars par an pour assurer son train de vie. Il devient le symbole de la grandeur révolue de la Chine impériale.

Le palais impérial est évidemment un lieu d'intrigues permanentes, mais les choses vont changer pour Puyi en 1919. Il a 13 ans et un nouveau précepteur écossais va se charger de son éducation. Il s'appelle Reginald Johnson. Il est un pur produit des universités d'Édimbourg et d'Oxford.

Une forte influence du précepteur

L'Écossais va exercer un puissant ascendant sur le jeune empereur. L'adolescent est de caractère faible. Il a des difficultés de concentration. Il est manipulé et muré dans sa solitude. Il assume un destin qu'il a du mal à maîtriser. Johnson est détesté par l'entourage féminin de Puyi. Pour le contrer, on marie l'empereur en 1922 : deux femmes d'un coup, la très belle impératrice et une épouse consort, choisie par Puyi. Elles compteront peu dans sa vie.

La situation de la Chine est alors chaotique. Les seigneurs de la guerre, chacun avec son armée personnelle, s'agitent. Johnson craint pour la vie de l'empereur. Avec l'aide de l'ambassadeur japonais à Pékin, le seul qui s'intéresse à son sort, Puyi est exfiltré du palais impérial. En 1925, il est installé à Tientsin, au sein de la concession japonaise, où il va passer six ans. En 1931, les Japonais occupent la Mandchourie. Ils proposent à Puyi de devenir chef du nouvel État appelé Mandchoukouo. On lui versera aussi 600 000 dollars par an pour cette fonction.

Puyi arrive en Mandchourie fin 1931. Il est le chef de la fantoche République du Mandchoukouo. Le 1er mars 1934, il est intronisé empereur pour la deuxième fois, souverain du Mandchoukouo. En 1935, il fait une visite d'État à l'empereur du Japon, à Tokyo. La Seconde Guerre mondiale enthousiasme Puyi. Il se réjouit des succès japonais en Chine, à Singapour, à Hong Kong et aussi des succès de Hitler et de Mussolini qu'il admire.

À partir de 1944, les choses se gâtent... Les Soviétiques, les Américains et les Britanniques reprennent l'avantage. La mort de Hitler puis celle de Mussolini traumatisent Puyi. Hiroshima le 6 août et la capitulation du Japon le 15 août 1945 obligent Puyi à abdiquer pour la deuxième fois, le 15 août.

Un empereur devenu jardinier ?

Les Soviétiques envahissent la Mandchourie. Puyi tente de fuir vers le Japon, mais Moscou s'empare de lui et de sa suite. Il se retrouve en résidence surveillée en Sibérie, à Tchita. Ce n'est pas du tout le goulag ! Il vit confortablement. Il est très bien traité et estime que c'est la période la plus heureuse de sa vie.

En 1946, les Soviétiques lui permettent d'être grand témoin à charge au Tribunal international de Tokyo chargé de juger les criminels de guerre du Japon – un Nuremberg japonais. L'amiral Tojo, qui avait dirigé l'attaque contre Pearl Harbor, est condamné à mort, Puyi se déchaîne contre le Japon. Il prétend avoir été constamment menacé. Il retourne en Sibérie.

En 1949, à l'avènement de la Chine populaire, Mao s'installe à Pékin et en 1950 les Soviétiques remettent Puyi aux Chinois. De 1951 à 1959, il est détenu dans un camp de rééducation pour criminels de guerre, à Moukden. Mais là encore, il est très bien traité et se repent de tout ce qu'il a fait.

En 1959, il est amnistié et regagne Pékin. Il récupère la très belle maison de son père et a droit à une très grande fête pour son retour. Il est nommé assistant au jardin botanique du palais impérial, d'où la légende, exagérée, de l'empereur devenu jardinier. Comme il s'ennuie, il est muté au Département des archives historiques. Il publie son autobiographie *J'étais empereur de Chine*. Mao le traite bien. Il est même élu au Conseil politique du peuple. Puyi meurt le 17 octobre 1967.

Wallis Simpson : une menace sur la monarchie britannique

Drôle de mariage en Touraine

Le 3 juin 1937, il fait un soleil radieux en Touraine. La lumière inonde la pierre blanche du château de Candé où l'ex-roi Édouard VIII, désormais duc de Windsor, s'apprête à épouser la femme de sa vie, Wallis Simpson, du nom de son deuxième mari. Elle est arrivée un mois plus tôt, avec ses dix-sept malles, dans cette délicieuse demeure Renaissance. Le propriétaire, Charles Bedaux, un industriel américain d'origine française, l'a obligeamment mise à la disposition du couple pour ce mariage qui provoque la curiosité du monde entier.

C'est la première fois que le duc de Windsor retrouve sa future femme depuis qu'elle a quitté Londres et qu'il a abdiqué. Il leur a fallu attendre près d'un an et demi avant que le divorce de Wallis ne soit prononcé. Pourtant, ce jour tant attendu n'est pas tout à fait celui que les mariés avaient souhaité… L'Église d'Angleterre est alors opposée à une cérémonie religieuse pour les divorcés dont le ou les ex-conjoints sont encore vivants, ce qui est le cas des deux ex-maris de Wallis. Il a donc fallu trouver un prêtre qui accepte de bénir cette union. C'est finalement le révérend

Jardine qui s'acquitte de la tâche. Quant aux invités, ils ne sont pas nombreux : à peine vingt personnes ! Le nouveau roi, George VI, frère d'Édouard, a interdit à tous les membres de la famille royale d'assister au mariage, même au duc de Kent, son jeune frère si proche d'Édouard, et au cousin Louis Mountbatten, qui aurait dû être garçon d'honneur.

En revanche, une horde de journalistes et de photographes de presse se bouscule aux grilles du château. Ils en seront pour leurs frais : le seul photographe officiel admis est le déjà célèbre Cecil Beaton : il réussit le tour de force d'être ami de la mariée tout en continuant à être le photographe préféré de George VI et de son épouse Elizabeth, la plus farouche ennemie de Wallis. Grâce à Beaton, on peut admirer le sourire un peu crispé de la duchesse ce jour-là. Elle porte un élégant ensemble de crêpe « bleu Wallis » et un étrange chapeau que même Cecil Beaton a jugé horrible !

Le marié, sublimement élégant dans sa jaquette avec œillet blanc à la boutonnière, arbore quant à lui un air inquiet. Visiblement, ce mariage n'est pas très joyeux. Le couple exilé et honni de son royaume va devoir imaginer une drôle de vie. Mais comment Wallis Simpson a-t-elle subjugué Édouard alors qu'il était encore prince de Galles, et provoqué une crise d'autant plus grave que la situation internationale est très inquiétante à l'époque ? Un séisme où amour et politique ont été dangereusement mêlés...

Une certaine Mrs Simpson

Et puis d'abord, qui est cette Wallis ? Wallis Warfield est née le 19 novembre 1896 dans les environs de Baltimore, aux États-Unis. Ses parents appartiennent à des familles de vieille souche sudiste, mais particulièrement désargentées. Son père meurt de tuberculose quelques mois après sa naissance. Sa mère a des difficultés à l'élever. Elle est aidée par son riche oncle Sol, qui lui verse une pension – quand il y pense... Cette précarité des premières années de sa vie explique que Wallis soit constamment à la recherche d'une sécurité matérielle. Lorsqu'elle a 16 ans, l'oncle Sol paie sa scolarité dans une école pour jeunes filles de la bonne société. Elle est une élève médiocre, mais elle fait quand même un apprentissage mondain.

À 18 ans, en 1914, Wallis hérite de sa grand-mère, et grâce à cet argent elle rejoint une de ses amies en Floride. Elle y rencontre son premier mari, Earl Spencer, un pilote de l'aéronavale. Elle l'épouse le 8 novembre 1916. Ce mariage lui assure la sécurité, mais très vite elle s'aperçoit que son mari est alcoolique. Leur vie conjugale est un enfer.

En février 1923, Spencer est affecté en Chine. Il patrouille avec sa canonnière au large de Canton. La Chine est alors au bord de la guerre civile. Wallis ne l'a pas accompagné. Elle mène joyeuse vie à Washington, en collectionnant les amants, dont l'ambassadeur d'Italie puis un riche et beau secrétaire de l'ambassade d'Argentine. Elle est alors enrôlée par le département d'État. Il est courant, à cette époque, que les épouses d'officiers de marine soient utilisées comme courriers entre l'Europe et l'Extrême-Orient. Elle rejoint son mari en Chine. Celui-ci vient d'être nommé officier de renseignements pour la flotte américaine en Chine du Sud. Le couple se retrouve à Hong Kong.

C'est là que se situerait un épisode utilisé plus tard par les services de renseignements britanniques, à la demande du Premier ministre Baldwin, pour discréditer Wallis. Selon ce mystérieux dossier chinois, elle aurait été initiée dans des maisons de prostitution. Elle serait devenue experte dans l'art du *fang chun*, un massage extrêmement précis et progressif destiné à faire connaître « plaisir et sérénité complète » aux hommes, particulièrement à ceux souffrant de troubles sexuels.

Elle regagne les États-Unis en 1927 et obtient son divorce d'avec Earl Spencer. À New York, elle rencontre son deuxième mari, Ernest Simpson, riche courtier maritime qui a l'intention de se fixer à Londres pour travailler avec son père. Ils se marient le 21 janvier 1928 à Londres, à la mairie de Chelsea. Pour Wallis, qui a 32 ans, c'est à nouveau la sécurité financière. Elle pense qu'elle aura accès à la bonne société londonienne, mais elle n'en connaît ni les usages ni les codes.

Le couple s'installe dans un quartier très recherché, près d'Oxford Street. Son bel appartement lui permet de recevoir. Malheureusement, la crise de 1929 va durement toucher le couple Simpson. La société maritime d'Ernest est en difficulté. C'est à ce moment-là que les Simpson reçoivent à dîner Benny Thaw, le premier secrétaire de l'ambassade des États-Unis, accompagné de son épouse, Consuelo Vanderbilt. La sœur de Consuelo, Thelma, a épousé un aristocrate anglais, le vicomte Furness. À Londres, tout le monde sait que la vicomtesse est la maîtresse du prince de Galles depuis trois ans...

La rencontre avec le prince de Galles

Édouard, David pour les intimes, est le fils aîné du roi George V et de la reine Mary. Il a alors 35 ans. Il n'est pas grand mais séduisant, blond aux yeux clairs, très élégant et plein de charme. Comme ses trois frères et sa sœur, il a eu une enfance plutôt triste avec des parents très distants, des nurses sévères, autant que les précepteurs qui vont leur succéder. Édouard a fait preuve de bravoure sur les champs de bataille de la guerre de 1914-1918. Un peu trop d'ailleurs, au point que le ministre de la Guerre, lord Kitchener, va lui rappeler qu'il est prince de Galles, l'héritier du trône, et qu'il ne doit pas s'exposer !

Édouard collectionne les maîtresses ; il les choisit toujours mariées… La première aventure qu'on lui connaisse, juste après 1918, est celle avec Freda Dudley Ward. La dernière « titulaire de la charge » est Thelma Furness…

Quelque temps après le dîner avec le diplomate américain et son épouse Consuelo, cette dernière invite les Simpson à une chasse donnée, le 10 janvier 1931, en l'honneur du prince de Galles par sa sœur lady Furness. Wallis est terriblement excitée à l'idée de rencontrer le futur roi. Elle s'exerce à faire des révérences… même dans le train qui la conduit à la chasse ! Elle est déçue, car Édouard s'intéresse peu à elle. Mais ils se revoient à plusieurs reprises, notamment le 10 juin, à Buckingham Palace, lors de la soirée où on présente au roi et à la reine un certain nombre de personnalités, généralement triées sur le volet.

Grâce à ses amis Furness, Wallis a réussi à être invitée. Pour sa présentation au roi George V et à la reine Mary, elle porte la tenue obligatoire, une robe de satin blanc prêtée par Consuelo. Quant aux trois plumes d'autruche exigées pour la coiffure, elles ont été prêtées par Thelma. Évidemment, le prince de Galles est là. Ils se retrouvent plus tard dans la soirée chez lady Furness. Cette fois, l'héritier de la Couronne a remarqué Wallis. Il va même raccompagner le couple Simpson en voiture chez lui.

Petit à petit, les Simpson vont faire partie du cercle intime d'Édouard et Thelma. Dès janvier 1932, le prince vient dîner chez eux. Il apprécie tellement la soirée qu'il ne repart qu'à 4 heures du matin, après avoir invité le couple dans son refuge appelé Fort Belvédère. C'est un genre de château romantique avec un donjon, très Walter

Scott, dans le parc de Windsor, qui lui sert de résidence de campagne. Les Simpson y seront souvent invités. Le vent tourne en faveur de Wallis lorsque, en janvier 1934, Thelma Furness déjeune avec elle et lui explique qu'elle doit partir pour les États-Unis. Elle la considère comme sa meilleure amie et lui demande de veiller sur le « petit homme » en son absence. Ce « petit homme » est évidemment le prince de Galles !

Wallis va la prendre au mot… Pendant toute cette période, Édouard devient un visiteur assidu de l'appartement des Simpson. Il y passe à tout instant, soit pour quelques minutes, soit pour toute la soirée s'il n'y a pas d'autres invités. Ernest Simpson s'enferme même dans son bureau pour laisser sa femme seule avec le prince…

À son retour d'Amérique, en mars 1934, Thelma constate un refroidissement de ses relations avec Édouard. Le week-end suivant, à Fort Belvédère, elle réalise la complicité entre Wallis et l'héritier de la Couronne : « Je me suis rendu compte que Wallis s'en était occupée excessivement bien. Le regard glacial et provocant qu'elle me lança me fit comprendre toute l'histoire… »

Une affaire d'État

Exit Thelma ! Wallis est la nouvelle maîtresse du prince de Galles.

L'été suivant, Ernest est aux États-Unis. Elle rejoint Édouard à Biarritz. Puis, ils font une croisière le long des côtes d'Espagne et du Portugal avant de gagner Cannes. C'est là qu'elle reçoit son premier bijou : une breloque en émeraude et brillants à accrocher à son bracelet. Ce sera le début d'une longue série de joyaux exceptionnels dont le prince va couvrir sa dulcinée. La presse européenne et américaine publie des photos du couple en voyage, mais pas la presse anglaise, soucieuse de la réputation de la famille royale.

1935 est l'année du jubilé d'argent du roi George V. Le souverain est inquiet de la liaison de son fils avec cette Américaine divorcée. Il refuse qu'elle soit invitée à Buckingham pour le bal du jubilé. Peine perdue : Édouard contourne l'ordre paternel ! Au début de l'année 1936, l'état de santé de George V se dégrade. Il meurt le 20 janvier. Le prince devient le nouveau souverain, sous le nom d'Édouard VIII.

Le monarque n'est pas très assidu à sa tâche. Il a la fibre sociale, il s'intéresse au sort des ouvriers, ce qui le rend assez populaire, mais il est incapable de se concentrer sur les documents d'État. Ce « travail de bureau » l'ennuie. Wallis se mêle de tout, lit les dépêches confidentielles réservées au roi, elle donne des conseils. Et alors que l'heure est aux économies, Édouard VIII offre à sa maîtresse un collier de diamants et rubis de chez Van Cleef & Arpels d'une valeur de 16 000 livres sterling (environ 500 000 euros actuels).

Par ailleurs, le roi manifeste sa sympathie à l'égard de l'Allemagne. Hitler est au pouvoir depuis 1933 et Édouard VIII estime qu'il a fait du bon travail. Il n'est pas le seul au Royaume-Uni à être de cet avis. Il y existe un parti fasciste puissant, animé par Oswald Mosley, et certains grands noms de l'aristocratie britannique ne sont pas hostiles au IIIe Reich. Néanmoins, au Royaume-Uni, c'est le gouvernement qui décide, et le roi ne doit pas manifester publiquement ses opinions. Le Premier ministre Stanley Baldwin est très inquiet. Et cette Wallis qui s'immisce dans les affaires de l'État ne fait qu'aggraver ses préoccupations. C'est à ce moment-là que ses services font surgir le « dossier chinois » de Mrs Simpson...

L'été suivant, le roi s'affiche avec sa maîtresse lors d'une croisière à bord d'un yacht en Méditerranée. Là encore, la presse mondiale couvre l'événement, mais pas la presse britannique. Wallis devient trop présente. Le frère du roi, le duc d'York, futur George VI, ne la supporte plus. Elle se moque des rondeurs de la duchesse et des boucles de la petite Elizabeth, la future Elizabeth II. Pis : elle envisage de divorcer et d'épouser Édouard VIII. Ce dernier supplie même Wallis de hâter la procédure pour qu'elle puisse être sa femme avant son couronnement, prévu le 12 mai 1937. Il pourra ainsi la faire couronner reine...

À la mi-octobre, le roi reçoit son Premier ministre pour discuter de ce qui est devenu une affaire d'État. Baldwin lui montre des lettres de protestation contre le comportement outrancier de Wallis. Édouard n'en démord pas : il l'épousera. Le secrétaire général de la puissante Union des syndicats, Ernest Bevin, déclare alors : « Nos gens ne permettront pas que Mrs Simpson, même divorcée, devienne notre reine. Le peuple n'aime pas qu'il n'y ait pas de vie de famille à la Cour. »

Un bras de fer est engagé entre le roi et son Premier ministre. Lequel des deux va l'emporter ?

L'abdication

Le directeur du *Morning Post* avertit que son journal ne sera plus silencieux sur le sujet de Mrs Simpson. Le chancelier de l'Échiquier, l'équivalent de notre ministre des Finances, annonce que si le roi ne met pas un terme à sa liaison, le cabinet démissionnera. Édouard VIII pense qu'un complot a été fomenté contre lui par le Premier ministre avec la complicité de l'archevêque de Canterbury. Le gouvernement de Baldwin poursuit ses mises en garde :

tout mariage du souverain doit avoir l'approbation du Cabinet. Il rappelle que l'épouse du roi devient la reine. Par conséquent, la voix du peuple doit être entendue, et le peuple ne veut pas de Wallis Simpson !

Fin novembre, une nouvelle audience, décisive, a lieu entre le roi et son Premier ministre. Édouard VIII a réfléchi : il a examiné le problème sous tous ses aspects. Il va abdiquer pour pouvoir épouser Wallis. Le chef du gouvernement lui répond que c'est une très grave décision et qu'il en est lui-même très affecté. Les deux hommes se serrent la main et se quittent. En fait, Baldwin n'est pas si touché, il serait même plutôt soulagé. Les dérives du couple Édouard VIII-Wallis sont devenues ingérables.

Pendant ce temps, Wallis Simpson s'est enfuie en France, chez ses amis Rogers, près de Cannes, pour échapper à ses détracteurs. Le choc que vont ressentir le Royaume-Uni et le monde britannique est difficile à imaginer. Le lendemain de l'annonce qu'il a faite au Premier ministre, Édouard VIII réunit ses trois frères. L'aîné, le duc d'York, qui va lui succéder, est tellement abasourdi qu'il n'arrive pas à prononcer un mot – on sait qu'il a des difficultés d'élocution… Les deux autres frères, les ducs de Gloucester et de Kent, sont consternés. Quant à la reine Mary, mère du roi, elle est très énervée ! Elle a honte de son fils. C'est un égoïste qui n'a pas pensé au désarroi dans lequel va tomber son peuple. Deux ans plus tard, dans une lettre qu'elle lui adresse pour lui expliquer sa position, la reine écrit à son fils : « Vous n'avez pensé qu'à vous ! Je ne crois pas que vous ayez pris conscience du choc que votre attitude a causé à votre famille et à toute la nation. Il était inconcevable, pour ceux qui avaient fait tant de sacrifices pendant la guerre, que vous, leur roi, ayez refusé un sacrifice moindre… Mes sentiments pour vous en tant que mère demeurent les mêmes… Après tout, toute ma vie, j'ai mis mon pays avant toute autre chose et je ne puis, simplement, changer maintenant. »

Le matin du 10 décembre 1936, à Fort Belvédère, en présence de ses trois frères, le roi signe son acte d'abdication qui fait de son cadet, le duc d'York, le nouveau souverain. Bien que son prénom soit Albert – ses proches continueront à l'appeler Bertie –, il prend le nom de George VI, en hommage à son père. Il y a ensuite un dîner d'adieu à Royal Lodge, dans le parc de Windsor, avec la mère, la sœur et les frères d'Édouard. Puis, il gagne le château. Dans un salon de Windsor aménagé en studio, l'ex-roi prononce un discours à la nation diffusé en direct par la BBC. Il déclare notamment :

« Je veux que vous compreniez qu'en prenant ma décision, je n'ai oublié ni le pays ni l'Empire que je me suis attaché à servir pendant vingt-cinq ans comme prince de Galles puis récemment comme roi. Mais vous devez me croire quand je vous dis qu'il m'est apparu impossible de supporter le lourd fardeau des responsabilités et de remplir les obligations qui m'incombent en tant que roi, comme j'aurais aimé le faire, sans l'aide et le soutien de la femme que j'aime. »

Depuis la villa Lou Viei, près de Cannes, où elle réside chez ses amis Rogers, Wallis écoute ce discours sans précédent. Elle n'aura qu'un seul commentaire : « Quel idiot ! »

Tout est dit... Wallis est, certes, ambitieuse et manipulatrice, mais elle s'était très bien accommodée de son statut de maîtresse royale. Elle serait volontiers devenue reine mais ce qui l'attend maintenant ne la satisfait pas. Si Édouard est fou d'elle, on peut dire, aujourd'hui, qu'elle ne l'aime pas et ne l'a jamais aimé. Désormais, elle va vivre avec un homme dont le seul intérêt pour elle était qu'il fût l'héritier du trône, puis le roi. Il a tout perdu, elle aussi.

Les rapports du couple sont ambigus : Wallis est dominatrice et cela satisfait Édouard. Elle le traite souvent mal en public. Un couple dominante-dominé qui met parfois mal à l'aise ceux qui le fréquentent...

Après son discours, l'ex-monarque Édouard VIII, désormais titré duc de Windsor, embarque à Portsmouth sur un destroyer de la Royal Navy, le HMS *Fury*, à destination de Boulogne. Il va passer les prochains mois en Autriche, dans un château appartenant aux Rothschild. Puis, il rejoindra Wallis en Touraine, à Candé, pour leur mariage au printemps suivant.

Les étranges voyages des Windsor

Le nouveau statut du duc de Windsor va être l'objet de négociations et de récriminations permanentes de l'ex-roi avec son frère George VI. Les principaux sujets en sont l'argent, la possibilité d'un retour au Royaume-Uni et le statut de Wallis.

Pour l'argent, le couple n'en aura jamais assez ! Le gouvernement refusera de payer, et c'est le roi George VI qui devra le faire sur sa cassette personnelle. Pour le moment, le duc de Windsor s'est engagé à quitter le territoire britannique pour au moins deux ans. On verra qu'à l'exception de quelques brefs séjours, l'exil sera définitif. Le comportement du couple en sera la cause. Quant au statut de Wallis, elle porte le titre de duchesse de Windsor mais ne sera jamais Altesse Royale, à son grand désespoir. Dès lors, Édouard et Wallis vont vouloir continuer à exister et à faire parler d'eux. Après leur voyage de noces, ils vont lancer leur première provocation à l'encontre des autorités britanniques en acceptant de se rendre en Allemagne, au début d'octobre 1937. Officiellement, c'est une visite privée, mais elle est en réalité spectaculaire et soigneusement mise en scène.

Pendant trois semaines, le duc et la duchesse sont reçus par tous les dirigeants du Reich et les patrons de l'industrie allemande. Le pouvoir nazi connaît le point faible de Wallis : il veille à lui donner le titre d'Altesse Royale... Le point d'orgue du voyage est un entretien avec Hitler, dans son nid d'aigle de Berchtesgaden. Plusieurs photos l'attestent : on voit Hitler baisant respectueusement la main de la duchesse. Après leur départ, il déclare : « C'est dommage... Elle aurait fait une bonne reine. » Tout cela n'est pas anodin. On est à la veille de la guerre. Lorsqu'il s'attaquera à l'Angleterre, le Führer, certain de son succès, aura dans l'idée de remettre sur le trône le roi déchu et son épouse, dévoués à sa cause...

Durant la période 1939-1940, la « drôle de guerre », le couple est installé à Paris. La duchesse s'active à la Croix-Rouge pour faire des colis envoyés aux soldats. Le duc a été nommé officier de liaison entre les états-majors français et britannique.

Lors de l'invasion allemande de juin 1940, le duc et la duchesse sont sur la Côte d'Azur. Ils quittent la France, s'installent d'abord à Madrid puis gagnent le Portugal. Leur présence à Lisbonne pose un sérieux problème à George VI et à son Premier ministre, Churchill. Celui-ci, qui avait soutenu Édouard et Wallis juste avant l'abdication, a réalisé qu'il avait fait une faute politique. Le couple est encombrant, il y a beaucoup d'activité autour du duc et de la duchesse à Lisbonne. Ils sont contactés par les services secrets allemands.

Le retour des Windsor sur le territoire britannique est inenvisageable, il serait désastreux pour le moral des troupes du Royaume-Uni et humiliant pour la famille royale. Churchill tranche : il faut les éloigner ! Il envoie un télégramme à l'ex-roi, lui annonçant qu'il est nommé gouverneur et commandant en chef des Bahamas. C'est effectivement très loin de l'Angleterre et des combats en Europe. Le duc et la duchesse sont obligés d'accepter ce nouvel exil. Furieuse, Wallis compare les Bahamas à l'île d'Elbe !

L'archipel des Bahamas est proche de la Floride, donc des États-Unis. Edgar J. Hoover, le patron du FBI, va surveiller de près les activités et les relations du couple. Il a raison : entre ennui et mondanités futiles, les Windsor rencontrent des personnages douteux. Ils vont vivre leur exil de quatre ans comme un calvaire. Pourtant, ils sont bien loin de l'épreuve réelle des bombardements sur Londres, des sacrifices imposés aux Britanniques, des horreurs et des tragédies qui ravagent l'Europe.

À la fin de la guerre, le problème se pose à nouveau au roi George VI et au gouvernement : que va-t-on faire des époux « bannis » ?

Ils rentrent à Paris et en octobre 1945, Édouard obtient de venir à Londres, sans son épouse, pour voir son frère George VI et discuter de son statut. Le duc séjourne chez sa mère, la reine Mary, à Marlborough House. L'entrevue avec le roi est glaciale. L'ex-souverain ne peut s'installer en Angleterre. Leur comportement et leurs ambiguïtés pronazies, depuis la « drôle de guerre » jusqu'aux Bahamas, font des Windsor des parias.

Évidemment, une chape de plomb est mise sur ces vérités. Le peuple britannique ne doit pas connaître les turpitudes de son ancien souverain. Édouard et Wallis, ne pouvant s'installer au Royaume-Uni, resteront en France. Ils auront les moyens de mener une vie confortable et frivole.

De 1945 à 1953, ils vivront dans un hôtel particulier du XVIe arrondissement de Paris, rue de la Faisanderie, grâce à la générosité de Paul-Louis Weiller. Puis, ils emménageront dans une élégante résidence dans le bois de Boulogne.

C'est une existence creuse, seulement remplie de mondanités et de somptueux voyages. Les Windsor sont partout : une fête à Monte-Carlo, un bal à Venise, ils sont devenus une sorte d'attraction, une curiosité.

En 1952, à la mort du roi George VI, le duc de Windsor est autorisé à assister, seul, aux funérailles de son frère. Il espère que sa nièce, la nouvelle reine Elizabeth II, montrera moins d'intransigeance à l'égard de Wallis. C'est bien mal connaître la jeune souveraine, très affectée par la mort de son père qu'elle chérissait. Elle ne pouvait ignorer combien le duc et la duchesse avaient constitué pour le roi courageux un cauchemar permanent.

Pourtant, en 1972, apprenant que le duc est au plus mal, la reine, en visite officielle en France, se rend au chevet de son oncle et rencontre Wallis. Elle est accompagnée du duc d'Édimbourg et du prince Charles. Elizabeth II aura un entretien avec le prédécesseur de son père, qu'on peut imaginer de réconciliation et de pardon. Il était temps : l'ex-roi Édouard VIII s'éteint quelques jours plus tard.

Ses obsèques ont lieu le 5 juin 1972. Pour la première fois depuis 1936, Wallis réside à Buckingham. La cérémonie a lieu dans la chapelle Saint-George de Windsor. Édouard est inhumé dans le cimetière royal de Frogmore.

Wallis lui survivra quatorze ans. Ses dernières années sont terribles. Elle ne quitte plus son lit et se trouve dans un état de semi-inconscience. Elle meurt en avril 1986, et a droit au même traitement que son époux : elle est inhumée aux côtés de celui qui, pour elle, avait renoncé à tout. Une abdication sans précédent dans l'histoire de la monarchie britannique.

Références bibliographiques

Martin Allen, *Le roi qui a trahi* (trad. de l'anglais de Jean Rosenthal), Paris, Plon, 2000.
Jean des Cars, *La Saga des Windsor*, Paris, Perrin, 2011.
—, *La Saga des favorites*, Paris, Perrin, 2013.

Gandhi et lord Mountbatten : le destin de l'Inde entre leurs mains

Le 17 janvier 1948, Gandhi poursuit une énième grève de la faim. Cette fois, il le fait pour que le nouveau gouvernement de son pays, l'Inde, règle au Pakistan une importante somme d'argent qu'il s'était engagé à lui verser. L'argent est enfin payé, mais Gandhi continue sa grève car il attend d'autres preuves de bonne volonté du gouvernement indien à l'égard des musulmans résidant en Inde. Le même jour, il reçoit la visite de lord Mountbatten et de son épouse Edwina. Bien qu'affaibli, il les accueille avec un trait d'humour : « Ah ! Il faut que je me mette à jeûner pour que la montagne vienne à Mahomet ! »

La « montagne » et son épouse ont une très longue conversation avec lui. Edwina est affolée par l'état de faiblesse de Gandhi. Son mari lui répond : « Ne sois pas triste. Il fait ce qu'il a décidé de faire. C'est un petit homme très très courageux. »

Le même jour, les représentants de toutes les communautés de Delhi signent la charte sur le respect des droits et de la sécurité des musulmans. Le Mahatma est heureux d'avoir eu gain de cause. Il peut recommencer à s'alimenter… Treize jours plus tard, le 30 janvier, à 17 h 23, alors qu'il se rend à sa prière quotidienne dans le jardin de Birla House, la propriété où il réside, Gandhi est abattu de trois balles de pistolet tirées à bout portant. C'est lord Mountbatten qui raconte : « Je venais juste de rentrer de Madras dans l'après-midi. J'ai d'abord entendu dire que Gandhi avait été victime d'un attentat. Et puis, très peu de temps après, qu'il était mort. Je n'étais pas seulement consterné, j'étais absolument pétrifié. Je me suis immédiatement rendu à Birla House, qui était déjà entourée d'une foule considérable ; au moment où j'allais entrer dans la maison où reposait le corps, quelqu'un dans la foule a crié : "C'est un musulman qui a fait le coup !" Je me suis immédiatement retourné, et j'ai dit : "Imbécile ! Tu ne sais pas que c'est un hindou ?" Je n'en savais rien, bien sûr. Personne ne pouvait le savoir à ce moment-là. Mais une chose au moins était sûre : si c'était un musulman, nous étions perdus. Ce serait la guerre civile à coup sûr. »

L'assassin est effectivement un hindou, un fanatique. Mountbatten est très inquiet. Il pense que le Premier ministre Nehru est désormais bien seul et très exposé. Il faut qu'il prenne la parole. Nehru répond qu'il est trop bouleversé pour le faire. Mountbatten le rassure : « Ne vous en faites pas : Dieu vous dictera vos paroles. »

Mountbatten s'occupe des obsèques de Gandhi

Personne ne semble vouloir prendre en main les obsèques de Gandhi. C'est Mountbatten qui va s'en occuper. Il sait qu'il y aura d'énormes problèmes d'organisation et de sécurité. Quelle cérémonie ! L'Inde nouvelle a perdu son père ! Il convainc Nehru qu'il faut une présence militaire pour contenir la foule. Mountbatten lui détache ses

Gurkhas, des soldats d'élite originaires du Népal, ainsi que sa garde personnelle pour les assister.

Le secrétaire de Gandhi prévient alors que le Mahatma avait émis le souhait que son corps soit incinéré dans les vingt-quatre heures suivant son décès. Sa volonté sera exaucée. Le lendemain, à 11 heures, le corps du Mahatma, recouvert d'un drapeau indien, est chargé sur le châssis d'un blindé tiré par 250 marins. Précédée de quatre automitrailleuses et de la garde du gouverneur général Mountbatten, la dépouille sera suivie par 700 000 personnes. Elles vont parcourir 10 kilomètres jusqu'au champ de la crémation, au bord du fleuve Jumna, qui baigne la ville de Delhi. Là, une foule immense attend. Le cortège n'arrivera qu'à 16 heures devant le grand bûcher de bois de santal.

Mountbatten, sa casquette posée à terre, et sa femme Edwina sont au premier rang, accompagnés de leur fille Pamela. Malgré la foule immense, il n'y a aucun incident. La mort de Gandhi est un terrible traumatisme pour la très jeune nation indienne. Mais pourquoi lord Mountbatten est-il présent dans ce moment crucial ?

La rencontre de deux tempéraments opposés

Lors de leur première rencontre à Delhi le 31 mars 1947, on ne peut imaginer parcours plus différents que ceux de Mountbatten, alors vice-roi des Indes, et de Gandhi. Ce dernier est né en 1869 dans une famille riche et cultivée. Après avoir étudié à l'université d'Ahmedabad, dans le nord-ouest de l'Inde, il étudie le droit à Londres puis revient avec son diplôme d'avocat à Bombay. De 1893 à 1914, il séjourne en Afrique du Sud. Il y est le défenseur dévoué des 150 000 Indiens installés dans ce pays. De retour en Inde, il est loyal à l'égard des Anglais pendant la Première Guerre mondiale. En 1919, une manifestation nationaliste indienne à Amritsar, tout près de la frontière avec le Pakistan, est violemment réprimée par les Britanniques. Il y a 379 morts et un millier de blessés. Gandhi est alors révulsé. En juillet 1920, il appelle à une campagne de non-violence et de non-coopération. Il recommande la non-participation aux emprunts, la grève des tribunaux, le boycott des écoles anglaises et le refus de tout poste civil et militaire. Et il devient l'âme du mouvement indépendantiste.

Après le congrès de son mouvement à Delhi en 1922, Gandhi est arrêté. Ici se forge sa légende. Il apparaît plus comme un saint que comme un héros national. Désormais, sa vie sera une succession de revendications, toujours non violentes, de désobéissance, suivies, chaque fois, d'un nouvel emprisonnement. Trois fois incarcéré entre 1932 et 1933, il fait sa première grève de la faim pour attirer l'attention sur la situation des intouchables, ces exclus du système des castes qui vivent comme des moins que rien. Puis, de 1934 à 1939, Gandhi se retire de la vie politique. Il la juge contraire à son idéal.

Mais au début de la Seconde Guerre mondiale, comme le Royaume-Uni a refusé de s'engager sur la voie de l'indépendance de l'Inde, Gandhi déclenche une nouvelle campagne de désobéissance civile. Les Japonais étant aux portes de l'Inde, il est arrêté en août 1942 et emprisonné jusqu'en mai 1944. Il tente alors de négocier avec le parti musulman de Muhammad Ali Jinnah, le leader politique connu comme le fondateur du Pakistan, car dans le cas où l'Inde deviendrait indépendante, ce qui semble se profiler, il ne veut à aucun prix de la partition de son pays…

Pourtant, Gandhi n'arrive à aucun résultat dans cette négociation. Mais son aura n'en est pas affectée : il reste l'homme qui défend l'indépendance de l'Inde depuis 1919 avec abnégation. Son désintéressement est total. Il vit dans la plus grande simplicité. Pour tous les hindous, il reste l'âme de leur combat pour l'indépendance.

« Dickie » Mountbatten, un personnage charismatique

C'est pour cela que le vice-roi des Indes, lord Mountbatten, à peine arrivé à Delhi, veut le rencontrer. « Dickie » Mountbatten est l'arrière-petit-fils de la reine Victoria, il est apparenté à presque toutes les familles royales d'Europe. C'est un personnage aussi flamboyant qu'énergique et charismatique.

Pendant la guerre, commandant en chef des forces alliées du Sud-Est asiatique en 1943, il va chasser définitivement les Japonais de l'océan Indien. Considéré comme l'un des plus grands marins anglais de la Seconde Guerre mondiale, sa victoire lui vaudra le titre de lord of Burma – lord de Birmanie. Mais Dickie n'est pas qu'un guerrier. Il est aussi un organisateur hors pair. Assisté de son épouse Edwina, il reçoit la mission de libérer et de prendre en charge les prisonniers de guerre alliés victimes des mauvais traitements de l'occupant japonais. Le couple se comportera avec autant d'efficacité que d'humanité. Une expérience qui leur sera utile en Inde.

En effet, alors qu'il pensait rejoindre son commandement d'amiral en Méditerranée, le roi George VI et son Premier ministre Clement Attlee demandent à lord Mountbatten d'accepter le poste de vice-roi des Indes pour négocier l'indépendance du plus beau joyau de l'Empire britannique. Dickie et Edwina débarquent à Delhi le 22 mars 1947. Ils remplacent le général Wavell, qui n'a pas démérité. La passation de pouvoir est plus que courtoise.

Dickie et Edwina ont l'extrême délicatesse de venir dire au revoir au couple Wavell à l'aéroport de Delhi avant qu'ils ne s'envolent pour Londres.

Le lendemain, 31 mars, a lieu la cérémonie d'intronisation du nouveau vice-roi des Indes dans son somptueux palais de Delhi. Uniformes, décorations, tiare de diamants pour Edwina. C'est éblouissant mais bref : un quart d'heure ! Le nouveau vice-roi n'a pas de temps à perdre.

Il a déjà constitué son équipe et veut s'entretenir d'urgence avec les piliers de la politique indienne. Le premier est Nehru, qui dirige le gouvernement de coalition provisoire. Le deuxième, Patel, est président du parti du Congrès et ministre de l'Intérieur de Nehru. Le troisième est Gandhi. Exceptionnellement, Edwina assiste à l'entretien.

Le Mahatma apparaît. C'est un vieil homme aux lunettes rondes, enveloppé dans un tissu blanc. D'après Edwina, il ressemble à un moineau triste perché sur le bord de son fauteuil. Ce jour-là, on ne parle pas de l'avenir de l'Inde mais on fait connaissance. Dickie raconte à Gandhi que lors de son voyage en Inde avec le prince de Galles (le futur Édouard VIII) en 1921, il avait souhaité lui rendre visite mais qu'on le leur avait interdit. Cela fait rire Gandhi mais ne l'étonne pas !

Ensuite, Dickie lui fait évoquer ses jeunes années, ses débuts politiques en Afrique du Sud, la manière dont il a constitué son mouvement indépendantiste. Au final, l'entrevue dure deux heures. Et les journalistes sont persuadés qu'ils n'ont parlé que du sort de l'Inde... Mais les deux hommes ont fait mieux : ils se sont découverts et ils se sont compris !

Un objectif : gagner la confiance de Gandhi

Leur deuxième entrevue est l'occasion de se recentrer sur le cœur du sujet, l'indépendance de l'Inde. Gandhi supplie Mountbatten de n'accepter en aucun cas la division de l'Inde. Il lui dit que pour arranger les choses, on pourrait donner la direction du gouvernement au chef du parti musulman Jinnah. Dans un pays où les musulmans sont nettement minoritaires par rapport aux hindous, c'est totalement impossible. Mais Mountbatten, qui est fasciné par Gandhi, ne veut pas le heurter en refusant sa proposition. Nehru se chargera de le lui dire. Mountbatten a un objectif : il veut gagner la confiance de Gandhi…

C'est chose faite quand celui-ci lui propose de devenir chef de l'État indien après l'indépendance pendant au moins un an « afin de servir d'arbitre et de guide ». Une proposition incroyable et totalement irréaliste mais qui touche infiniment le vice-roi. Il a gagné la confiance et même l'amitié du Mahatma.

Les négociations pour la partition de l'Inde entre deux États seront rudes et difficiles, n'apportant aucune satisfaction aux deux parties. La dernière version sera remaniée plusieurs fois avant d'être présentée à George VI et à Attlee. Il n'y aura finalement que deux entités, l'Inde et le Pakistan, l'Inde hindoue et le Pakistan musulman. Deux grands États, le Pendjab à l'ouest et le Bengale à l'est, seront divisés entre l'Inde et le Pakistan. Une commission spéciale sera chargée de fixer les tracés des frontières. Les 565 maharadjahs et leurs principautés devront choisir entre l'Inde et le Pakistan. Enfin, le Pakistan et l'Inde auront le statut de « dominions » indépendants dans le Commonwealth.

Il est évident que ce partage ne peut que désespérer Gandhi. Il dénonce publiquement ce plan de partition, et même, il le condamne. Le prestige du Mahatma parmi les foules hindoues et musulmanes est tel que personne, pas même le parti du Congrès de Nehru, n'osera passer outre à son refus. Mountbatten le sait. Sitôt revenu de Londres avec l'approbation du roi, du gouvernement et du Parlement sur le plan de partage, il écrit à Gandhi qu'il souhaite le voir. Celui-ci lui répond qu'il lui rendra visite le lundi 2 juin à 12 h 30…

Précis comme une horloge, le Mahatma se perche sur son fauteuil à l'heure dite. Mountbatten lui expose les détails de son plan et l'importance de ne pas le faire échouer. Gandhi sort alors de sa tunique plusieurs morceaux d'enveloppe et un crayon. Et il lui écrit le message suivant : « Je suis désolé de ne pouvoir parler. Lorsque je décidai de faire du lundi mon jour de silence, j'avais prévu deux exceptions : le cas où je devrais parler à de hauts fonctionnaires d'affaires urgentes et la nécessité de m'occuper de personnes malades. Mais je sais que vous ne souhaitez pas que je rompe mon silence. Ai-je dit un mot contre vous lors de mes discours ? Si vous admettez que je ne l'ai pas fait, alors votre mise en garde est superflue. Il y a une ou deux choses dont je dois vous parler, mais pas aujourd'hui. Si nous nous revoyons, je parlerai. » Mountbatten est soulagé : Gandhi ne fera rien pour empêcher la partition.

L'indépendance de l'Inde et les drames qui s'ensuivent

Le vice-roi et les principaux leaders politiques vont annoncer à la radio que l'indépendance et la partition de l'Inde, le transfert de pouvoirs entre le Royaume-Uni et les deux nouveaux États, l'Inde et le Pakistan, s'effectueront le 15 août 1947. Le 4 juin, Gandhi, qui voit l'anéantissement de son rêve qui aurait été l'œuvre de sa vie – une Inde indépendante et unie –, déclare pourtant à ses fidèles : « Le gouvernement britannique n'est pas responsable de la partition. Le vice-roi n'y est pour rien… Si nous tous, hindous et musulmans, sommes incapables de nous entendre sur une autre solution, alors le vice-roi n'a pas le choix. » Mountbatten est évidemment touché de cet appui essentiel.

L'indépendance de l'Inde est effectivement proclamée le 15 août 1947. Après avoir été le dernier vice-roi des Indes, Mountbatten en devient le premier gouverneur général. La partition entraîne, particulièrement au Pendjab et au Bengale, d'immenses mouvements de populations. Les musulmans quittent l'Inde, les hindous quittent le Pakistan. Il y a de terribles massacres, des bombes dans les trains, des milliers de réfugiés à gérer. Mountbatten supplie alors Gandhi de se rendre au Bengale pour tenter de calmer les esprits. Le Mahatma s'installe dans une masure de Calcutta, au milieu du quartier des intouchables. Des processions d'hindous et de musulmans viennent l'entendre. Grâce à lui, les émeutes redoutées n'ont pas lieu. Mountbatten, reconnaissant, lui écrit : « Au Pendjab, nous avons une force frontalière de 55 000 soldats qui devront faire face à des émeutes sur une grande échelle. Au Bengale, nos forces se composent d'un homme, et il n'y a pas d'émeute. Permettez-moi, en tant qu'officier et administrateur, de rendre hommage à la force frontalière d'un seul homme. »

On sait que les mois suivants sont difficiles, tant pour le gouverneur général que pour le Mahatma. Les émeutes à calmer, les réfugiés à accompagner, les épidémies à juguler pour Mountbatten. Pour Gandhi, le désespoir de voir musulmans et hindous se dresser les uns contre les autres dans une Inde fracturée. Ils ont fait l'un et l'autre leur devoir. Ils le savaient. Ils s'estimaient. Pour les Mountbatten, la mort de Gandhi fut une tragédie.

Référence bibliographique

François Kersaudy, *Lord Mountbatten. L'étoffe des héros*, Paris, Payot, 2006.

Elizabeth II,
l'apprentissage d'une princesse

À 9 ans, la princesse participe au jubilé d'argent de son grand-père

Pour la princesse Elizabeth, fille du duc et de la duchesse d'York, l'année 1935 est exceptionnelle. Son grand-père, le roi George V, va célébrer fastueusement son jubilé d'argent, c'est-à-dire ses vingt-cinq ans de règne à la tête de l'Empire britannique. Le souverain avait succédé à son père, le très populaire Édouard VII, en 1910. Avec son empire, il a été l'un des vainqueurs de la Première Guerre mondiale, mais à quel prix ! Quatre ans d'un conflit sans précédent, effroyable, avec de terribles pertes humaines.

Il a compris la nécessité, pour lui et la famille régnante, de changer le nom de la dynastie en 1917 : le patronyme de Saxe-Cobourg-Gotha, trop allemand, est remplacé par celui de Windsor. L'opinion l'approuve sans réserve. George V a tremblé car tous les empires européens ont été balayés par cette guerre : l'Empire russe, l'Empire allemand, l'Empire austro-hongrois et même l'Empire ottoman. Seul l'Empire britannique s'est maintenu. Mais les difficultés économiques consécutives à la guerre font craindre à George V une montée du communisme, qui a, entre autres, entraîné la chute de la dynastie des Romanov. Il est inquiet pour la popularité de la famille royale. Selon lui, ce jubilé d'argent est un test…

Ses petites-filles, les enfants de son deuxième fils le duc d'York, Elizabeth, 9 ans, et sa petite sœur Margaret Rose, 5 ans, sont très excitées à l'idée de participer à cet événement si important et si rare. Elles seront toutes les deux vêtues de rose, chapeaux compris.

Le 6 mai 1935, sous un soleil éclatant, elles prennent place avec leurs parents dans un landau découvert qui va faire partie du cortège allant de Buckingham Palace jusqu'à la cathédrale Saint-Paul où sera célébrée une cérémonie d'action de grâce pour les vingt-cinq ans de règne de leur grand-père. C'est un énorme cortège. Il y a les carrosses des Premiers ministres des dominions, ces territoires associés à l'empire comme le Canada et l'Australie, celui du Premier ministre du Royaume-Uni, Ramsay MacDonald, et puis ceux des oncles et des cousins : oncle Henry, le duc de Gloucester, oncle George, le duc de Kent, et sa ravissante épouse Marina, et surtout l'oncle David, le prince de Galles, héritier du trône.

Le dernier carrosse est celui du souverain, George V, en grand uniforme, et de son épouse la reine Mary, scintillante de diamants. Mais le plus important est qu'à l'aller comme au retour, tout au long du trajet, y compris dans les quartiers pauvres de l'East End, le roi et la reine ont été acclamés par la population. George V en a été bouleversé. Il est rassuré sur la stabilité de la monarchie britannique. Le soir même, il s'adressera à la population dans un discours radiodiffusé : « Je peux seulement vous dire, mon très cher peuple, que la reine et moi vous remercions du fond du cœur pour votre loyauté et, oserai-je le dire, pour l'amour dont vous nous avez entourés en ce jour. »

Quant aux deux petites princesses, Elizabeth et Margaret, elles ont été éblouies par le cortège, par les fastes de la cérémonie à Saint-Paul et par l'apparition, rituelle, de la famille royale au balcon de Buckingham Palace devant la foule enthousiaste. À cet usage, Elizabeth est déjà habituée : elle a fait son premier *royal wave*, le salut de la main droite, dans les bras de sa mère, à l'âge de un an… Elle a déjà une longue pratique !

Édouard et Albert, deux frères que tout oppose

La princesse Elizabeth naît le 21 avril 1926 à Londres, dans la maison de ses grands-parents maternels, lord et lady Strathmore, au 17 Bruton Street, dans le quartier très élégant de Mayfair. Son père est le duc d'York. Il se prénomme Albert, mais tout le monde le surnomme Bertie. Il est le deuxième fils du roi George V et de la reine Mary, il a 31 ans. Son frère aîné de dix-huit mois, Édouard, est le prince de Galles. Il a deux autres frères, Henry, duc de Gloucester, et George, duc de Kent. Il a aussi une sœur, Mary. Un autre frère, John, est mort en 1919, à l'âge de 14 ans.

Les quatre frères et leur sœur n'ont pas eu une enfance très chaleureuse. Leurs parents les aimaient sans doute mais avaient quelque difficulté à leur montrer leur affection. George V, très autoritaire, les menait à la baguette, avançant par exemple les pendules pour les mettre en retard et pouvoir les admonester… Albert avait une nurse particulièrement perverse qui le pinçait juste avant l'ouverture de la porte du salon où il allait retrouver ses parents. Il arrivait en larmes et était immédiatement renvoyé à la nursery ! Leurs parents mirent très longtemps à s'en apercevoir.

Albert et son frère Édouard s'entendaient très bien, mais il y avait entre eux une différence énorme. Édouard, charmant, séduisant, était l'héritier du trône et incontestablement le chouchou de la reine Mary, sa mère. Son cadet, timide, peu à l'aise, avait des difficultés d'élocution. Et pendant plusieurs années, il subit le supplice des gouttières pour redresser ses jambes. Bref, Albert eut une enfance traumatisante.

Pendant la guerre de 1914-1918, Édouard brille sur le front français avec beaucoup de courage et sans doute d'inconscience. Il sert dans le corps des grenadiers de la Garde. Albert, lui, sert dans la Marine et participe à la bataille du Jutland en 1917.

Après la guerre, le prince de Galles se met à collectionner les aventures, de préférence avec des femmes mariées. Albert, lui, rencontre en 1920, lors d'un bal, une aristocrate écossaise, Elizabeth Bowes-Lyon. Il en tombe éperdument amoureux. Elizabeth est brune, petite, avec des yeux bleus très expressifs et surtout un charme, une gaieté, une joie de vivre qui font d'elle la reine de la saison londonienne. Tous les jeunes gens de la bonne société rêvent de l'épouser. Fille de lord et lady Strathmore, elle est née en Écosse, dans le très beau château de Glamis, hanté, bien sûr, par de nombreux fantômes, dont celui, très shakespearien, de lady Macbeth…

Il fallut de la persévérance à Bertie pour conquérir celle dont il était sûr qu'elle était la femme de sa vie. Elle refusa deux fois sa demande en mariage et finit par accepter la troisième. Certes, elle l'aimait, mais elle avait toujours mené une vie joyeuse, insouciante et libre. Aussi redoutait-elle, en épousant un membre de la famille royale, d'être enfermée dans une « cage dorée ».

Albert et Elizabeth se marient le 26 avril 1923 à l'abbaye de Westminster. Cette union ne suscite pas un grand enthousiasme populaire. Il y a tout de même l'inévitable apparition au balcon de Buckingham Palace. Mais le mariage que les Britanniques attendent est celui du prince de Galles, Édouard, leur futur roi.

Trois ans après le mariage, la naissance d'Elizabeth les comble de joie. D'ailleurs, si elle porte ce prénom, ce n'est pas du tout en hommage à la reine Elizabeth Ire mais à sa mère. À ce moment-là, la petite Elizabeth n'a que très peu de chances de monter un jour sur le trône britannique...

La famille d'York s'installe au 145 Piccadilly, dans une vaste demeure donnant sur Green Park. La petite princesse est âgée d'à peine neuf mois lorsque ses parents doivent s'absenter pour un voyage officiel de six mois en Australie et en Nouvelle-Zélande. Le bébé est confié à ses grands-parents maternels, le roi George V et la reine Mary. Et là, une sorte de miracle va se produire : le souverain, si distant avec ses propres enfants, fond littéralement de tendresse pour sa petite-fille. Il s'enthousiasme à l'apparition de chaque nouvelle dent et informe son fils et sa belle-fille des moindres détails de son existence pendant leur absence !

C'est en juin 1927, au retour de ses parents, qu'Elizabeth fait sa première apparition sur le balcon de Buckingham Palace et y fait son premier *royal wave*.

Le 21 août 1930, sa mère donne naissance à une deuxième fille, Margaret Rose, au château de Glamis, en Écosse. George V est un peu déçu de l'arrivée d'une nouvelle fille car le comportement de l'héritier de la Couronne l'inquiète. Édouard vit alors une liaison quasi officielle avec lady Furness, une riche héritière américaine mariée à un aristocrate anglais. Pour lui, toujours pas de mariage à l'horizon, et donc pas de possibilité d'héritier. Le roi commence à penser qu'Elizabeth pourrait avoir un destin royal. La petite princesse est évidemment très loin de ces préoccupations. Enchantée d'avoir une sœur, elle va tout de suite l'aimer profondément et s'en sentir responsable.

Une attitude qui ne sera jamais démentie, quoi qu'on ait raconté ou supposé beaucoup plus tard…

Une enfance qui structure la future reine

La terrible crise de 1929 pousse le roi George V à diminuer de moitié sa liste civile et celle de tous ses enfants. Le prince de Galles prend très mal ces restrictions. Il est furieux. Il a l'habitude de dilapider beaucoup d'argent, entre ses maîtresses, sa vie nocturne et ses voyages. En revanche, le duc d'York, passionné de chasse, renonce à plusieurs domaines qu'il avait l'habitude de louer, et donc à son sport favori.

Pour remercier son fils de ce sacrifice, et aussi pour que la famille d'York ait une maison de campagne à elle, George V leur donne la jouissance de Royal Lodge, une construction de style néogothique dans le parc du château de Windsor, proche de celle du prince de Galles, appelée Fort Belvédère. Albert et sa femme y vont souvent, presque chaque week-end. La duchesse décore la maison avec beaucoup de goût et sa fille Elizabeth, que tout le monde surnomme désormais Lilibeth (petit nom que lui a donné son grand-père le roi), se voit offrir un cottage miniature, cadeau du pays de Galles. Cette petite construction sera pour Elizabeth et Margaret beaucoup plus amusante qu'une maison de poupées. Elles en raffolent !

Lilibeth découvre aussi un sport qui deviendra vite son favori : l'équitation. Son premier poney, Peggy, est un cadeau de son grand-père. C'est le roi George V qui a transmis la passion des chevaux à sa petite-fille. Lorsqu'elle était toute petite, il l'emmenait déjà se promener dans les jardins de Sandringham et visiter les écuries, où il lui présentait ses chevaux préférés, Scuttle et Limelight. On sait que chez Elizabeth II cette passion, scellée depuis son plus jeune âge, sera définitive. Elle est une experte remarquable et reconnue, propriétaire d'écuries de courses et aujourd'hui encore, à 95 ans, la reine se promène parfois calmement à cheval, souvent sur un poney, accompagnée d'un écuyer, dans le parc de Windsor.

Une autre passion va naître à Royal Lodge, celle des chiens. Jusqu'en 1933, le labrador était le favori. Mais cette année-là, le duc d'York offre à sa fille son premier corgi. Une race alors très peu connue et pas du tout à la mode. La princesse est tellement intéressée par son « Dookie » qu'une femelle, Jane, va suivre. Une autre dynastie va naître : celle des chiens ! Jusqu'à aujourd'hui, Elizabeth II a la passion des corgis. Cette fois, c'est donc son père qui la lui a transmise. Il aime la nature et les animaux. Comme lui, Lilibeth deviendra une « campagnarde de cœur ».

D'autres traditions vont rythmer la vie de la princesse : les week-ends à Royal Lodge, les vacances de Pâques à Windsor avec le roi et la reine, les séjours en Écosse, à Balmoral, du début août pour la chasse à la grouse jusqu'au début du mois d'octobre, Noël et le Nouvel An dans la résidence privée de Sandringham. L'agenda de ses parents est encore aujourd'hui celui de la reine, sauf ces deux dernières années, en raison des restrictions imposées par la situation sanitaire liée à la Covid-19.

Une éducation sous le contrôle de la reine Mary

Au printemps 1932, un nouveau personnage entre dans la vie de Lilibeth. Elle se nomme Marion Crawford. Elle sera la gouvernante des deux princesses jusqu'à la fin de la Seconde Guerre mondiale. Elle est écossaise et une pédagogue aussi expérimentée que motivée. Pourtant, les études de leurs filles n'étaient pas la première préoccupation du duc et de la duchesse d'York. Lui avait tellement détesté son apprentissage qu'il ne voulait pas leur infliger ce cauchemar. Quant à son épouse, élevée très librement par sa mère, elle était persuadée que ses filles n'avaient pas besoin d'une éducation intellectuelle trop poussée.

Marion Crawford, immédiatement baptisée Crawfie par les princesses, fait de son mieux pour les instruire, sans contrarier leur mère. Elle décide de leur faire découvrir la vraie vie du peuple britannique. Elle organise des visites de Londres et de ses principaux monuments, les emmène dans le métro, un exercice délicat car les visages des princesses sont très connus, mais elles sont toujours accompagnées d'agents de sécurité.

Une autre personne – et non des moindres – va également se préoccuper de leur éducation : c'est la reine Mary, leur grand-mère, qui leur enseigne l'histoire du Royaume-Uni, de ses dynasties et de l'empire, notamment de sa géographie. Elle aura une grande influence sur sa petite-fille aînée. Lilibeth est très impressionnée par cette grand-mère corsetée et qui n'a rien changé à ses habitudes vestimentaires d'avant la guerre de 1914-1918. La reine ne manifeste jamais publiquement ses émotions. Ce comportement, Lilibeth s'en fera une règle qu'elle appliquera toute sa vie, un peu moins ces dernières années.

Cela n'empêche pas la vie de famille des York d'être fusionnelle. Albert, sa femme et ses deux filles partagent le plus de temps possible : déjeuner, promenade, jeux. Les parents et leurs filles s'adorent et se surnomment *Us Four*, « Nous quatre ». Mais ce quatuor va bientôt affronter un cataclysme…

Édouard VIII succède à son père George V

Au printemps et à l'été 1935, Elizabeth et Margaret trouvent que leurs parents semblent préoccupés. Elles en ignorent la cause. Ce qu'elles savent encore moins c'est que lors de la célébration du jubilé d'argent de leur grand-père, une véritable crise a éclaté dans la famille royale...

En effet, dans la cathédrale Saint-Paul, se trouvaient, extrêmement bien placés, Mr et Mrs Simpson. Pis encore, la veille au soir, lors de la grande réception donnée à Buckingham Palace, les Simpson avaient aussi été invités. Et le prince de Galles avait osé présenter Wallis Simpson à ses parents. Tout Londres savait qu'elle était sa nouvelle maîtresse. Le roi et la reine aussi. George V et la reine Mary sont scandalisés. Wallis Simpson, une Américaine divorcée et remariée avec Ernest Simpson, un courtier maritime anglo-américain, avait remplacé depuis quelques mois lady Furness dans la vie du prince Édouard. Et l'héritier du trône est fasciné par la jeune femme déjà divorcée une fois. Son caractère dominateur et ses manières un peu rudes l'ont totalement envoûté, il ne peut plus se passer d'elle.

Tout cela, Elizabeth et Margaret n'en ont aucune idée. Elles aiment énormément leur oncle David (c'est ainsi qu'elles appellent le prince de Galles) qui vient rendre visite aux York en voisin, aussi bien à Londres qu'à Windsor. Il chahute avec elles, se met au piano et chante des chansons. Il joue au gin-rami, au jeu des sept familles, vient prendre le thé. L'été, à Balmoral, il organise des pique-niques et invente toutes sortes de distractions. Mais ces temps derniers, il s'est fait plus rare. En dehors du jubilé d'argent, la dernière fois qu'elles l'ont vu, c'était à Royal Lodge. Il était venu prendre le thé avec une dame américaine, brune et peu aimable. Papa et maman n'avaient pas l'air enchantés. Ils n'étaient pas revenus. Très inquiet, leur grand-père George V dit à l'archevêque de Canterbury et à quelques intimes : « Je prie Dieu qu'il n'y ait aucun obstacle entre Bertie, Lilibeth et le trône. Après ma mort, le garçon se détruira lui-même avant six mois. »

Le garçon dont il parle est évidemment son fils, Édouard, le prince de Galles. À la fin de l'année, le roi est fatigué, il souffre de difficultés respiratoires mais ne change rien à ses habitudes. Noël et le jour de l'An se passent comme chaque année à Sandringham, avec la famille royale au grand complet : les Kent, qui viennent d'avoir un petit garçon, Harry, le duc de Gloucester, les quatre York et le prince de Galles. Ce dernier est très agité, s'absentant sans arrêt pour téléphoner à Wallis.

Le roi n'est pas bien, il dort mal. Après le 1er janvier, le couple royal reste seul à Sandringham avec Elizabeth et Margaret, dont les parents sont repartis à Royal Lodge. Elizabeth est impressionnée par l'état de son grand-père, qui s'endort très fréquemment à table. Le 16 janvier, George V ne peut quitter son lit. Quatre jours plus tard, il s'éteint juste avant minuit, après une injection de morphine qu'on lui a administré pour adoucir sa fin.

Le décès du roi George V est un traumatisme pour le Royaume-Uni. Pour Elizabeth et Margaret, c'est la première fois qu'elles sont confrontées à la mort. Il s'agit de leur grand-père qu'elles aimaient profondément. Elles sont horriblement tristes et ne peuvent même pas se faire consoler par leur mère, qui est clouée dans sa chambre à Royal Lodge par une pneumonie sévère. Leur gouvernante Crawfie interrompt ses vacances pour les rejoindre et tenter de les réconforter. Pour la première fois, les deux princesses vont assister à des funérailles officielles. Entièrement vêtues de noir, coiffées de bérets de velours assortis, elles assistent à l'exposition du corps de leur grand-père à Westminster Hall, ainsi qu'à la messe funéraire célébrée dans la chapelle Saint-George à Windsor.

Le règne éclair d'Édouard VIII

C'est un nouveau règne qui commence. Édouard VIII succède à son père. Lors de la traditionnelle proclamation du nouveau souverain au palais de Saint James, Wallis Simpson est aux côtés du nouveau monarque, regardant la cérémonie depuis les fenêtres.

Très rapidement, les York vont être mis à l'écart de la vie de cour, car Wallis ne les aime pas. Elle a surnommé la duchesse d'York « Cookie » en raison de son léger embonpoint et elle appelle Lilibeth « Shirley Temple ». Quant à Bertie, elle se moque ouvertement de son bégaiement…

Le nouveau roi, jeune, beau et séduisant, est plutôt populaire. Il a une fibre sociale, il a rendu visite aux mineurs en grève au pays de Galles et la population britannique n'est pas du tout informée de sa liaison avec Wallis Simpson.

Cet été-là, les York séjournent en Écosse, à Glamis, chez les parents de la duchesse, et à Birkhall, une maison du XVIIIe siècle dans le parc de Balmoral dépourvue d'électricité et de confort mais pleine de charme, car Édouard VIII est à Balmoral avec Wallis, qui occupe la chambre de la reine Mary.

Comme tous les Britanniques, Elizabeth et Margaret ignorent qu'avant de venir en Écosse, leur oncle et Wallis ont fait une croisière en Méditerranée dont la presse mondiale a publié les photos, sauf les journaux anglais, qui tentent de protéger la Couronne. Aujourd'hui, on a peine à imaginer qu'un tel embargo soit possible…

Dès lors, tout va aller très vite : Wallis demande le divorce et le roi prévient son Premier ministre qu'il a l'intention d'épouser la femme qu'il aime et de la faire couronner en même temps que lui l'année suivante. Stanley Baldwin, le chef du gouvernement, le Parlement ainsi que toutes les autorités des États du Commonwealth refusent cette éventualité. La presse révèle enfin le scandale. L'opinion et même les syndicats, qui étaient alors favorables au roi, se retournent contre lui. Si Édouard VIII s'obstine à vouloir épouser Wallis, il n'a pas d'autre choix que d'abdiquer. Un scandale sans précédent !

Le lundi 7 décembre 1936, le souverain prévient son frère, le duc d'York, de son intention de renoncer à la Couronne. Bertie est sidéré, car étant le premier dans l'ordre de succession, il va devoir occuper le trône. Édouard VIII signe son acte d'abdication, en présence de ses frères, le 10 décembre à Fort Belvédère. Lorsqu'il rentre chez lui, le duc d'York est acclamé par la foule devant sa résidence. Il est bouleversé par l'enthousiasme populaire à son égard. Le 11 décembre, à 13 h 52, Albert, duc d'York, est proclamé officiellement roi de Grande-Bretagne et d'Irlande du Nord sous le nom de George VI, qu'il choisit en hommage à son père.

Le soir, celui qui n'est plus roi mais Son Altesse Royale le duc de Windsor s'adresse au peuple britannique dans un discours radiodiffusé depuis le château de Windsor. Il annonce qu'il a abdiqué par amour.

Elizabeth, qui a 10 ans, sait que son sort est scellé. Elle est désormais princesse héritière et elle devra un jour succéder à son père. Ainsi s'achève ce qu'on a appelé l'« année des trois rois » : George V, mort en janvier, Édouard VIII, qui a régné huit mois, et enfin George VI, le nouveau souverain.

Une nouvelle vie à Buckingham Palace

Pour les princesses, déménager à Buckingham Palace est une obligation dont elles se seraient bien passées ! Lorsqu'on le lui a expliqué, Lilibeth, horrifiée, a déclaré : « Quoi ? Vous voulez dire pour toujours ?! »

Les petites princesses sont installées au deuxième étage du palais. Le couloir qui dessert leurs chambres est si large qu'elles le transforment en écuries pour leurs trente chevaux de bois ! Le roi et la reine ont l'intention de s'installer au premier étage, dans les appartements de George V et de la reine Mary, mais en attendant qu'on les transforme, ils habitent au rez-de-chaussée. Les filles s'amusent énormément de l'interminable parcours du combattant qu'elles doivent entreprendre chaque fois qu'elles veulent voir leurs parents !

Une fois installées, le plus excitant pour Elizabeth et Margaret est la perspective du couronnement de leur père, fixé au 12 mai 1937. La date était celle retenue pour le couronnement de leur oncle Édouard VIII. Les préparatifs étant déjà en cours, on n'a rien changé, sinon le monogramme du nouveau roi !

La reine Mary veut assister au sacre de son fils en compagnie de ses deux petites-filles. Elle leur raconte le couronnement de leur grand-père, George V, en 1910. Lilibeth décide de faire de même. Elle consigne, sur un cahier d'écolier, le récit du sacre de son père. Sur la première page, elle écrit à l'encre rouge : « Le couronnement, 12 mai 1937, à maman et à papa. En souvenir de leur couronnement, de la part de Lilibeth, par elle-même. »

Le grand jour, les fillettes sont levées à 5 heures du matin. Elles portent leurs premières robes longues de dentelle crème, accompagnées de manteaux de velours rouge bordés d'hermine. Leurs couronnes d'or, très simples, ont été dessinées et choisies par leur père. Lilibeth est inquiète, car elle craint que la cérémonie ne soit insupportable pour sa petite sœur, qui n'a que 7 ans, mais le spectacle est si impressionnant et si fascinant que Margaret n'en perdra pas une miette, tout comme son aînée.

Après le couronnement, un séjour en Écosse, à Balmoral, est le bienvenu. Elizabeth va devenir journaliste dans une petite revue à laquelle participent quelques amis. Le journal a pour titre *La Morsure du dragon*. La princesse y raconte ce qu'elle voit depuis les fenêtres de Buckingham Palace. Sa carrière journalistique n'ira pas beaucoup plus loin...

L'année suivante est celle d'un autre chagrin. Le 28 juin, la reine perd sa mère, lady Strathmore. Les petites princesses aimaient beaucoup leur grand-mère. Trois semaines plus tard, les souverains britanniques se rendent en visite officielle à Paris. Ils veulent affirmer que l'Entente cordiale est toujours aussi forte alors que des menaces de guerre pèsent sur l'Europe. Malgré son deuil, Elizabeth accompagne George VI, dont elle est le soutien permanent. Elle porte simplement un deuil blanc. Sa garde-robe immaculée est réalisée en un temps record par son couturier, Norman Hartnell. De ce voyage triomphal à Paris, l'épouse de George VI rapporte un cadeau de la République aux princesses : deux très grandes poupées baptisées France et Marianne, dont les atours ont été confectionnés par les plus grands couturiers parisiens. Elles sont aujourd'hui exposées au château de Windsor.

Malgré les accords de Munich les 29 et 30 septembre 1938, le Premier ministre Chamberlain est très inquiet des risques de guerre. George VI et son épouse, après une tournée au Canada, vont alors tenter de renforcer l'alliance avec les États-Unis. Ils font un séjour privé chez le président Roosevelt. C'est risqué : le couple qui à ce moment-là intéresse les Américains, c'est le duc et la duchesse de Windsor puisque Wallis, leur compatriote, aurait pu être reine... George VI et sa femme, qui sont de parfaits inconnus pour les Américains, retournent cependant l'opinion en leur faveur. Ils tissent des liens personnels avec le couple Roosevelt qui seront très utiles dans les terribles années qui vont suivre.

Le retour de leurs parents, le 22 juin 1939, est attendu avec impatience par Lilibeth et Margaret. Ces séparations leur sont douloureuses mais ne changent rien au bonheur d'être toujours, dès que possible, *Us Four*, « Nous quatre »...

Coup de foudre pour Elizabeth !

Un mois plus tard, le roi, la reine et leurs deux filles se rendent en bateau au Royal Naval College de Dartmouth. Ils sont accompagnés de lord Louis Mountbatten, leur cousin, lui-même une personnalité de la Royal Navy. Il est surnommé Dickie. Il a pris sous sa protection son neveu et filleul, le prince Philip de Grèce. Depuis quelque temps, celui-ci est élève officier dans ce prestigieux collège. Il est grand et séduisant, même si ses manières sont un peu brusques. Le premier jour, il déjeune avec la famille royale. Le lendemain, il partage à nouveau le déjeuner mais aussi le thé avec les illustres visiteurs. Lilibeth est assise à côté de lui. L'après-midi, il propose une partie de tennis. Elle ne le quitte pas des yeux.

Quand le yacht royal reprend le large, plusieurs embarcations l'accompagnent. La dernière à rester dans le sillage du yacht *Victoria & Albert* est celle de Philip. Il le fait avec une telle témérité que le roi s'écrie : « Juste ciel ! Quelle folie ! »

Elizabeth II, l'apprentissage d'une princesse

Lilibeth, fixée à ses jumelles, ne peut détacher son regard de ce bateau qui les suit. Elle est tombée amoureuse de Philip. Elle n'a que 13 ans, et pourtant son choix est fait : ce garçon de 18 ans sera son mari. Mais il ne sera pas facile de l'imposer…

Références bibliographiques

Sarah Bradford, *George VI*, Londres, Penguin Books, 1989.

—, *Elizabeth II*, Londres, Penguin Books, 2002, nouvelle édition.

Jean des Cars, *Elizabeth II. La Reine*, Paris, Perrin, 2018.

William Shawcross, *Queen Elizabeth the Queen Mother*, Londres, Pan Books, 2009.

Elizabeth II, guerre, amour et mariage

Pour le 75e anniversaire de la fin de la Seconde Guerre mondiale, la reine devait présider une grandiose cérémonie à Londres. Hélas, à cause de l'épidémie de Covid, le Royaume-Uni est confiné, et Elizabeth II ne fait pas exception. Pour son *lockdown*, elle a choisi le château de Windsor, qui est particulièrement cher à son cœur. Protocole sanitaire oblige, la célébration se résume à un discours télévisé, filmé par un seul cameraman.

C'est la sixième fois, en soixante-huit ans de règne, que la souveraine s'adresse directement au peuple britannique pour un motif particulier. Cette intervention n'a rien à voir avec le discours qu'elle prononce chaque année à Noël, pour ses vœux à la nation. Dans l'allocution du 8 mai 2020, qu'elle a, comme à son habitude, écrite elle-même, elle veut voir un lien direct entre le courage des Britanniques pendant la guerre et le courage qu'ils doivent avoir pour affronter le péril de l'épidémie.

Comme toujours, la reine a choisi minutieusement tous les symboles autour d'elle : sur son bureau, une photo de son père, le roi George VI, prise le jour où il a prononcé son discours du 8 mai 1945. Sur le guéridon derrière elle, une autre photo représente le balcon du palais de Buckingham, prise également le 8 mai 1945, où elle apparaît en uniforme. On voit, de gauche à droite, la princesse héritière Elizabeth, sa mère la reine, le Premier ministre Winston Churchill, le roi et la princesse Margaret. Seule la famille royale salue la foule. Churchill, souriant, garde les mains derrière le dos. Sa présence est exceptionnelle : le balcon est réservé aux souverains. C'est un hommage du roi George VI à celui avec qui il a travaillé, jour et nuit, pendant près de cinq ans.

Posée en évidence sur son bureau, la casquette kaki qu'Elizabeth portait lorsqu'elle faisait partie du Service auxiliaire territorial, en 1945. La reine veut rappeler à son peuple qu'elle a vécu la Seconde Guerre mondiale et que son expérience lui permet de faire un rapprochement avec les temps difficiles de l'épidémie.

Ce très beau discours, extrêmement patriotique, a particulièrement touché le cœur des Britanniques, car pour les réconforter la souveraine a fait appel à ses propres souvenirs : « La guerre a affecté tout le monde, mais personne n'était immunisé contre son impact. Aujourd'hui, il est très difficile de ne pas pouvoir célébrer cet anniversaire marquant comme on le souhaiterait. À la place, on se souvient depuis chez nous. Mais nos rues ne sont pas vides, elles sont pleines de l'amour et de l'attention que nous avons les uns pour les autres. Et quand je regarde notre pays aujourd'hui et que je vois ce que nous sommes prêts à faire pour nous protéger et nous soutenir les uns les autres, je dis avec fierté que nous sommes toujours cette nation que les soldats, les marins et les aviateurs reconnaîtraient et admireraient. » Elle fait allusion à la chanson que tous les Britanniques reprenaient : *We'll meet again* (« Nous nous retrouverons »).

Elizabeth et Margaret vivent la guerre à Windsor

Après sa visite au Royal Naval College de Dartmouth en juillet 1939 et la première rencontre de la princesse héritière avec le prince Philip de Grèce, la famille royale gagne l'Écosse et le château de Balmoral au mois d'août. Entre deux chasses à la grouse, George VI se rend dans le Dorset pour inspecter la flotte de réserve de la Royal Navy. Mais l'annonce de la signature du pacte germano-soviétique, le 23 août, oblige le roi à rentrer à Londres d'urgence. Il est d'autant plus furieux que jamais la chasse à la grouse n'avait été aussi fructueuse…

Margaret, 9 ans, est elle aussi contrariée. Elle déclare : « Mais qui est cet Hitler qui gâche tout ? » Le 1er septembre, l'invasion de la Pologne par l'armée allemande entraîne un ultimatum du Royaume-Uni et de la France à Hitler. Il reste sans réponse. Les deux États entrent en guerre contre l'Allemagne nazie. La reine a rejoint son mari après avoir installé la gouvernante Crawfie et les deux princesses à Birkhall, moins grand que Balmoral et plus facile à tenir. Cette période que nous appelons la « drôle de guerre », les Britanniques la surnomment *the phoney war*. En fait, il ne se passe pratiquement rien. En décembre, Lilibeth et Margaret rejoignent leurs parents à Sandringham. Elles découvrent leur père en uniforme d'amiral de la flotte, une tenue qu'il ne quittera plus jusqu'à la fin de la guerre.

Lilibeth ne profite guère des fêtes de Noël. Elle pense sans arrêt à la première tragédie de la guerre qui s'est déroulée au nord de l'Écosse, dans la rade de Scapa Flow. Le cuirassé *Royal Oak* a été torpillé par des sous-marins allemands. Plus de 800 marins britanniques ont perdu la vie. Ce triste Noël sera aussi le dernier à Sandringham jusqu'à la fin de la guerre.

George VI et son épouse regagnent Londres. Crawfie et les princesses s'installent alors à Royal Lodge, dans le parc de Windsor. La « drôle de guerre » prend fin le 9 avril avec l'invasion du Danemark et de la Norvège par les Allemands. Le roi Haakon de Norvège parvient à s'échapper sur un navire britannique et gagne Londres.

Après l'échec de la campagne britannique en Norvège, au Parlement, conservateurs et opposition désavouent le Premier ministre Chamberlain le 8 mai 1940. Le seul politicien capable de constituer un gouvernement d'union nationale est Winston Churchill. Cela n'enchante guère George VI et sa famille, tous très attachés à Chamberlain. La princesse Elizabeth dit à sa mère : « J'en ai pleuré... »

George VI est *a priori* hostile à Churchill, pour deux raisons : il a pris parti pour Édouard VIII avant son abdication et il a désavoué Chamberlain au moment des accords de Munich. Malgré ses réserves, le roi va très rapidement apprécier l'énergie et la puissance de travail de son nouveau Premier ministre, la reine et leurs filles aussi. La reine demande à Crawfie de quitter Royal Lodge et de s'installer, pour quelques jours, au château de Windsor avec les princesses, car on craint des bombardements sur Londres. Lilibeth et Margaret y resteront jusqu'à la fin de la guerre.

Le 13 mai, la reine Wilhelmine des Pays-Bas arrive également à Londres. Elle a échappé à Hitler, qui voulait la prendre en otage. La Belgique et la France sont à leur tour envahies. Le 4 juin, les Britanniques achèvent l'évacuation de Dunkerque grâce à la réactivité de Churchill, qui a réquisitionné des bateaux privés pour rapatrier les troupes britanniques et une partie des soldats français encerclés par les Allemands dans le piège de la ville du Nord. Churchill et le roi règlent aussi la délicate situation du duc et de la duchesse de Windsor. Ceux-ci ont quitté la France et se trouvent au Portugal. Churchill les oblige à gagner les Bahamas, dont l'ex-roi Édouard VIII est nommé gouverneur général. L'évacuation du couple a lieu le 1er août 1940.

Dans la nuit du 7 au 8 septembre, Londres est bombardée par la Luftwaffe. C'est le début du Blitz, la guerre éclair. Les dégâts sont terribles : 400 morts et 1 300 blessés. Le 9, une bombe atteint Buckingham Palace. Elle n'explosera que le lendemain. Par chance, George VI n'est pas dans son bureau, qui est pulvérisé. Le 13 septembre, un avion allemand attaque directement le palais. La chapelle est en ruines. Le roi et son épouse échappent encore de peu à la mort.

Le couple atteint alors une immense popularité. Il reste à Londres et partage les souffrances de la population. La reine est toujours élégante et impeccable, non par provocation mais pour incarner l'image royale. Elle visite sans relâche les zones bombardées, apportant secours et compassion à ses sujets. Lilibeth et sa sœur sont aussi mobilisées. Le 13 octobre 1940, la princesse héritière lit son premier discours à la radio, destiné aux enfants du Royaume-Uni et de l'empire, au cours d'une célèbre émission de la BBC : « L'heure des enfants ». D'une voix déterminée, la princesse déclare : « Je sens que je parle à des amis et à des compagnons qui ont partagé, avec ma sœur et moi, beaucoup "d'heures des enfants". Des milliers d'entre vous dans le pays ont dû quitter leurs maisons, être séparés de leur père et de leur mère. Ma sœur Margaret Rose et moi sommes tout près de vous… »

Désormais, les deux sœurs, installées dans une tour du château de Windsor, s'adaptent à la vie en temps de guerre. Toujours accompagnées de leurs corgis, elles cultivent des légumes dans un potager. À l'intérieur de la forteresse, les fenêtres sont bouchées. Il y a des sacs de sable partout, l'électricité fonctionne chichement. Les baignoires ont reçu un trait de peinture tracé par le roi lui-même, marquant la limite du volume d'eau pour un bain, pas toujours très chaud. Comme tous les Britanniques, ses filles sont soumises au rationnement : elles n'ont droit qu'à un œuf par semaine, au *breakfast* du dimanche.

Crawfie leur dispense des leçons quotidiennes. Lilibeth, en tant que princesse héritière, reçoit, deux fois par semaine, des cours de droit constitutionnel donnés par un éminent professeur du collège d'Eton. Il y a quand même quelques distractions : dans la salle Waterloo, les sœurs jouent parfois des pantomimes destinées au personnel du château et à leurs parents. En 1942, elles se produisent dans *Aladin*. Lilibeth incarne le jeune voleur, et Margaret le personnage de Roxane. À cause de la pénurie, les princesses font preuve d'une grande créativité pour concevoir costumes et décors.

À cette époque, une aristocrate belge qui a fui son pays au moment de l'invasion allemande, Antoinette de Bellaigue, rejoint les princesses pour leur apprendre le français. Elles l'adorent et la surnomment vite Toni. C'est à elle que la future reine devra sa parfaite connaissance de la langue de Molière, qu'elle parle avec une pointe d'accent très « british ».

Outre les représentations théâtrales, il y a aussi des occasions de détente avec les jeunes officiers assurant la sécurité du château. Des pique-niques dans le parc et des soirées dansantes dont la princesse Margaret est la véritable star sont organisés malgré les restrictions.

En 1943, la cadette d'Elizabeth n'a que 13 ans. Elle aime attirer l'attention, plaisanter et surtout danser. Sa sœur, qui a 17 ans, est beaucoup plus réservée. Pourtant, il y a, parmi ces jeunes gens, des fiancés potentiels pour la future reine, notamment Hugh Euston, héritier du duc de Grafton. Un parti qui plaît certainement au roi et à la reine. Mais ce riche aristocrate, grand propriétaire terrien, n'a aucune envie d'un destin royal. Il tient trop à sa liberté. Quant à Elizabeth, si elle aime bien ce camarade, dans son cœur il n'y a de place que pour Philip de Grèce… Le coup de foudre de juillet 1939 n'était pas passager. Ils vont se revoir à plusieurs reprises lors de permissions du prince, notamment pour les fêtes du Nouvel An à la fin de 1943…

Philip de Grèce est toujours dans le cœur d'Elizabeth

Philip est très bien né mais il n'a pas eu une vie facile. Il est le fils du prince André de Grèce, frère du roi Constantin Ier. Sa mère est la princesse Alix de Battenberg, sœur aînée de lord Louis Mountbatten, ce patronyme n'étant que la transcription anglaise du nom allemand Battenberg. Par sa mère, Philip est un descendant direct de la reine Victoria, et par son père, un parent de la famille royale de Danemark et un descendant des Romanov.

Il naît le 10 juin 1921 à Corfou, sur la table de cuisine d'une modeste villa, après que le roi de Grèce a été chassé du trône par une énième révolution. En 1922, la famille de Philip se réfugie en France, à Saint-Cloud, dans une maison appartenant à son oncle. Celui-ci avait épousé Marie Bonaparte, héritière par son grand-père maternel de François Blanc, le créateur de la Société des Bains de mer de la principauté de Monaco. Autant dire que le couple n'avait pas de problèmes d'argent…

Philip a quatre sœurs aînées. Mais ses parents ne s'entendent pas. À 10 ans, sa vie bascule : sa mère, souffrant d'une grave dépression, part se faire soigner à Vienne, à Berlin puis en Suisse. Son père, après avoir marié ses quatre filles à des princes allemands, s'installe avec sa maîtresse à Monte-Carlo. C'est sa sœur Dolla, épouse du margrave de Bade, qui prend Philip en charge. Il fait ses études en Écosse, à Gordonstoun. Le prince, abandonné par ses parents, ne sait jamais où il va atterrir pour les vacances, tantôt chez ses sœurs, tantôt chez sa grand-mère, la marquise de Milford Haven, résidant à Londres, au palais de Kensington.

C'est son oncle, lord Mountbatten, qui le pousse à s'inscrire à Dartmouth. Au début de la guerre, Philip est dans l'océan Indien. Il revient en Grande-Bretagne en 1942 pour assurer la surveillance des côtes anglaises, infestées de sous-marins allemands. C'est à ce moment-là qu'il va revoir, à plusieurs reprises, Lilibeth.

Le 21 avril 1944, jour de ses 18 ans, la princesse a juridiquement le droit de monter sur le trône, Churchill ayant décidé d'abaisser l'âge requis de trois ans. Mais la période est dangereuse. Hitler fait pleuvoir des V1 et des V2 sur les îles Britanniques. La guerre n'est pas finie et la succession doit être assurée.

Un an plus tard, au printemps 1945, Lilibeth endosse l'uniforme d'auxiliaire de 2e classe du *Territorial Service*. C'est sa première expérience à l'extérieur du cocon de sa vie de princesse. Elle s'entraîne à conduire tous types de véhicules, ambulances et camions compris, et pour l'entretien des moteurs, elle met, au sens propre, les mains dans le cambouis ! Elle devient une conductrice passionnée et une mécanicienne expérimentée. Bien plus tard, chaque fois qu'elle le pourra, elle prendra le volant d'un 4 × 4 pour de grandes randonnées autour de Balmoral.

Le 16 avril 1945, Elizabeth est démobilisée. Le mois suivant, le 8 mai, c'est le jour de la victoire. L'apparition au balcon de Buckingham Palace de la famille royale et de Winston Churchill : c'est la photo que la reine a voulu montrer lors de son discours du 8 mai 2020. La guerre est finie. La princesse héritière va maintenant devoir imposer son choix : ce sera Philip de Grèce ou personne !

Alors qu'Elizabeth célèbre la victoire, d'abord au balcon du palais, puis en se mêlant, avec sa sœur Margaret et quelques officiers de sécurité, à la foule qui manifeste sa joie, Philip est bien loin du Royaume-Uni. Il se trouve à bord du destroyer HMS *Whelt*, car la guerre n'est pas finie dans le Pacifique. C'est seulement le 15 août que le Japon capitule, après l'horreur atomique sur Hiroshima et Nagasaki. Le navire de Philip escorte le cuirassé USS *Missouri* où est signée la reddition officielle de l'empire du Soleil levant, dans la baie de Tokyo.

Le jeune homme ne rentre à Londres que le 20 mars 1946. Il doit accomplir une douloureuse formalité. Avec son fidèle ami Mike Parker, il va se rendre à Monaco, où son père, le prince André de Grèce, est mort deux ans plus tôt. Philip était alors en mer et n'avait pu se rendre à ses obsèques. Il va récupérer des objets personnels, peu de choses en fait : deux brosses à cheveux, des boutons de manchettes, des malles remplies de vêtements, et surtout une chevalière armoriée qui ne quittera plus l'auriculaire de sa main gauche. Triste héritage…

Quant à sa mère, elle s'est retirée à Athènes, où elle a fondé un ordre religieux orthodoxe, après une conduite exemplaire pendant la guerre, durant laquelle elle a caché et protégé des Juifs recherchés par l'occupant allemand.

À son retour, Philip va évidemment revoir Lilibeth. Tout le monde est au courant de leur attirance mutuelle, mais le roi de Grèce, qui vient de récupérer son trône, ainsi que Louis Mountbatten en ont fait un peu trop pour soutenir Philip. Ils exaspèrent George VI et même le prince, qui souhaite seulement que les choses se passent sans excès de zèle… Il faut dire que dans l'entourage du roi, sa cote n'est pas très haute. Le secrétaire particulier du souverain, Alan

Lascelles, le trouve « rude et sans manières ». Il n'a pas fréquenté les bons collèges, notamment Eton. De plus, il a eu quelques brèves liaisons féminines pendant la guerre et l'on craint qu'il ne devienne un mari infidèle... Philip est pourtant invité à Balmoral à l'été 1946, et c'est là qu'il va faire sa demande à Elizabeth.

Nul ne sait comment les choses se sont passées. C'est leur secret. Ce que l'on sait en revanche, c'est que le roi et la reine souhaitent que cette demande en mariage demeure secrète pendant un an. Ce n'est pas une marque d'hostilité à l'encontre de Philip, ils sont même tombés sous son charme ! C'est juste pour profiter encore un peu de leur fille aînée et pour pratiquer, une dernière fois, le *Us Four*, ce « Nous quatre » qu'ils chérissent tant... George VI veut que Lilibeth fête son 21e anniversaire en Afrique du Sud, lors d'un voyage officiel de la famille royale programmé depuis un an.

Le prétexte politique de ce voyage est de soutenir les autorités sud-africaines avant des élections cruciales que le parti nationaliste, dominé par les Boers, risque de remporter, ce qui permettrait d'instaurer l'apartheid. C'est effectivement très grave, mais il y a une autre raison : le roi ne va pas bien, il est épuisé par ses années de guerre. Un déplacement en bateau vers un pays ensoleillé lui ferait le plus grand bien.

Le premier voyage outre-mer de la princesse

Depuis juillet 1945, Churchill n'est plus Premier ministre. Malgré tous ses efforts et ses résultats pendant la guerre, les conservateurs ont été battus. Le nouveau chef du gouvernement est le travailliste Clement Attlee. Il est très favorable à ce voyage en Afrique du Sud.

En outre, il vient de prendre une décision politique lourde de conséquences : accorder à l'Inde son indépendance. Il a demandé à lord Louis Mountbatten, qui s'est couvert de gloire pendant la guerre en Extrême-Orient et particulièrement en Birmanie, d'accepter la charge de dernier vice-roi des Indes. C'est à lui qu'incombera la mission de négocier l'indépendance du pays.

Lord Mountbatten, Dickie pour ses proches, et son épouse Edwina invitent la famille royale à dîner chez eux en petit comité, en compagnie de Philip, à la veille de leur départ pour l'Afrique du Sud. Les Mountbatten s'apprêtent eux aussi à partir pour l'Inde. Ce dîner sera une sorte de confirmation des fiançailles officieuses de Lilibeth et Philip…

Le 1er février 1947, le roi, la reine et leurs deux filles embarquent à Portsmouth à bord du HMS *Vanguard*. L'atmosphère y est très joyeuse. On voit les princesses en robes fleuries jouer sur le pont avec les officiers en bermudas blancs. George VI est accompagné de son nouvel écuyer, très séduisant, lui aussi en blanc. En le choisissant, il a rompu avec une tradition qui voulait que ce poste soit occupé par un aristocrate. C'est un pilote de chasse de la Royal Air Force, héros de la bataille d'Angleterre, qu'il a voulu distinguer. Il s'appelle Peter Townsend. Si Lilibeth s'amuse, elle écrit cependant quotidiennement à Philip et reçoit également de lui un abondant courrier.

C'est un long voyage de trois mois. Au Cap, la tension est vive, mais en Rhodésie, l'atmosphère est détendue. Pique-niques, danses zoulous, voyage en train spécial : tout enchante les princesses. Le jour de ses 21 ans, le 21 avril 1947, Elizabeth prononce un discours au Cap destiné aux populations de l'empire : « Je déclare devant vous tous que toute ma vie, qu'elle soit longue ou courte, sera dévouée à votre service et au service de notre grande famille du Commonwealth, empire auquel nous appartenons tous. »

Quatre jours plus tard, la famille prend la route du retour.

Le plus grand mariage princier de l'après-guerre

Pendant ce périple en Afrique du Sud, le Cabinet a étudié la possibilité d'octroyer la nationalité britannique au prince Philip de Grèce. Son patronyme est celui de la Maison royale de Danemark, Schleswig-Holstein-Sonderburg-Glücksburg. Trop long et impossible à prononcer ! Il portera donc le nom de sa mère, Battenberg, anglicisé en Mountbatten, comme pour les membres de sa famille anglaise. Désormais, il sera le lieutenant Philip Mountbatten. Cette grave question étant tranchée et une année s'étant écoulée, les fiançailles d'Elizabeth et Philip sont annoncées officiellement aux grilles de Buckingham Palace le 10 juillet 1947. La date du mariage est fixée au 20 novembre. Ce sera le premier grand mariage princier de l'après-guerre.

La liste des invités vire au casse-tête. On ne peut convier les parentèles allemandes qui ont participé à la guerre du côté du Reich. Aucune sœur de Philip ne sera présente. Quant à l'oncle David et sa chère Wallis, il n'en est pas question ! En dehors de ces quelques ostracismes, ce sera une très grande cérémonie. Les cadeaux affluent du monde entier, exposés au palais de Saint James. Du pur-sang offert par l'Aga Khan au napperon tissé sur son métier par Gandhi, il y en a pour tous les goûts : 1 500 présents en tout !

Le roi et la reine offrent à leur fille un double rang de perles, qu'elle portait pour son discours télévisé du 8 mai 2020, en hommage à ses parents. En raison des difficultés économiques, il faut encore des coupons pour acheter du tissu. La princesse portera une somptueuse robe de satin blanc brodé réalisée par Norman Hartnell, le couturier de sa mère. George VI confère l'ordre de la Jarretière à sa fille et à son gendre. Il est, bien sûr, Altesse Royale et reçoit de nombreux titres, mais c'est celui de duc d'Édimbourg que l'histoire retiendra. La veille du mariage, une immense réception réunit tous les invités royaux, venus en masse.

La reine Mary est heureuse de retrouver tous ses vieux amis, dont beaucoup ont été détrônés. On se déchaîne sur une danse à la mode, la conga, et c'est le roi, très détendu, qui conduit la chenille qui traverse joyeusement les salons du palais. Le lendemain, on a sorti le carrosse d'État qui le conduit avec sa fille à l'abbaye de Westminster. Après la cérémonie, le véhicule des jeunes mariés est acclamé tout au long du parcours et, bien sûr, les jeunes époux et la famille royale apparaissent au balcon…

À propos de ce mariage, Churchill dit : « C'est un éclair de couleurs sur la route que nous devons suivre. » Le *wedding breakfast* est somptueux. À la fin du déjeuner, la princesse part se changer. Ses parents et les invités attendent le couple et répandent sur eux une pluie de pétales de rose. Elizabeth et Philip partent pour la gare de Waterloo. Ils passent la première partie de leur lune de miel à Broadlands, la propriété de campagne de lord Louis Mountbatten. C'est là que Lilibeth lit la lettre bouleversante que lui a adressée son père : « J'étais si fier de vous et si enthousiaste de vous avoir si près de moi pendant cette longue marche dans l'abbaye de Westminster. Mais quand j'ai donné votre main à l'archevêque, j'ai senti que j'avais perdu quelque chose de très précieux… Je vous ai regardée grandir pendant toutes ces années avec fierté sous l'autorité avisée de maman qui est, comme vous le savez, la plus merveilleuse personne du monde à mes yeux, et je puis, je sais, toujours compter sur vous et maintenant sur Philip pour nous aider dans notre travail… Je puis voir que vous êtes sublimement heureuse avec Philip qui est parfait, mais ne nous oubliez pas, c'est le vœu de votre toujours dévoué et aimant papa. »

Une vraie vie de couple

À son retour de voyage de noces, le jeune couple s'installe d'abord à Buckingham Palace. Philip travaille désormais à l'Amirauté et part tous les matins à son bureau. En mai 1948, les Mountbatten effectuent leur première visite officielle à Paris. Ils y connaissent un triomphe, du dîner à l'Élysée à la soirée à l'Opéra. La jeune mariée est enceinte, mais personne ne s'en aperçoit. Le 14 novembre 1948, à Buckingham Palace, elle donne naissance à son premier enfant, Charles.

Dès le printemps suivant, en juin 1949, Elizabeth et Philip s'installent à Clarence House, qui a été entièrement restaurée pour eux. C'est Philip qui s'est occupé de la décoration. Pour la première fois de sa vie, il est chez lui, dans une maison aménagée par ses soins. Cette même année, il reprend la mer. Il est commandant en second du navire amiral de la flotte britannique en Méditerranée.

Ce n'est pas un hasard : son oncle, après avoir accompli sa difficile mission en Inde, commande la première escadre de croiseurs en Méditerranée, basée à Malte. Elizabeth part rejoindre son mari en novembre, laissant Charles à Londres avec sa nurse. Elle est accueillie par les Mountbatten et tombe sous le charme de Dickie, le prestigieux oncle de Philip. Il est excellent danseur, elle aussi. Plus tard, Elizabeth dira qu'elle a passé à Malte les moments les plus heureux de sa vie. Le secrétaire du duc, Michael Parker, raconte : « On allait nager, danser. Il y avait des pique-niques, des expéditions en bateau, sur les plages, dans les grottes et à l'île de Gozo. »

Elizabeth est à nouveau enceinte. Elle rentre à Londres pour accoucher, le 15 août 1950, à Clarence House, de son deuxième enfant, la princesse Anne. En septembre, Philip retourne à Malte. La princesse le retrouve pour les fêtes de fin d'année. Les deux enfants sont confiés à leurs grands-parents. Pour Elizabeth et Philip, c'est une nouvelle lune de miel. Ils vivent pour eux, leur vie est agréable, elle leur convient. Ils ont peu de contraintes. Ils en profitent… Mais cela ne va pas durer.

George VI est malade : Elizabeth doit le remplacer

En juillet 1951, Elizabeth et Philip quittent Malte définitivement pour rentrer à Londres. Edwina Mountbatten aura ce joli mot : « On remet l'oiseau en cage. » C'est un peu vrai car la raison de leur retour est la maladie de George VI. Ce grand fumeur est très amaigri et tousse beaucoup. Il ne renonce pourtant pas à ses quarante cigarettes par jour.

Le 7 septembre 1951, il est opéré, à Buckingham Palace, d'une tumeur au poumon. Elle est cancéreuse mais on ne le dit pas au roi. Le duc et la duchesse d'Édimbourg doivent remplacer le couple royal pour une visite au Canada prévue en octobre. La presse canadienne est critique à l'égard de la princesse héritière, qu'elle juge peu souriante. C'est évidemment l'état de santé de son père qui la préoccupe. Elle fera un effort pour danser avec Philip une traditionnelle *square dance* et conquérir le cœur des Canadiens. Le couple rentre à temps pour passer les fêtes à Sandringham en famille. Mais George VI est épuisé.

L'enregistrement de son traditionnel message de Noël est un calvaire. Désormais, Elizabeth est totalement au service de la Couronne. Le duc et la duchesse d'Édimbourg remplacent le roi et sa femme pour un long voyage qui les conduit au Kenya puis en Australie et en Nouvelle-Zélande. Une fois de plus, ils quittent leurs enfants pour de longs mois.

À leur départ de Londres, le 31 janvier 1952, George VI accompagne sa fille et son gendre sur le tarmac. Sur une photo, on le voit très amaigri, marqué par la maladie, faire un long geste d'au revoir à sa fille. Ils ne se reverront pas. Au matin du 6 février 1952, après une nuit dans une chambre aménagée dans un figuier géant du Kenya, au Sagana Lodge, le couple est informé par télégramme de la mort du roi : « Sa Majesté a succombé dans son sommeil à un cancer de la plèvre. » Elizabeth est bouleversée et Philip, qui lui a annoncé la nouvelle, est atterré. Sa femme est devenue reine. Leur vie ne sera plus jamais la même. Ils vont désormais porter le poids de la Couronne.

Références bibliographiques

Sarah Bradford, *George VI*, Londres, Penguin Books, 1989.

—, *Elizabeth II*, Londres, Penguin Books, 2002, nouvelle édition.

Jean des Cars, *Elizabeth II. La Reine*, Paris, Perrin, 2018.

William Shawcross, *Queen Elizabeth the Queen Mother*, Londres, Pan Books, 2009.

LE SAVIEZ-VOUS ?

Connaissez-vous le cadeau de mariage le plus étrange reçu par Elizabeth II ?

Savez-vous quel fut le cadeau le plus inattendu que celle qui était alors la princesse héritière du Royaume-Uni a reçu lors de son mariage le 20 novembre 1947 ? Pour le découvrir, il faut d'abord rappeler qui en était l'expéditeur. C'était Gandhi, le Mahatma, un homme de 78 ans qui, par la non-violence, avait lutté contre la présence britannique en Inde. Depuis le 15 août 1947, c'est-à-dire depuis trois mois, l'Inde est indépendante. Alors pourquoi Gandhi envoie-t-il un cadeau de mariage à la fille du dernier empereur des Indes ?

Cet ultime empereur des Indes n'est autre que le roi George VI, père d'Elizabeth. Il avait chargé lord Mountbatten, héros de la guerre en Asie, de négocier l'indépendance de l'Inde. Avec ténacité et subtilité, Mountbatten avait mené à bien cette mission compliquée. Et il avait apprécié la personnalité de Gandhi. Pourtant, tout aurait dû opposer ces deux hommes. Mais entre l'emblématique marin britannique et l'apôtre de la non-violence qui avait plusieurs fois été emprisonné par les Anglais, une amitié inattendue s'était nouée. L'avenir de l'Inde comptait alors plus que le passé colonial. Et trois mois après la proclamation de l'indépendance, la princesse Elizabeth allait épouser le lieutenant Philip Mountbatten, de la Royal Navy, qui n'était autre que le neveu de lord Mountbatten ! Elle en était tombée amoureuse dès leur première rencontre, en juillet 1939, au collège naval de Darmouth. Elle avait alors 13 ans, lui 18.

Mais c'est peu dire que lord Mountbatten a poussé à ce mariage. Son neveu, né Philippe de Grèce en 1921 à Corfou, est apparenté, du côté de sa mère, à la dernière impératrice de Russie. Pourtant, il a eu une enfance ballottée. Il était déraciné. Quelle revanche d'épouser la future reine du Royaume-Uni !

Une étrange pièce de coton blanc

Dès l'annonce de la date du mariage, les cadeaux commencent à affluer du monde entier, ils sont exposés au palais de Saint James. On recense plus de 1 500 présents, des plus somptueux aux plus surprenants. Parmi ceux-ci, des centaines de paires de bas en nylon, un grand luxe en ces temps de rationnement textile. Arrivés d'Inde, voici de magnifiques présents des maharadjahs, princes, gouverneurs et autres ministres. Soudain, au milieu de ces paquets ouverts et soigneusement classés pour pouvoir remercier leurs expéditeurs, on remarque une étrange pièce de coton blanc. On apprend alors que c'est le cadeau de Gandhi. La grand-mère d'Elizabeth, la reine Mary, veuve du roi George V, très curieuse de voir les cadeaux offerts à sa petite-fille, est surprise puis dégoûtée : elle pense que c'est un pagne porté par Gandhi ! La mère du roi George VI, qui a très mal vécu la fin de l'Inde britannique, est révulsée par cette étrange attention...

En réalité, il s'agit d'un napperon tissé par le Mahatma lui-même sur le célèbre rouet qu'il utilisait pour tisser tous ses vêtements. Et ce cadeau avait été suggéré par lord Mountbatten. Rien d'inconvenant donc !

Connaissez-vous le cadeau de mariage le plus étrange...

Avec beaucoup de diplomatie et pour épargner sa grand-mère, la princesse Margaret, sœur cadette d'Elizabeth, dissimule prestement cette pièce de tissu derrière d'autres cadeaux. Cela n'empêchera pas la future reine de remercier Gandhi de son cadeau, très original, et dont la valeur symbolique est exceptionnelle...

Elizabeth II, les crises du début de règne

L'épreuve du deuil

Le 7 février 1952, lorsque la jeune reine (elle n'a que 26 ans), vêtue, gantée et chapeautée de noir, descend du quadrimoteur de la BOAC (British Overseas Airways Company) qui la ramène d'Afrique à Londres, elle est accueillie sur le tarmac par la totalité du gouvernement, Premier ministre en tête.

Il s'agit de Winston Churchill, revenu à son poste en 1951 après la victoire des conservateurs. En jaquette, haut-de-forme à la main, il s'incline devant sa souveraine. Quelques instants plus tard, c'est au tour de Philip de descendre. Depuis que son épouse est reine, il doit marcher deux pas derrière elle. On dit qu'un aide de camp a dû le lui rappeler alors qu'il s'apprêtait à s'avancer en même temps qu'Elizabeth. Philip est désormais relégué au second plan, une situation difficile que cet homme fougueux et orgueilleux a du mal à accepter. Le couple se rend à sa résidence habituelle de Clarence House, où la reine est accueillie par le secrétaire particulier de George VI, Tommy Lascelles, qui l'attend avec des documents à signer. Le lendemain, elle prononce son discours d'accession au trône devant son Conseil privé, au palais de Saint James. Plus tard, dans ce même palais, Elizabeth II est proclamée officiellement « nouveau souverain par la grâce de Dieu ». Elle est désormais reine du Royaume-Uni de Grande-Bretagne et d'Irlande du Nord et chef du Commonwealth. Depuis l'indépendance de l'Inde, il n'y a plus d'Empire britannique. Le Commonwealth est une association libre des États de l'ancien empire. Il sera une préoccupation permanente de la nouvelle souveraine, qui y est profondément attachée et le manifestera sans relâche.

Elizabeth se rend à Sandringham pour se recueillir devant la dépouille de son père. Outre son chagrin personnel, elle va devoir faire face à la douleur de sa mère et de sa sœur, totalement désemparées. Le lendemain, le catafalque du roi est exposé dans Westminster Hall. Trois cent mille personnes vont défiler en silence pendant trois jours.

Les funérailles sont célébrées le 15 février à Windsor, dans la chapelle Saint-George. Pour Elizabeth et Philip, comme cela avait été le cas pour les parents de la jeune reine, l'accession au trône implique un déménagement. Ce sera un chassé-croisé entre la mère et la fille. Elizabeth II, son mari et leurs enfants s'installent à Buckingham Palace tandis que la reine mère et Margaret intègrent Clarence House. La veuve de George VI supporte très mal cette situation et répugne à quitter le palais. Son statut de reine mère l'indispose. Encore un problème pour Elizabeth, qui aime profondément sa mère et devra déployer des trésors de diplomatie pour ne pas la blesser. La princesse Margaret est aussi très éprouvée par la mort de son père. Elle a perdu un complice et un admirateur. Elle se sent abandonnée et inutile. Là aussi, sa sœur fera tout ce qu'elle pourra pour la soutenir.

Comme si tous ces tourments ne suffisaient pas à Elizabeth, voilà que lord Mountbatten, lors d'une réception chez lui, fait une déclaration qui va mettre le feu aux poudres : « Maintenant, la maison de Mountbatten règne… » La reine Mary, la veuve de George V, qui admirait son époux pour avoir imposé en 1917 le nom de Windsor à la dynastie, prévient le Premier ministre. Celui-ci demande une audience à la nouvelle souveraine pour la prier d'intervenir. La reine fait savoir qu'« il est de son plaisir qu'elle-même et ses descendants continuent à porter le nom de Windsor ».

Le Parlement s'empare de l'affaire. La déclaration d'Elizabeth ne suffit pas. Il faudra qu'elle rédige un mémorandum, approuvé par le gouvernement. Non seulement ses enfants porteront le nom de Windsor, mais lorsqu'ils se marieront, leurs descendants porteront aussi ce patronyme. Philip est déstabilisé. C'est la première grave crise du couple. Le duc est meurtri par la mise au point de son épouse. Il va alors prononcer son premier étrange aphorisme (et ce ne sera pas le dernier !) : « Je ne suis qu'une maudite amibe ! »

C'est une métaphore malheureuse car tous les écoliers – mais pas lui ! – savent que les amibes se reproduisent elles-mêmes, sans avoir besoin de former un couple ! Il se sent effacé, bafoué, inexistant. S'il est le duc d'Édimbourg, le mari de la reine, le père de ses enfants – donc d'un futur monarque –, il n'a aucun statut personnel. Il s'estime réduit à un rôle de figurant. Elizabeth, en se comportant en chef d'État et en chef de famille, a sans doute sous-estimé la blessure qu'elle inflige à son époux. L'affaire n'est pas close, ce sujet reviendra dans la vie de la famille.

Les préparatifs du couronnement

L'année 1953 sera celle du couronnement, prévu pour le 2 juin. En pleins préparatifs, un nouveau deuil frappe la famille royale. La grand-mère d'Elizabeth, la reine Mary, s'éteint le 24 mars 1943, à l'âge de 86 ans. Elle souffrait de terribles douleurs à l'abdomen mais, surtout, elle ne s'était pas remise du décès de son fils George VI. Avant de mourir, elle avait interdit que l'on modifie la date du couronnement de sa petite-fille. Ses funérailles ont lieu à Westminster. Le duc de Windsor, son fils aîné qui l'avait tant déçue, est autorisé à assister à ses obsèques, mais sans son épouse, la sulfureuse Wallis.

Après ce nouveau deuil, Elizabeth doit prendre une décision essentielle et inédite concernant son couronnement : doit-il ou non être retransmis par la télévision ? Churchill y est opposé. Il déclare : « Je ne vois pas pourquoi la BBC aurait une meilleure vision que moi du couronnement de ma souveraine ! » Elle réfléchit beaucoup. Elle n'est pas du même avis que son Premier ministre. Elle pressent qu'avec la télévision, ses sujets vivent un changement d'époque. Un compromis est finalement trouvé : on diffusera en direct le couronnement parce que c'est un acte politique, mais on ne verra pas la partie sacrée de l'onction sainte – la reine sera protégée par un dais. Cette décision suscite bien des polémiques. Finalement, Elizabeth juge que ce serait une grave erreur d'exclure des millions de gens de cette page d'histoire illustrée. Le slogan des pro-télévision est tout trouvé : « Laissez le peuple voir la reine ! »

Si Churchill n'est pas d'accord, elle est soutenue par Philip et Dickie Mountbatten. Elizabeth II a sûrement eu raison puisque dès que l'on apprend que la cérémonie sera retransmise en direct, les ventes de téléviseurs, encore modestes, explosent au Royaume-Uni mais aussi en France et partout dans le monde. Ce sera un spectacle international, le premier du genre. Très consciencieuse, la reine s'habitue à porter la lourde couronne de saint Édouard (2,5 kilos !) que l'archevêque de Canterbury posera sur sa tête. Son père George VI avait déjà eu beaucoup de mal à en supporter le poids. Elizabeth la coiffe donc au petit-déjeuner, en lisant les journaux, essuyant sans broncher les sarcasmes de Philip, finalement admiratif de sa ténacité !

Il y a aussi les essayages de sa robe et de son manteau de velours cramoisi bordé d'hermine, imaginés par Norman Hartnell, et surtout les innombrables répétitions : quatre dans l'abbaye de Westminster, d'autres dans la salle de bal de Buckingham Palace où des rubans adhésifs marquent la place de chaque intervenant. La reine est très exigeante, car elle se souvient combien son père avait souffert des approximations et des bévues qui avaient marqué son propre sacre…

Le 2 juin 1953, il fait froid et il pleut sur Londres. Mais qu'importe ! Des dizaines de milliers de personnes campent, depuis deux jours, le long du trajet du carrosse. Elizabeth fait son entrée à 11 h 15 dans l'abbaye. La cérémonie va durer quatre heures. Tout se déroule parfaitement, jusqu'à l'onction sacrée pour laquelle elle revêt une simple robe de lin blanc qu'elle recouvre ensuite d'une cape de fils d'or alors que l'archevêque de Canterbury lui remet les deux sceptres figurant le Pouvoir, la Justice, l'Équité et la Clémence. Enfin, le prélat pose la couronne de saint Édouard sur la tête de la jeune femme, alors que retentit un triple *God Save the Queen* !

Philip s'avance vers elle et s'agenouille en signe d'allégeance. Il prend sa main et lui dit : « Je suis votre homme lige », avant de l'embrasser sur la joue gauche. La reine Elizabeth II quitte enfin l'abbaye, tenant dans sa main droite le sceptre et dans la gauche l'orbe. Elle regagne Buckingham Palace en compagnie de son mari, sous les ovations, souriante malgré l'inconfort de l'énorme et lourd carrosse, très mal suspendu, avant la traditionnelle apparition au balcon. La cérémonie a été parfaite, suivie par 300 millions de téléspectateurs. Si la diffusion en direct était en noir et blanc, un film en couleurs a été tourné en même temps. Les bobines partiront le soir même dans le monde entier. Le couronnement est devenu un spectacle, il sera projeté dans les cinémas. Elizabeth II est la première reine de l'image !

Un petit détail, remarqué par les caméras, va cependant être à l'origine d'une affaire qui va enflammer la presse du monde entier. Après le départ de sa sœur pour Buckingham, la princesse Margaret attendait sa voiture. À côté d'elle se tenait l'ancien écuyer de son père, devenu administrateur de la maison de la reine mère. D'un geste extrêmement naturel, Margaret, de sa main gantée, enlève une peluche sur l'épaule du jeune et bel officier en uniforme. Un geste anodin, pourtant révélateur d'une complicité et d'une intimité insoupçonnées jusque-là. L'officier est le *Group Captain* Peter Townsend. L'affaire Margaret-Townsend commence...

Margaret est amoureuse d'un homme marié !

C'est en février 1944 que le roi George VI avait fait du chef d'escadrille Peter Townsend, héros de la bataille d'Angleterre, son écuyer. Un poste prestigieux qui oblige le titulaire à accompagner le roi partout. L'arrivée de ce beau garçon n'était pas passée inaperçue aux yeux des princesses. Elizabeth, 18 ans, avait alors dit à Margaret, de cinq ans sa cadette : « Pas de chance, il est marié ! »

Effectivement, cet aviateur intrépide avait épousé, en pleine guerre, la séduisante Rosemary Pawle. Elle lui avait donné un fils. Mais très vite le mariage avait mal tourné. Townsend était déprimé, persuadé à chaque mission qu'il allait mourir. C'est alors que le roi l'avait distingué. Margaret va tomber immédiatement amoureuse de lui, sans doute dès le voyage de la famille royale en Afrique du Sud. En 1950, l'écuyer est nommé directeur adjoint de la Maison royale. George VI et son épouse sont tout à fait conscients du flirt de leur fille et du bel officier. Il s'agissait en fait d'une véritable histoire d'amour. Peter Townsend, père de deux enfants, est alors en train de divorcer d'une épouse qui l'a copieusement trompé. À la mort de George VI, la reine mère le nomme administrateur de Clarence House. Il continue donc à vivre sous le même toit que Margaret. Le divorce du couple Townsend est prononcé en 1952, aux torts de son épouse. En février 1953, Margaret et le héros révèlent leur amour à la reine mère, qui s'en déclare enchantée. Philip et Elizabeth le sont aussi et se montrent bienveillants, invitant le couple à dîner. En apparence, pour Margaret, tout est parfait : Peter a 38 ans, il est libre, elle en a 23. Sa mère, sa sœur et son beau-frère approuvent leur amour. Rien ne s'oppose plus à leur mariage.

Mais lorsque la presse s'empare de l'« affaire Margaret », on s'aperçoit que la réalité est plus compliquée : pour se marier avant l'âge de 25 ans, Margaret doit avoir l'autorisation de la souveraine, et le fait que Peter Townsend soit divorcé est un obstacle. On se souvient que c'est parce que Wallis Simpson était deux fois divorcée qu'Édouard VIII avait dû abdiquer pour pouvoir l'épouser…

Churchill est informé et se montre plutôt bienveillant à l'égard de Margaret. Mais son épouse, Clemmie, rappelle à son Premier ministre de mari ce que lui avait coûté politiquement son soutien à Édouard VIII. Il réunit alors son cabinet : la décision est sans appel. Le gouvernement s'oppose au mariage de la princesse avant qu'elle ait 25 ans. On va donc séparer les amoureux. Margaret partira avec sa mère pour un voyage en Rhodésie tandis que Townsend sera nommé attaché de l'air à l'ambassade de Sa Majesté à Bruxelles. Dès lors, pour les journaux qui la traquent, Margaret devient la « princesse triste ».

En réalité, pendant ces deux ans qui les obligent à patienter, les amoureux contrariés s'écrivent presque tous les jours. La reine est très éprouvée par cette affaire. Elle culpabilise mais ne peut rien faire. Elle est obligée de partir avec Philip pour un voyage post-couronnement à travers le Commonwealth, périple qui avait été interrompu par la mort de George VI. Ils seront absents six mois. Charles et Anne sont confiés à leur grand-mère qu'ils adorent. Les deux enfants, à la fin du voyage de leurs parents, viendront les rejoindre à Tobrouk, à bord du nouveau yacht royal, le *Britannia*. Ce bateau, qu'Elizabeth et Philip vont tant chérir, fait alors sa croisière inaugurale.

À son retour à Londres, la reine reçoit la démission de Churchill. Une page se tourne. Margaret fête ses 25 ans au mois d'août, à Balmoral. Elle doit toujours demander l'agrément du gouvernement et du Parlement pour se marier. La princesse rebelle regagne Londres, tandis que Peter Townsend revient de Bruxelles. Ils passent le week-end chez des amis, poursuivis par des meutes de journalistes et de photographes. La sentence gouvernementale tombe : le Cabinet refuse toujours le mariage. Si la princesse passait outre, une loi serait votée la privant de ses droits de succession et de sa liste civile. De plus, un exil de quelques années lui serait imposé. Une décision d'une incroyable sévérité… Margaret réfléchit. Le lundi 31 octobre 1955, elle reçoit son amant chez elle, à Clarence House. Elle a pris sa décision. Le héros vient lui dire adieu. Les malheurs de la princesse font pleurer le monde entier. Elle a fait passer son devoir avant sa passion. Elizabeth culpabilise. C'est un beau gâchis.

L'échec de Suez déstabilise la reine

Le 26 juillet 1956, au Caire, le président Nasser, au pouvoir depuis quatre ans, décide de nationaliser le canal de Suez. Les biens de la Compagnie du canal sont mis sous séquestre. Une provocation pour le Royaume-Uni et la France, qui se partagent les actions de ladite compagnie. L'heure est grave. Le Premier ministre britannique, Anthony Eden, qui a succédé à Churchill, demande à la reine de parapher l'ordre d'envoi de troupes britanniques en Égypte pour sauvegarder les intérêts de Londres. La souveraine est le commandant en chef de toutes ses armées, mais c'est la première fois de son règne qu'elle autorise une opération militaire importante.

La Royal Navy et la flotte française font route vers l'Égypte. Anthony Eden pense que Moscou encourage Nasser et lui livre des armes. Les États-Unis, qui ont refusé de financer le barrage d'Assouan, redoutent une intervention soviétique si l'Égypte est attaquée et refusent d'intervenir. En revanche, la coalition franco-britannique est soutenue par Israël. Les opérations militaires débutent le 29 octobre et sont un complet succès qui se solde par l'occupation de la zone nord du canal. En représailles, Nasser y coule des navires pour le rendre impraticable. Il coupe ainsi la route du pétrole à l'Europe occidentale. Les Américains condamnent l'opération franco-anglaise, l'URSS menace. Le 7 novembre, l'intervention est stoppée par l'ONU et se transforme en défaite. Les troupes franco-britanniques vont devoir piteusement évacuer la zone…

C'est une épreuve pour Elizabeth II, car son gouvernement a échoué en son nom. Elle réalise que le Cabinet lui a caché la réalité de la situation. Le résultat est que Washington a pris ses distances et que Nasser devient, grâce à ce fiasco, le leader du monde arabe. Il a réussi à venger son pays d'une humiliation.

Tout aussi grave, l'image de la reine est attaquée par un jeune pair du royaume, lord Altrincham, très soutenu par la presse, qui diffuse ses propos extrêmement violents. Il dépeint la famille royale comme une « clique de hobereaux en tweed » et demande la suppression de la Chambre des lords. Il va jusqu'à attaquer Elizabeth sur le ton de ses discours : « La reine devrait dire des choses dont les gens se souviendront et faire des choses de sa propre initiative. Jusqu'ici, il n'y a pas le moindre signe qu'une telle personnalité soit en train de naître. »

Elle est profondément blessée par ces critiques, et furieuse contre lord Altrincham. Elle tente de reprendre la main en nommant un nouveau Premier ministre. Ce sera Harold Macmillan. Toutes ces épreuves, Elizabeth II les a affrontées seule. Philip n'est pas auprès d'elle. Il a quitté Londres début octobre, avant la crise de Suez, à bord du *Britannia*, en compagnie de son secrétaire privé Michael Parker. Il se rend à Melbourne pour l'ouverture des Jeux olympiques. Son périple de plus de quatre mois le mène ensuite vers la station scientifique britannique en Antarctique. C'est la première séparation aussi longue du couple, et Philip est en crise.

La crise existentielle du mari de la reine

Pourquoi Philip est-il parti si longtemps ? Le mari de la reine déteste être enfermé dans un carcan. Son secrétaire privé, Michael Parker, très conscient de cela, a essayé de lui procurer une bouffée d'oxygène. Peu avant son mariage, il introduit Philip au Thursday Club, dont les membres se réunissent tous les jeudis dans un restaurant du quartier chic de Mayfair. Le président en est un étonnant personnage, un photographe nommé Baron. Ce club réunit des personnalités très diverses, des journalistes, des acteurs comme David Niven et Peter Ustinov, et quelques aristocrates. Outre les déjeuners, ses membres se retrouvent parfois pour des dîners dans des night-clubs. Il arrive souvent à Philip de participer à ces escapades nocturnes. Bien sûr, les joyeuses soirées du duc sont connues de Buckingham Palace. Des rumeurs de liaisons commencent à circuler dans la presse américaine. Ces ragots sur de potentielles infidélités obligent finalement le duc et son secrétaire à démissionner du Thursday Club.

La séparation des époux pendant quatre mois était-elle une confirmation de leur mésentente ou plutôt la volonté de prendre du champ pour permettre une réconciliation ? Sur le chemin du retour de Philip, un nouveau scandale conjugal éclate. Cette fois, il concerne son secrétaire Michael Parker. Celui-ci est informé que son épouse vient de déposer une demande de divorce car elle ne supporte plus les absences prolongées de son mari. Il quitte le *Britannia* à l'escale de Gibraltar, après avoir donné sa démission à Philip. Un futur divorcé ne peut être au service d'un membre de la famille royale…

Les retrouvailles d'Elizabeth et Philip ont lieu à l'aéroport de Lisbonne le 18 février 1957. Elles sont guettées par une armée de photographes. Les journalistes en sont pour leurs frais : chacun des époux affiche un sourire éclatant. La reine a compris qu'il fallait donner un statut à son mari. Quatre jours plus tard, le 22 février 1957, elle octroie à Philip le titre de prince consort. La réconciliation est actée. Elle sera consacrée lors d'un voyage officiel à Paris, en avril 1957.

La bonne entente des époux est évidente, et en juin 1959, lors d'un autre voyage officiel, au Canada cette fois, un communiqué de Buckingham Palace annonce qu'Elizabeth attend un heureux événement. Le 19 février 1960, elle donne naissance à un deuxième héritier mâle pour la Couronne, le prince Andrew. Son patronyme est Mountbatten-Windsor. La reine a cédé : Andrew et les autres enfants à naître porteront un nom qui associe celui de la dynastie à celui de leur père. Philip a gagné. Comme un bonheur n'arrive jamais seul, trois mois plus tard, Margaret, enfin consolée, épouse le photographe Tony Armstrong-Jones. Sa sœur lui accorde le titre de lord Snowdon. La princesse rebelle a enfin trouvé le bonheur... pour l'instant !

Elizabeth II, chef du Commonwealth

C'est à cette époque que la reine et Philip font presque du *Britannia* leur résidence secondaire. Ils sillonnent les mers et les océans du monde lors d'une série de voyages officiels à travers les États du Commonwealth. Ces voyages nécessitent une incroyable logistique et la préparation minutieuse d'un agenda millimétré. La Royal Navy assure la sécurité du yacht, accompagnant le *Britannia*, parfois aussi avec le concours de la Royal Air Force. La garde-robe de la reine est confiée à celle qui avait été sa nurse, sa chère Bobo, et ce n'est pas une mince affaire ! Dans ses périples, Elizabeth II se change plusieurs fois par jour : robes, chapeaux, chaussures, gants, tout est prévu à l'avance, sans compter les robes du soir et les joyaux qui les accompagnent. C'est la reine elle-même qui sélectionne les tiares et les colliers qu'elle portera le soir, ainsi que les broches qui scintilleront au revers gauche de ses tenues de ville.

En janvier 1961, le couple arrive en Inde. Elizabeth est le deuxième souverain britannique à se rendre dans ce pays après la visite de son grand-père George V en 1911.

De Bombay à Delhi puis à travers le Rajasthan, c'est une succession de fêtes somptueuses, de promenades à dos d'éléphant, de chasses au tigre… L'Inde des maharadjahs fait un triomphe à la reine. En novembre, ce sera l'Afrique. Elizabeth II se rend au Ghana, contre l'avis de son Premier ministre Macmillan. En effet, le président Nkrumah revient de Moscou, faisant du Ghana un pion soviétique en Afrique, en pleine guerre froide.

Mais la reine, qui avait déjà annulé un voyage dans cette ancienne colonie en 1959 car elle était enceinte d'Andrew, avait promis de revenir. Et pour Elizabeth II, une promesse de venir dans un État du Commonwealth doit être tenue. Elle a eu raison : ce voyage est un succès, le président Nkrumah est sous le charme. Ils dansent ensemble lors d'une réception : la photo fait le tour du monde. Macmillan reconnaît que la reine a bien fait de vouloir à tout prix maintenir les liens du Ghana avec le Commonwealth, quelles que soient les nouvelles options politiques de l'État membre.

En janvier 1963, Elizabeth est en Australie et en Nouvelle-Zélande avec Philip lorsqu'elle apprend que le général de Gaulle a opposé son veto à l'entrée du Royaume-Uni dans le Marché commun. C'est une grande déception pour celle qui avait magnifiquement reçu le président français en 1960. Elle le tenait en grande estime. Les relations vont se refroidir entre la République et le Royaume-Uni.

Londres nid d'espions

Au retour de sa tournée dans l'hémisphère Sud, Elizabeth II va avoir un autre sujet de contrariété. En juin 1963, John Profumo, ministre de la Défense du cabinet Macmillan, est contraint de démissionner. Quelques mois plus tôt, il avait rencontré, lors d'une partie fine chez le vicomte Astor, une très jolie femme, Christine Keeler. En réalité, c'est une call-girl et elle devient sa maîtresse. Peu de temps après, la jeune femme, accompagnée d'une autre call-girl, Mandy Rice-Davies, passe un week-end chez un célèbre ostéopathe londonien, le docteur Ward. Quelques jours plus tard, Christine Keeler accuse le médecin de l'avoir violée. La presse s'empare volontiers de cette croustillante affaire, d'autant plus que Ward est très connu. À la faveur de l'enquête, on découvre que Christine Keeler est aussi la maîtresse de l'attaché naval de l'ambassade d'URSS à Londres, Ivanov, un agent du KGB. On apprend bientôt qu'elle est aussi celle du ministre de la Défense John Profumo ! Le scandale mondain se transforme en véritable affaire d'espionnage. Les confidences que la call-girl a arrachées sur l'oreiller au ministre étaient transmises directement à l'agent du KGB, donc à Moscou.

Dans un premier temps, le ministre nie, mais il finit par avouer la vérité à sa femme, puis au Premier ministre, à qui il donne sa démission le 4 juin 1963. Désormais, il se consacrera à des œuvres caritatives. Quant au docteur Ward, on découvre qu'il dirigeait un réseau de call-girls. Attaqué de toutes parts, lâché par ses amis, il se suicide en absorbant des barbituriques. Or, il était un membre du Thursday Club quand le prince Philip en faisait partie… Leurs relations étaient amicales et le médecin avait fait plusieurs croquis du mari de la reine. Il avait un certain talent et ses dessins sont mis en vente après sa mort. Buckingham Palace va faire appel au conservateur des collections de peintures et de dessins de la reine pour racheter toutes les œuvres impliquant le prince, voire d'autres membres de la famille royale. Ce conservateur s'appelle Anthony Blunt. Lui aussi va faire parler de lui…

L'affaire Profumo est grave puisqu'elle a contraint le ministre de la Défense à démissionner en pleine guerre froide. À l'automne suivant, le 18 octobre 1963, le Premier ministre Macmillan démissionne également pour raisons de santé. Il est remplacé par sir Alec Douglas-Home, ancien secrétaire d'État aux Affaires étrangères.

Si l'affaire Profumo est retentissante, elle n'est hélas pas la seule affaire d'espionnage qui déstabilise le Royaume-Uni. Une autre, plus grave, a commencé dans l'ombre il y a déjà quelques années. C'est l'affaire des « Cinq de Cambridge ».

Dans les années 1930, cinq étudiants du Trinity College de Cambridge sont recrutés par les services secrets soviétiques. Ils appartiennent tous à la « Société des Apôtres », une sorte de club datant de 1820, devenu le haut lieu de la contestation sociale au sein du Trinity College. Grâce aux romans de John Le Carré, lui-même ancien agent au service secret de Sa Majesté, leurs noms sont aujourd'hui connus de tous : Kim Philby, appartenant à la bourgeoisie aisée, Anthony Burgess, un aristocrate homosexuel flamboyant en révolte contre son milieu. Il y avait aussi deux Écossais, Maclean et Cairncross. Le cinquième n'est autre qu'Anthony Blunt. Tous vont appartenir au service secret de Sa Majesté, mais ce sont des agents doubles. Burgess et Maclean seront exfiltrés par le KGB vers l'URSS, Philby arrêté. Il va alors dénoncer Blunt.

Voilà qui est grave pour la reine, car cet agent avait beaucoup travaillé pour son père pendant la guerre et dirigeait les collections royales. Il vaut mieux que cette affaire reste secrète. Un pacte d'immunité est conclu avec le conservateur après qu'il a donné les noms de son réseau. Il restera sous haute surveillance et continuera à diriger les collections d'Elizabeth II. L'affaire ne sera révélée qu'en 1979 par Margaret Thatcher, au grand courroux de la reine. Elle en voudra énormément à son Premier ministre.

Ces affaires d'espionnage vont beaucoup perturber Elizabeth II, mais elle va tout de même avoir une occasion de se réjouir : le 19 mars 1964, elle donne naissance à son quatrième enfant, un troisième fils, le prince Édouard. Elle déclare alors : « Quel bonheur d'avoir de nouveau un bébé à la maison. »

Références bibliographiques

Sarah Bradford, *George VI*, Londres, Penguin Books, 1989.

—, *Elizabeth II*, Londres, Penguin Books, 2002, nouvelle édition.

Jean des Cars, *Elizabeth II. La Reine*, Paris, Perrin, 2018.

William Shawcross, *Queen Elizabeth the Queen Mother*, Londres, Pan Books, 2009.

Elizabeth II, une maturité bousculée

La mort du vieux lion

Winston Churchill avait donné sa démission à la reine le 5 avril 1955. Fatigué, usé par ses combats politiques, il craignait de ne pas survivre longtemps... Il avait tort. Ce lauréat du prix Nobel de littérature en 1953 a occupé sa retraite à écrire, à peindre et à voyager, des Bermudes au Maroc, de Madère à Monte-Carlo. Le 29 juillet 1964, il fait ses adieux à la Chambre des communes puis une apparition à sa fenêtre la veille de ses 90 ans, ovationné par la foule. Le 24 janvier 1965, après neuf jours de lutte contre la mort, il s'éteint, victime d'un accident vasculaire cérébral.

La reine est très affectée par sa disparition. Elle admirait tout en lui, même ses défauts d'aristocrate indomptable et fantasque. Il avait accompagné les trois premières années de son règne. La souveraine débutante et le politicien d'expérience avaient formé un duo efficace et respecté. Aussitôt, Elizabeth II demande à son tout nouveau Premier ministre, le travailliste Harold Wilson, des funérailles nationales pour cet homme à l'incroyable parcours, du désastre des Dardanelles pendant la Première Guerre mondiale au héros de la Seconde Guerre mondiale.

Ses obsèques solennelles ont lieu à la cathédrale Saint-Paul, où sont honorés les plus grands chefs militaires, comme l'avaient été Nelson et Wellington. Toute la famille royale y assiste. Partant ensuite de la gare de Waterloo, ce géant de l'Histoire fait son dernier voyage dans un train spécial jusqu'au petit cimetière de Bladon, proche du château de Blenheim, où il était né en 1874.

Des hommages du monde entier arrivent à Buckingham Palace. Elizabeth II est très émue par la lettre du président français, le général de Gaulle :

« Madame,

Pour tous, dans mon pays, pour moi-même, sir Winston Churchill est et restera toujours celui qui, en dirigeant jusqu'à la victoire l'admirable effort de guerre britannique, contribua puissamment au salut du peuple français et de la liberté du monde. Dans le drame, il fut le plus grand. Je prie Votre Majesté d'agréer mes hommages très respectueux et très attristés. »

La reine et le *swinging London*

Après les obsèques de Churchill, la reine effectue deux voyages officiels. Le 2 février 1965, elle part avec le prince Philip pour l'Éthiopie, à l'invitation de l'empereur Hailé Sélassié, qui règne depuis 1930. Celui qu'on appelait le Négus avait été contraint à l'exil en Grande-Bretagne en 1936 – il y passa cinq ans –, parce que les troupes de Mussolini occupaient son pays. Grâce aux forces britanniques, l'empereur avait regagné triomphalement sa capitale, Addis-Abeba, en 1941. La reine et son mari vivent une semaine de festivités au pays mythique de la reine de Saba.

En mai 1965, Elizabeth entreprend un voyage en Allemagne fédérale. C'est beaucoup plus proche mais beaucoup plus délicat sur le plan diplomatique. En effet, vingt ans après la fin de la Seconde Guerre mondiale, toutes les plaies ne sont pas refermées. Les origines dynastiques de la souveraine comme celles de son mari font qu'ils ont une multitude de cousins dispersés sur le territoire de la République fédérale. C'est Philip, aidé de sa sœur Sophie de Hanovre, qui est chargé de déminer le terrain et de concevoir un programme.

La reine rencontre chacun de ses cousins dans les Länder de leurs résidences, qui correspondent aux anciens États princiers allemands. La visite se déroule sans le moindre incident. Le couple royal sillonne l'Allemagne de l'Ouest avant de regagner Londres qui, depuis deux ans, vibre au son des groupes pop et rock, parmi lesquels les Beatles, qui triomphent.

Bien des choses ont changé au Royaume-Uni. Une véritable révolution des mœurs est en marche. Le Parlement a autorisé l'avortement et dépénalisé les relations homosexuelles entre adultes consentants. Oscar Wilde s'est peut-être trompé d'époque... Le divorce est facilité, la protection des épouses consolidée et le droit de vote abaissé à 18 ans. À ce moment-là, la reine ne sait pas encore que sa propre famille sera touchée, elle aussi, par ces bouleversements.

Elizabeth II se réjouit du vent de fraîcheur qui souffle sur Londres et, le 26 octobre 1965, elle décore les Beatles de l'ordre de l'Empire britannique pour leur contribution au rayonnement du Royaume-Uni. Ceux qu'on appelle les « Fab Four » sont ravis : ils ont trouvé leur souveraine « adorable et très aimable ». Ils composeront pour elle la chanson *Her Majesty*.

Mais la révolution n'est pas que musicale. Elle touche aussi la longueur des jupes. Sur King's Road, un haut lieu du *swinging London*, la styliste autodidacte Mary Quant invente la minijupe dans sa boutique appelée « Bazaar ».

C'est un triomphe qui deviendra mondial. Il faut préciser que cette joyeuse révolution s'accompagne évidemment d'alcool, de sexe et d'une consommation immodérée de substances illicites…

Aberfan : la compassion tardive de la reine

Loin de l'agitation londonienne, dans le sud du pays de Galles, une épouvantable tragédie frappe le village minier d'Aberfan. Le 21 octobre 1966, après des pluies torrentielles, un gigantesque terril de charbon s'effondre sur l'école du village, provoquant la mort de 144 personnes, dont 116 petits écoliers. Une horreur ! Le Premier ministre Harold Wilson se rend immédiatement sur place et supplie la reine d'en faire autant. Mais Elizabeth II se contente de condoléances convenues. Elle juge indécent de se montrer à ce moment-là.

Elle attendra huit longs jours avant de se décider à se rendre à Aberfan. Elle y arrive après les obsèques dignes et bouleversantes des enfants, mais il est trop tard. Cette grave erreur d'appréciation lui inflige un remords terrible. À partir de ce moment-là, elle sera présente auprès des victimes chaque fois qu'une catastrophe frappera la population.

Le retour d'oncle David

La reine, peut-être influencée par l'air du temps, accepte enfin, le 7 juin 1967, que son oncle et son épouse, le duc et la duchesse de Windsor, assistent à une cérémonie royale en présence de toute la famille. Un véritable événement ! En fait, il s'agit simplement d'honorer le souvenir de la reine Mary en apposant une plaque sur le mur de sa dernière résidence, Marlborough House.

La vérité est qu'Elizabeth II sait que l'ex-roi Édouard VIII, âgé de 73 ans, est malade. Il a subi plusieurs opérations aux États-Unis et à Londres, où elle lui avait rendu visite deux ans plus tôt. Les photographes sont sur les dents. La reine serre la main de son oncle et de la duchesse, la reine mère embrasse son beau-frère sur la joue. Wallis est extrêmement nerveuse. Si elle réussit sa révérence à la reine, elle n'en fera pas à la reine mère. Les deux ennemies jurées ne s'étaient pas revues depuis 1936 ! Le pardon est d'ailleurs limité puisque le duc et la duchesse n'assistent pas au déjeuner familial qui suit à Buckingham Palace. Ils déjeunent chez la duchesse de Kent, à Kensington, avant de regagner Paris.

Mais on n'échappe pas au duc et à la duchesse de Windsor ! Ils avaient accablé George VI de leurs perpétuelles récriminations. Ils vont continuer avec sa fille. En août 1968, le duc écrit à sa nièce la reine, toujours à propos d'argent, mais cette fois pour après son décès. Il sait que sa rente à vie de 10 000 livres par an cessera d'être versée le jour de sa mort. Il demande à Elizabeth II qu'une rente soit servie à Wallis quand elle sera veuve. Agacée, elle met huit mois à lui répondre ! Elle assure néanmoins son oncle David qu'une rente de 5 000 livres sera servie à Wallis, espérant que cette décision « l'aidera à apaiser son esprit ». Comme d'habitude, Édouard exagère et Elizabeth est bien bonne, car en plus de cette pension, Wallis héritera de la fortune de son mari et des fabuleux bijoux qu'il lui a offerts et qu'elle conservera.

Charles est intronisé prince de Galles

En 1965, Charles va avoir 16 ans. Le moins qu'on puisse dire est qu'il n'est pas très heureux. Ses parents ont voulu qu'il ait une éducation semblable à celle d'autres garçons de son âge et de son milieu, sauf qu'il n'est pas comme les autres. Il est l'héritier du trône, et cela ne peut être synonyme de vie « normale ».

En 1957, âgé de 9 ans, il devient pensionnaire au collège de Cheam, dans lequel sont passés tous les Mountbatten. Il s'y sent bien seul et en souffre. En 1962, année de ses 13 ans, son père lui impose l'institution où il a fait ses études, le redoutable collège de Gordonstoun en Écosse. Charles y est encore plus malheureux. Un de ses camarades, le futur romancier William Boyd, dira : « Nous étions tous après lui pour cogner sur le futur roi d'Angleterre ! »

L'héritier déprime de plus en plus. Elizabeth, consciente du désastre, décide d'envoyer son fils à l'autre bout du monde pendant six mois. Ce sera l'Australie, Timbertop précisément, l'équivalent local d'Eton. Et là, le miracle se produit. Accompagné d'un écuyer de son père qui s'installe avec femme et enfants à côté de Timbertop pour s'occuper de lui pendant les week-ends et les vacances, Charles va s'épanouir. Un voyage en Papouasie-Nouvelle-Guinée va le fasciner et développer, sans doute, son goût pour l'anthropologie.

À son retour en Écosse, il est métamorphosé. Une sorte de conseil de famille, auquel participent aussi le Premier ministre et l'archevêque de Canterbury, choisit alors pour lui l'option proposée par son parrain, lord Mountbatten : il poursuivra ses études au Trinity College de Cambridge avant d'être initié à la Marine à Dartmouth. Charles adore Cambridge, où il étudie l'archéologie et l'anthropologie.

Mais l'année de ses 21 ans, en 1969, il doit être investi prince de Galles. Or, à cette époque, le climat politique est détestable au pays de Galles. Le nationalisme y est très actif et très violent. Elizabeth II décide néanmoins, pour les trois mois précédant son investiture, que Charles intégrera l'université galloise d'Aberystwyth. Il accepte avec enthousiasme malgré les risques. Il va apprendre le gallois en un temps record, et ce n'est pas une langue facile !

Juste avant l'intronisation, des rumeurs d'attentat contre l'héritier de la Couronne se répandent. C'est un événement à haut risque. Une bombe explose le matin même de l'intronisation, le 1er juillet 1969, à 30 miles du château de Caernarvon où doit avoir lieu la cérémonie, tuant le terroriste qui la manipulait…

Mais la cérémonie est magnifique. La reine, chapeautée et vêtue de jaune, pose sur la tête de son fils agenouillé devant elle la couronne des princes de Galles. Charles prononce son serment en gallois : « Moi, Charles, prince de Galles, je me proclame votre homme lige et je m'engage par ma foi et mon honneur à vous servir jusqu'à la mort. » Après ce passage rituel, il prononce, toujours en gallois, un discours que des dizaines de milliers de spectateurs rassemblés autour du château entendent et voient sur des écrans. Le prince de Galles devient vraiment un des leurs.

La retransmission de la cérémonie à la télévision est très appréciée, et tant mieux, car elle se déroule juste après la diffusion d'une émission sans précédent sur la famille royale, qui n'était pas vraiment une bonne idée…

Royal Family : les pièges de la communication

A priori, c'était une bonne idée. L'une de celles dont Dickie Mountbatten avait le secret… Pendant l'année précédant l'intronisation du prince de Galles, une équipe de télévision suit la famille royale à chaque moment de sa vie, tant officielle que privée. Entrer dans l'intimité des Windsor, quel sujet britannique n'en a pas rêvé ?

Le film est diffusé sur la BBC le 21 juin 1969, dix jours avant la cérémonie de Caernarvon. On y voit la préparation de la diffusion du discours de la souveraine pour Noël, Charles à bicyclette dans les rues de Londres, la reine à cheval pour la cérémonie de son anniversaire – *Trooping the Colour* –, la *garden party* annuelle à Buckingham Palace où l'on accueille avec le sourire 9 000 personnes. Le clou de ce reportage est un pique-nique à Balmoral où Philip et Anne se chargent du barbecue tandis que Charles explique à son petit frère Édouard comment réussir une sauce de salade à la crème fraîche. Le prince de Galles à skis, Anne à cheval, Philip pilotant son avion, et puis une dernière séquence : un déjeuner à Buckingham Palace réunissant la reine, Philip, Charles et Anne. Le prince consort se moque ouvertement, pendant une longue séquence, de son beau-père, le roi George VI, en ridiculisant ses difficultés d'élocution, ce qui n'est pas du meilleur goût.

La reine mère avait pourtant prévenu que dévoiler l'intimité de la famille était une mauvaise idée. Cela ne pouvait que désacraliser la monarchie. Et la veuve de George VI avait raison. Bien que l'émission batte un record d'audience (40 millions de téléspectateurs), ce reportage n'a jamais été rediffusé et ses rarissimes copies ont disparu… La reine a compris que la communication est un art délicat. Et en termes de communication, Philip n'est pas un champion !

Il va le démontrer une nouvelle fois. Les temps sont difficiles pour la famille royale, car Harold Wilson réduit comme peau de chagrin son budget. À la télévision, le duc d'Édimbourg déclare alors : « Nous allons être dans le rouge cette année, que faire ? Nous avons un petit yacht, le

Britannia, que nous pouvons vendre. Il faudra sans doute que je renonce bientôt au polo… Des choses comme ça ! »

Les téléspectateurs britanniques sont partagés entre la stupéfaction et l'hilarité. La presse prend le relais avec des caricatures sans pitié comme « Chérie, si on vendait un Canaletto pour changer la machine à laver ? ». Plus sérieusement, la « firme » Windsor devra soumettre ses comptes au Parlement à partir de 1970.

La mort du duc de Windsor, le mariage d'Anne

Au début de mai 1972, la reine apprend que son oncle David se meurt d'un cancer. Il n'a plus que quelques jours à vivre. Or, Elizabeth II doit se rendre en visite officielle à Paris à la mi-mai. Elle trouve le temps, dans son agenda surchargé, de faire une visite au duc et à la duchesse de Windsor dans leur résidence du bois de Boulogne, à Neuilly, accompagnée de Philip et de Charles. Volonté de pardon et d'apaisement après tant de haines familiales.

Elizabeth II est foncièrement bonne et déteste les conflits. Elle a un ultime entretien avec son oncle dont on ne saura rien. Onze jours plus tard, le 29 mai, le duc de Windsor meurt dans les bras de son épouse Wallis, à l'âge de 77 ans. L'ex-roi Édouard VIII a droit à des obsèques dans la chapelle Saint-George de Windsor, avant d'être inhumé dans le cimetière royal de Frogmore. C'est la fin d'un long cauchemar.

Heureusement, un événement joyeux va réunir la famille royale le 14 novembre 1973, à l'abbaye de Westminster. La princesse Anne épouse le capitaine Mark Phillips. Anne n'a jamais posé de problèmes à ses parents. Elle aime la campagne et les chevaux. Elle a une forte personnalité et beaucoup d'admirateurs. Elle a été la petite amie officielle d'Andrew Parker-Bowles, qui épousera plus tard Camilla Shand. Elle est follement amoureuse du beau capitaine Mark Phillips, qui partage tous ses goûts. La reine est enchantée et veut, pour sa seule fille, un très beau mariage dans l'abbaye de Westminster, retransmis par la BBC. Un vrai succès médiatique. La princesse apparaît rayonnante et ravissante.

Au printemps 1977, Elizabeth peut être sereine. Elle règne depuis vingt-cinq ans et va fêter son jubilé d'argent le 7 juin. Vêtue de rose, elle est acclamée tout au long de son parcours jusqu'à la cathédrale Saint-Paul, où l'archevêque de Canterbury célèbre l'événement devant trente-cinq chefs d'État, dont le président américain Jimmy Carter. Les festivités sont télévisées, y compris la traditionnelle apparition au balcon. La seule question que se pose alors la foule concerne le prince de Galles : pourquoi, à presque 30 ans, est-il encore célibataire ?

Margaret et Tony : premier divorce dans la famille royale

Dans les premiers temps de leur mariage, célébré en 1960, tout semble réussir à Margaret et à Tony. Deux enfants sont nés, David en 1961, titré vicomte Linley, et lady Sarah, née en 1964. Mais le couple princier mène une existence très différente de celle du reste de la famille. Tony est un grand photographe et tient à le rester. Quant à Margaret, elle aime la vie nocturne. Au début, tout se passe bien. On ne voit plus jamais les Snowdon l'été à Balmoral. Ils préfèrent les charmes de la *dolce vita* italienne, de Capri à la Costa Smeralda en Sardaigne…

Dans le film *Royal Family*, on voit la reine se rendant en Écosse, à bord du *Britannia*. Elle tient dans ses bras la petite Sarah Armstrong-Jones. Son frère n'est pas loin. Elizabeth les emmène en vacances à Balmoral pendant que leurs parents s'amusent ailleurs. Pressentant que la vie du couple pourrait mal tourner, elle met tout en œuvre pour protéger ses neveux. Hélas, l'avenir va lui donner raison. L'échec du couple est patent. À partir de 1971, on ne les rencontre plus ensemble. Entre eux, c'est la guerre.

Qui a commencé ? Peu importe. Margaret s'est mise à boire et traîne sa dépression et ses amants dans les night-clubs londoniens et dans sa maison « Les Jolies Eaux », à l'île Moustique, dans les Caraïbes – un cadeau de son ami Colin Tennant. Tony n'a jamais supporté ces virées qu'il considère comme « de l'exotisme de pacotille »...

En 1976, le nouveau Premier ministre travailliste James Callaghan fait de la princesse Margaret la cible de ses attaques au moment où Buckingham Palace négocie laborieusement la nouvelle liste civile qui lui sera allouée : « Payer pour une ivrogne et ses amants, pas question ! »

L'économie du Royaume-Uni n'est pas à son meilleur, le chômage augmente, l'inflation aussi. La reine tente de raisonner sa sœur. Peine perdue : Margaret se jette dans les bras de Roddy Llewellyn, un paysagiste ami de Colin Tennant. Il est chargé de la distraire, il va y arriver ! Elle a 43 ans, lui 25... Une photo intime, en maillot de bain, de Margaret et Roddy sur une plage de l'île Moustique enflamme la presse. Deux jours plus tard, un communiqué de Kensington Palace annonce la séparation de la princesse et du comte Snowdon.

Finalement, elle demande le divorce le 10 mai 1978. C'est le premier divorce si près du trône. Margaret, sixième dans l'ordre de succession, garde sa place. Sa sœur, qui aime beaucoup Toni, maintient également son titre héréditaire de comte Snowdon. Son ex-femme a la garde des enfants, mais Elizabeth va veiller à ce qu'ils pâtissent le moins possible de la violente séparation de leurs parents. Le divorce est devenu courant au Royaume-Uni. Il le sera aussi chez les Windsor.

Charles perd son mentor

Le 27 août 1979, lord Mountbatten, en vacances dans sa résidence du Donegal, en Irlande du Nord, part relever ses casiers à homards à bord de son petit bateau de pêche. Il est accompagné d'une de ses filles, Patricia, de son gendre et de leurs enfants. Il arrête son moteur lorsqu'une charge de 25 kilos de dynamite explose sous ses pieds. Dickie est tué sur le coup, trois passagers sont déchiquetés, dont son petit-fils Nicolas, âgé de 14 ans, et la belle-mère de Patricia, qui en a 83. Les autres sont grièvement blessés.

La reine, alors à Balmoral, est informée. Elle s'éloigne aussitôt de ses invités pour gagner le parc. Tout le monde la verra de dos, secouée de sanglots. Pour désigner les assassins, la presse britannique titre « *Bastards* », la pire injure en anglais. Mais celui qui est certainement le plus atteint est le prince Charles. Lors des funérailles solennelles de lord Mountbatten à Westminster, le 5 septembre, il serre les poings. Il dira plus tard : « J'ai perdu quelqu'un qui était infiniment précieux dans ma vie, qui me témoignait une énorme affection, qui me disait des choses désagréables que je n'avais pas particulièrement envie d'entendre… Il savait être, tout à la fois, grand-père, grand-oncle, père, frère et ami. »

En un mot, un mentor.

Le nouveau Premier ministre est une femme

Depuis le 5 mai 1979 et le retour des conservateurs, le chef du gouvernement est, pour la première fois, une femme : Margaret Thatcher. Quel parcours pour cette fille d'épicier ! Elle a fait ses études à Oxford et a été élue au Parlement à 32 ans. Elle est autoritaire, désagréable et intransigeante, donc très impopulaire. Mais elle s'est assigné comme mission de redresser le Royaume-Uni. Pour cela, la reine l'admire, mais ses méthodes brutales et spectaculaires vont rapidement lui déplaire. Leurs rapports sont difficiles.

Bien qu'admirative de la souveraine et fervente supportrice de la monarchie, Margaret Thatcher espère exercer seule le pouvoir réel. Elle commet une première faute en tentant d'empêcher Elizabeth II de participer au sommet du Commonwealth à Lusaka, en Zambie, en août 1979. La reine se rend quand même dans cet État africain, car elle est le chef du Commonwealth, une fonction qu'elle estime essentielle. La Première ministre doit s'incliner.

Le prince Charles se marie enfin !

Depuis 1977, Charles a fini sa formation. Après quelques années dans la Royal Navy, il est devenu pilote dans la Royal Air Force puis a été nommé colonel d'un régiment de parachutistes. Il s'installe alors à Buckingham Palace où, en tant que prince de Galles, il dispose de sa maison.

Sa vie privée n'est pas simple. En 1970, il tombe amoureux de Camilla Shand. Elle est et elle sera la femme de sa vie. Son père est un ancien officier de cavalerie et dans l'ascendance de sa mère on trouve Alice Keppel, qui avait été, pendant de nombreuses années, la maîtresse du roi Édouard VII. Camilla a dix-huit mois de plus que Charles. Ils partagent l'amour de la campagne, de la nature et des chevaux ainsi qu'un grand sens de l'humour. Ils sont parfaitement bien ensemble, mais le prince doit la quitter pour rejoindre son affectation aux Caraïbes, dans la Royal Navy.

Pendant son absence, Camilla épouse, en juillet 1973, Andrew Parker-Bowles, son ancien *boyfriend*, auparavant flirt de la princesse Anne ! Charles est trahi, vexé. Il se met à papillonner avec les plus jolies représentantes de l'aristocratie britannique, sans cependant jamais s'attacher…

À l'été 1980, le prince de Galles a 32 ans. Il a repris sa liaison avec Camilla, la seule qui le comprenne réellement. Ses parents jugent qu'il est temps qu'il se marie. Sa liaison avec une femme mariée rappelle fâcheusement le précédent prince de Galles, futur (et éphémère) roi Édouard VIII, et Wallis Simpson. La « firme » cherche la perle rare et la trouve en la personne de lady Diana Spencer, une jeune fille de 19 ans appartenant à la plus haute aristocratie et n'ayant eu aucune liaison connue. La perle rare ? Pas si sûr ! Diana a une nature perturbée, traumatisée par le divorce violent de ses parents alors qu'elle n'avait que 8 ans. Elle est jolie, grande, blonde, charmeuse, mais aussi « menteuse compulsive » selon son propre frère, le comte Spencer.

En juillet 1980, une rencontre est organisée. Fine mouche, Diana dit à Charles combien elle a été bouleversée par son chagrin lors de la mort de lord Mountbatten. Charles doit se marier. Pourquoi pas cette jolie et sensible jeune femme, même si son cœur appartient toujours à Camilla ? Il se résout à faire sa demande en mariage le 4 février 1981. Il est déchiré. Il n'aime pas sa fiancée mais il fait son devoir. Diana connaît Camilla et est au courant de sa liaison avec le prince. Mais elle est sûre de l'emporter. Pour elle, il s'agit d'une sorte de challenge. Le mariage a lieu le 29 juillet 1981 dans la cathédrale Saint-Paul, pour pouvoir accueillir plus d'invités qu'à Westminster. Sept cent cinquante millions de téléspectateurs tombent sous le charme de la mariée. Ce jour-là, elle gagne son statut d'icône. Au balcon du palais, le premier baiser sur la bouche du couple soulève l'enthousiasme du monde entier. Du jamais vu ! Enfin un vrai mariage d'amour ! En tout cas c'est ce qui paraît…

Le prince Andrew, héros de la guerre des Falkland

En janvier 1982, le Royaume-Uni suit de près la grossesse de Diana, devenue princesse de Galles par son mariage, qui a été annoncée le 5 novembre précédent. Mais bientôt, c'est une préoccupation d'une autre nature qui inquiète les Britanniques : pour tenter de faire oublier une grave crise économique, la dictature militaire de Buenos Aires annonce que l'Argentine va reconquérir l'archipel des Falkland, occupé par la couronne d'Angleterre depuis 1832. Des commandos argentins débarquent sur l'île de Géorgie du Sud le 2 avril. Après un ultimatum sans réponse, Margaret Thatcher met en alerte les troupes du Royaume-Uni. Elles seront transportées en partie par des navires commerciaux, tels que le paquebot *Queen Elizabeth 2*.

C'est la deuxième guerre de la reine après Suez. Mais cette fois, son propre fils y participe ! Andrew, 22 ans, troisième enfant d'Elizabeth et Philip, y prend en effet part comme pilote d'hélicoptère. Chouchou de sa mère, surnommé Andy, il est l'exact opposé de Charles. Il a supporté le pensionnat de Gordonstoun sans états d'âme. C'est un bon vivant, pas du tout un intellectuel. On lui a évité Cambridge, mais il a aussi été à Dartmouth et a adoré la vie militaire. La guerre est courte, elle s'étale sur moins d'un mois, mais elle fera 1 000 victimes, dont 255 sujets de Sa Majesté. Andy s'est remarquablement comporté. Il rentre trois mois plus tard avec les troupes ayant participé au conflit. La guerre a été victorieuse. Tous ceux qui l'ont faite sont accueillis triomphalement.

Décidément, c'est l'heure des bonnes nouvelles : le 25 juin 1982, la princesse de Galles accouche d'un premier enfant, le prince William. Apparemment, le conte de fées continue. Deux ans plus tard, le 15 septembre 1984, elle donne naissance à un second fils, Harry. Mais derrière l'image de ce bonheur familial, l'entente de Charles et de Diana n'est plus qu'une fiction. Le prince héritier a repris sa liaison avec Camilla Parker-Bowles, sa femme est profondément humiliée, mais pour le grand public, rien ne transparaît de ce naufrage conjugal. Pour l'instant, seule la famille royale et quelques proches sont au courant.

Le mariage d'Andrew

À l'été 1985, le prince Andrew rencontre une rousse flamboyante, Sarah Ferguson, dite « Fergie », invitée dans la loge royale à Ascot grâce à Diana. La princesse de Galles pensait que Fergie pourrait plaire à son beau-frère. Elle a vu juste : c'est un vrai coup de foudre ! Certes, elle est un peu vulgaire, elle a déjà eu plusieurs amants, dont le dernier, avec qui elle vivait, avait vingt-deux ans de plus qu'elle. Mais peu importe ! Le père de Sarah, écuyer de la reine, fait partie des équipes de polo du prince Philip depuis 1960. Cela aide à être admis dans le cercle royal.

L'éclatante et joyeuse Fergie a un point commun avec sa belle-sœur Diana : elle avait 13 ans lorsque sa mère, la belle Suzanne, a abandonné sa famille pour un joueur de polo argentin. Mais Fergie s'est plus facilement intégrée dans la famille royale car elle aime le polo, la chasse, la nature et les chevaux, contrairement à sa belle-sœur.

Andrew, titré par sa mère duc d'York, épouse Sarah-Fergie le 25 juillet 1986 à Westminster. La cérémonie, télévisée, n'attire que 500 millions de spectateurs, moins que Charles et Diana, mais c'est normal : Andrew est un cadet… Le couple a deux filles, Béatrice en 1988 et Eugénie en 1990. Entre-temps, Elizabeth et Philip doivent gérer un autre coup dur : Anne divorce de son mari Mark Phillips. La princesse est amoureuse du commandant Tim Lawrence. Son conjoint l'a lui-même copieusement trompée… Le coup est rude : Anne est le premier enfant d'Elizabeth et Philip qui divorce… Et ce n'est qu'un début !

Deux mariages, deux échecs

Deux scandales successifs vont faire la une de la presse. Ils concernent la duchesse d'York. En 1991, des photos prouvent sa liaison avec un magnat du pétrole, Steve Wyatt. Le couple princier décide alors de se séparer. Elizabeth II plaide la patience, mais l'année suivante, en août 1992, lors des vacances à Balmoral, d'autres photos font la une des journaux britanniques. Elles montrent cette fois Fergie en compagnie de son nouvel amant, John Bryan. Il y suce voluptueusement un orteil de la jeune femme au bord d'une piscine dans le midi de la France. Plus grave encore, les deux filles d'Andrew sont aussi sur la photo ! Cette fois, le divorce est inévitable.

Chez le prince et la princesse de Galles, les scandales se succèdent aussi. Ce même été 1992, le *Sun* publie la transcription d'une conversation intime de Diana avec son amant John Gilbey, héritier d'une marque de gin. Il appelle Diana *Squidgy*, qui signifie « ma douce ». L'affaire est baptisée « Squidgygate »... Dans cet échange (le journal assure qu'il a censuré les passages sexuels), Diana déverse son ressentiment à l'encontre de Charles et a des paroles particulièrement grossières à l'égard de la famille royale. À la guerre des York succède celle des Galles. Elle sera longue et meurtrière...

L'incendie du château de Windsor

La difficile année 1992 n'est cependant pas encore finie... Dans la nuit du 19 au 20 novembre, un terrible incendie ravage le château de Windsor. Il est accidentel. Dix siècles d'histoire disparaissent dans le brasier. La chapelle privée, la salle à manger d'apparat et le Salon cramoisi vont brûler. Le prince Andrew, présent dans la forteresse ce soir-là, organise avec efficacité le sauvetage des œuvres d'art.

On prévient la reine. Elle est sur place aux premières heures du jour, chaussée de bottes, un foulard Hermès noué sous le menton. Elizabeth II fait face à un nouveau drame. Windsor et elle, c'est une histoire d'amour, mais c'est aussi l'histoire de l'Angleterre depuis près de mille ans. Pis encore, ce 20 novembre est son 45e anniversaire de mariage et Philip est... en Argentine. Quatre jours plus tard, le 24 novembre, lors d'un banquet donné pour ses quarante années de règne au Guildhall de Londres, la reine prononce le discours le plus émouvant de son règne. Elle s'y montre presque fragile. Après avoir demandé « indulgence, compréhension et gentillesse » à l'assistance, elle déclare : « Je ne conserverai pas de l'année 1992 le souvenir d'un bonheur sans mélange. Comme me l'écrivit, avec sympathie, l'un de mes aimables correspondants, ce fut vraiment une *annus horribilis.* »

On ne saurait mieux dire…

Références bibliographiques

Sarah Bradford, *George VI*, Londres, Penguin Books, 1989.

—, *Elizabeth II*, Londres, Penguin Books, 2002, nouvelle édition.

Jean des Cars, *Elizabeth II. La Reine*, Paris, Perrin, 2018.

William Shawcross, *Queen Elizabeth the Queen Mother*, Londres, Pan Books, 2009.

Elizabeth II, l'impopularité et la reconquête

Après le « Squidgygate », le « Camillagate » !

Lorsqu'elle prononce son discours sur l'*annus horribilis* le 24 novembre 1992, Elizabeth II ne sait pas que la fin de l'année s'annonce tout aussi *horribilis*... Le 26 novembre, John Major, qui a succédé à Margaret Thatcher, annonce à la Chambre des communes que désormais la reine et le prince de Galles acceptent de payer des impôts. Des contribuables comme les autres...

La souveraine finance, sur sa cassette privée, le budget de certains membres de la famille. Il est aussi décidé qu'elle prendra en charge les frais de la restauration du château de Windsor, qui va durer cinq ans. C'est injuste, car il ne s'agit pas d'une propriété privée de la souveraine, mais d'une propriété de l'État. Pour financer en partie cette énorme dépense, la reine Elizabeth ouvre Buckingham Palace au public, l'été, lorsqu'elle est à Balmoral. Une révolution !

Début décembre, le même John Major fait une déclaration stupéfiante : « C'est avec regret que Buckingham Palace annonce que le prince et la princesse de Galles ont décidé de se séparer. Leurs Altesses Royales n'ont pas l'intention de divorcer et continueront à s'occuper ensemble de l'éducation de leurs enfants. Ils continueront à tenir séparément leurs engagements publics, ils apparaîtront ensemble dans certaines circonstances familiales et nationales. La reine et le duc d'Édimbourg, bien qu'attristés, comprennent et compatissent aux difficultés qui les ont conduits à prendre cette décision. »

Lors de cette séance au Parlement, le Premier ministre ajoute qu'il ne voit aucune raison pour que Diana ne soit pas couronnée reine lors de l'avènement de Charles. C'est absurde : l'idée que la princesse de Galles, séparée de son mari et à couteaux tirés avec lui, puisse être couronnée est parfaitement irréaliste !

Dans cette avalanche de mauvaises nouvelles, on apprend que le 12 décembre, la princesse Anne a épousé, en Écosse, Timothy Laurence, un commandant de la Royal Navy. Elle souhaitait un « mariage en stricte intimité ». À l'époque, seule l'Église écossaise permet le remariage religieux des divorcés. Et Anne en a besoin pour conserver ses droits à la succession. Elle ne prévient même pas sa mère, qui l'apprendra… par une révélation de la BBC ! La reine est furieuse. Elle organise, pour le remariage de sa fille, une « petite réception avec soupe et sandwiches dans une annexe du château de Balmoral », inchauffable en hiver ! La presse résume avec humour : « C'est le mariage le moins cher de l'histoire du Royaume » !

Et l'année n'est pas finie ! Une nouvelle bombe explose dans la famille royale : c'est le « Camillagate ». Il s'agit de la diffusion par la presse d'une conversation téléphonique extrêmement intime entre Charles et Camilla, enregistrée trois ans plus tôt, en 1989. Charles y exprime son désir de vivre… à l'intérieur de la petite culotte de sa bien-aimée ! Le reste est accompagné de détails si scabreux que je n'ose pas les citer ! Le « Squidgygate » : un point pour Charles ! Le « Camillagate » : un pour Diana ! Ex aequo, balle au centre. Mais la guerre des Galles ne fait que commencer…

Pour Diana, le « Camillagate » justifie ce qu'elle a raconté à Andrew Norton dans son livre *Diana : son histoire vraie*, paru six mois auparavant. Inspiré par la princesse, ce livre fait de Diana une victime des infidélités de Charles et de l'acharnement de la famille royale qui la déteste. Elle devrait donc triompher, et en 1993 elle profite totalement de la situation.

Mais un rebondissement, début 1994, va changer la donne. Le quotidien de très large audience *The Sun* publie des photos de Diana en compagnie de Richard Kay, chroniqueur royal du prestigieux *Daily Mail*, qui prouve leur proximité. La jeune femme manipule la presse en s'épanchant auprès des journalistes. Plus ennuyeux encore, l'hebdomadaire *News of the World* révèle la liaison qu'elle a entretenue avec l'antiquaire Oliver Hoare. Pis : elle relate le harcèlement téléphonique dont l'épouse de ce dernier a été victime de la part de Diana après leur rupture. Ladite épouse a porté plainte et l'enquête a prouvé que les appels venaient bien de la princesse de Galles. Une fois le rapport de police publié, les appels ont cessé…

Au printemps 1994 sort un livre d'Anna Pasternak intitulé *Princess in love*. Il révèle au public la liaison de Diana avec le major John Hewitt. Il est roux et des rumeurs circulent, attribuant au major Hewitt la paternité de Harry ! Or, lorsqu'il entre dans la vie de Diana, en 1986, Harry a déjà 2 ans ! S'il est roux, c'est grâce à l'hérédité de la famille Spencer, qui en compte beaucoup.

Il n'est pas impossible que Harry ait, par la suite, souffert de ce soupçon. Lui et son frère aimaient beaucoup le major Hewitt, qu'ils considéraient comme leur professeur d'équitation et qui jouait si bien avec eux. Il disparaît brutalement de leur vie comme de celle de leur mère en 1990, après une liaison de quatre ans. C'est Diana qui y met un terme, car tout le régiment du major est au courant et l'affaire risque d'être vendue, elle aussi, à un tabloïd.

Dans cette atmosphère de déballages nauséabonds, il est évident que le Noël 1993 à Sandringham n'a aucune chance d'être serein ! Diana y vient à contrecœur, rameute les photographes tout en se plaignant de leur présence. La reine est en colère. Elle exige que les journalistes arrêtent cette chasse aux images. Philip et Elizabeth sont extrêmement atteints par toutes les crises provoquées par leurs enfants. Ils s'interrogent sur leur responsabilité : pourquoi les mariages de leurs trois premiers enfants sont-ils tous des échecs épouvantables ? Ils se demandent : « Qu'avons-nous fait pour que nos belles-filles nous considèrent comme des épouvantails ? »

L'inauguration du tunnel sous la Manche

Le 6 mai 1994, Elizabeth II échappe pour quelques heures à son cauchemar familial. En compagnie du président François Mitterrand, elle inaugure le tunnel sous la Manche. Il a fallu huit ans et les efforts de 12 000 ingénieurs, techniciens et ouvriers pour venir à bout de cet ouvrage pharaonique : 50 kilomètres de double voie ferroviaire sous la Manche.

Désormais, la France et le Royaume-Uni sont reliés par le train Eurostar. La Grande-Bretagne n'est plus une île. À la demande d'Elizabeth II, par courtoisie, la cérémonie a d'abord lieu du côté français, à Coquelles, près de Calais. Les deux chefs d'État coupent en même temps le ruban tricolore. Puis, la reine refuse poliment de monter dans la voiture du président français. Elle préfère sa Rolls-Royce, symbole de l'excellence britannique. C'est dans cette limousine et dans une navette spéciale qu'Elizabeth II fait la traversée, peut-être angoissée en songeant aux milliards de tonnes d'eau au-dessus de sa tête. Elle déclarera : « Je souriais mais du bout des lèvres… »

Charles contre-attaque

Le 29 juin 1994, à deux jours du 25e anniversaire de son intronisation en qualité de prince de Galles, Charles choisit d'apparaître à la télévision dans un portrait que lui consacre le journaliste Jonathan Dimbleby, diffusé par la chaîne d'information continue ITV. Exaspéré d'être systématiquement décrié par son épouse, il tente de reprendre la main. Le film est intitulé *Charles, l'homme privé, le destin public.* Quinze millions de téléspectateurs vont connaître ses habitudes, ses activités, ses goûts en matière de musique et de peinture, de médccine naturelle, d'architecture. Le prince se montre détendu, parfois amusé. Mais ce qu'attendent les téléspectateurs, ce sont évidemment des explications sur sa vie privée.

Sur son mariage avec Diana, il dit : « Jusqu'à ce que notre mariage soit irrémédiablement détruit, nous avons tous les deux fait de notre mieux. » Et puis il parle de Camilla : « Mme Parker-Bowles a été une amie pendant très longtemps et continuera à l'être pendant longtemps encore. » Le divorce d'avec Diana n'est pour l'instant pas envisagé mais il ne constitue de toute façon pas un empêchement pour devenir roi.

La riposte de Diana est simultanée. Au moment même de la diffusion du documentaire, la princesse de Galles apparaît à une réception à la Serpentine Gallery, dans une petite robe noire pour le moins sexy. Évidemment, c'est elle qui fait la une de tous les journaux du lendemain !

Mais Charles n'a pas dit son dernier mot, au sens propre du terme ! Trois mois plus tard paraît sa propre biographie, signée aussi Jonathan Dimbleby. Son titre : *Le prince de Galles a priori*. Si c'est la version écrite du documentaire, Charles y a ajouté un long réquisitoire contre ses parents. Il se plaint d'avoir été un enfant mal-aimé, malmené par un père trop dur et privé de la tendresse d'une mère qui se consacre exclusivement à ses devoirs de monarque. Il y a certainement du vrai dans cette analyse, mais il n'est pas le premier prince héritier ayant eu une adolescence compliquée. Les futurs Édouard VII, Édouard VIII, et même et surtout George VI, n'avaient pas non plus eu des enfances très heureuses...

La reine est évidemment secouée. Ce n'est pas le fond qui la contrarie le plus, c'est le fait que son héritier se plaigne publiquement et révèle ses souffrances personnelles. Pour elle, dont la devise, héritée de sa grand-mère paternelle, la reine Mary, est « *Never explain, never complain* », cette sortie est éminemment « *shocking* » !

Diana dépasse les bornes

Dans la période médiatique suivante, Diana se forge une image caritative forte. Elle visite et réconforte les malades atteints du sida, rencontre des enfants cancéreux, rend visite à Mère Teresa. Elle fait monter la pression, disant préférer « être la princesse des cœurs que la reine ». Elle songe même à demander une mission d'ambassadrice extraordinaire de la Couronne pour des buts humanitaires. Au Foreign Office, on n'est pas étonné mais inquiet. On compare la princesse de Galles à une grenade dégoupillée ! Un danger pour la monarchie, qu'elle dynamite et discrédite.

Le 14 novembre 1995, jour bien choisi puisque c'est le 47e anniversaire de Charles, la princesse de Galles annonce qu'elle donnera une grande interview en direct à la BBC dans la célèbre émission « Panorama », six jours plus tard, le 20 novembre. Une date également bien choisie : c'est le jour du 48e anniversaire de mariage d'Elizabeth et Philip !

L'émission se déroule au domicile de Diana, à Kensington Palace. C'est un ancien chroniqueur sportif, Martin Bashir, qui mène l'entretien. Diana s'est choisi un look tragique : vêtue d'un strict tailleur noir, ses grands yeux bleus tristes et largement cernés de khôl. Elle confirme tout ce qu'elle a raconté dans sa biographie, sa haine envers Camilla, sa liaison avec James Hewitt, en précisant qu'elle l'a adoré… Plus grave, elle dénigre Charles, doute de ses capacités à devenir un jour roi, estimant que son fils William devrait être le successeur d'Elizabeth II. Elle se plaint aussi des médias qui la traquent, du Palais qui ne la soutient pas, et achève l'interview par une phrase soigneusement préparée : « Nous étions trois dans ce mariage et cela fait beaucoup de monde dans un couple. »

La réaction de la reine se manifeste un mois plus tard. Elle écrit séparément à Charles et à Diana, leur demandant d'entamer une procédure de divorce.

L'année 1996 sera celle des divorces. Le premier, celui d'Andrew et de Sarah, est prononcé le 30 mai. La duchesse d'York reçoit peu d'argent puisque Andrew dépend entièrement de sa mère. Elle perd son prédicat d'Altesse Royale. Trois mois plus tard, le 28 août, c'est le divorce de Charles et Diana qui devient une réalité juridique. Diana continuera à vivre à Kensington Palace mais elle perdra, elle aussi, son titre d'Altesse Royale. Désormais, elle sera Diana, princesse de Galles. Elle reçoit une indemnité compensatoire de 17 millions de livres. C'est l'un des divorces les plus chers de la fin du XXe siècle.

Dans ces deux naufrages, Elizabeth II tient à conserver un lien minimal avec ses deux ex-belles-filles, pour le bien de ses petits-enfants. Elle assume pleinement son rôle de grand-mère et a autant d'affection pour William et Harry que pour Béatrice et Eugénie. À Noël, elle invite Diana à Sandringham. Celle-ci refuse, car elle déteste l'atmosphère de cette résidence. Elle aura ce commentaire glaçant : « Je serais arrivée en BMW et repartie en corbillard ! »

Pour William et Harry, c'est le premier Noël sans leur mère. Elle reste seule à Kensington Palace, avant de s'envoler avec eux vers les Caraïbes.

La nouvelle vie des petits princes

Dès leur séparation officielle fin 1992, Charles et Diana modifient leur existence et celle de leurs enfants. Tandis que Diana conserve l'appartement de Kensington Palace, Charles s'installe dans un appartement à Saint James Palace, où il avait déjà ses bureaux. Il conserve évidemment son domaine de Highgrove, où il reçoit ses fils le week-end.

Pour les accompagner dans leur nouvelle vie, le prince de Galles engage une jeune femme qu'il connaît depuis toujours, Alexandra Legge-Bourke. Les jeunes princes vont adorer celle qu'ils surnomment « Tiggy », une compagne jeune, joyeuse, pratiquant l'équitation et la chasse, imaginant toutes sortes de jeux pour les distraire. Évidemment, Diana ne la supporte pas et en est jalouse. Elle l'accusera, sans preuves et par pure méchanceté, d'être la maîtresse de Charles, et même de s'être fait avorter. Tout est faux ! Le scandale remonte jusqu'à la reine et Diana cesse de tourmenter Tiggy, qui conserve sa charge.

En juillet 1997, Charles donne une grande fête en l'honneur des 50 ans de Camilla. Il lui offre un superbe collier. Diana est furieuse. Pour se venger, elle accepte l'invitation du milliardaire égyptien Mohamed al-Fayed à séjourner dans sa propriété de Saint-Tropez et à bord de son yacht. Elle s'y rend accompagnée de ses deux fils. Les photographes sont au courant. Ils ne tardent pas à découvrir la nouvelle liaison de la princesse avec le fils de son hôte, Dodi. C'est la première fois que Diana s'affiche à ce point, peut-être pour compenser sa rupture avec Hasnat Khan, un chirurgien cardiaque, après une relation qui a duré deux ans. C'est lui qui, affolé par le choc d'une telle médiatisation de son existence, a rompu.

Après leur séjour à Saint-Tropez avec Diana, William et Harry rejoignent leur père. Ils seront à Balmoral avec lui à la mi-août. Diana part en croisière avec Dodi al-Fayed sur un petit yacht au large de la Sardaigne. Comme d'habitude, elle a prévenu un photographe. De sublimes clichés, soi-disant volés, montrent la princesse rêveuse sur un plongeoir ou échangeant des baisers avec Dodi sur le pont du yacht. Ces photos font le tour du monde.

La tragédie du pont de l'Alma

Le 30 août au matin, Diana et Dodi débarquent à Paris, poursuivis par une meute de journalistes. Ils s'installent au Ritz, propriété de Mohamed al-Fayed. On ne sait pour quelle raison, alors que la meute des photographes campe place Vendôme, un peu avant minuit le couple quitte précipitamment l'hôtel par l'arrière, dans une Mercedes conduite par M. Paul, fidèle employé du palace. Le garde du corps personnel de Diana prend place à côté du chauffeur. La suite n'est que trop connue : poursuivie par les journalistes à moto, la berline s'engouffre à trop grande vitesse dans le tunnel du pont de l'Alma et en percute le treizième pilier. Dodi et M. Paul meurent sur le coup, le garde du corps est blessé. Transportée en ambulance à la Salpêtrière, la princesse décède officiellement le 31 août, à 3 h 30 du matin.

L'ambassadeur britannique à Paris prévient immédiatement la reine. Charles est réveillé. Elizabeth, Philip et Charles décident de laisser dormir les jeunes princes et la reine mère. C'est à 7 h 15 que Charles apprend la nouvelle à William. Il a mal dormi. Sa mère l'a appelé la veille au soir, la conversation n'a pas été agréable. William lui avait demandé si elle avait l'intention d'épouser Dodi, qu'il n'aimait pas. Elle n'avait pas répondu. Il avait raccroché. Charles et son fils aîné vont ensuite réveiller Harry. C'est un moment d'immense chagrin que les enfants n'oublieront jamais.

Le prince de Galles se rend à Paris pour ramener à Londres le corps de son ex-épouse. Dans la matinée, le Premier ministre Tony Blair prend la parole pour un hommage appuyé à la « princesse des cœurs ». Elizabeth II et Philip ne pensent qu'à leurs petits-enfants. Ils les emmènent à l'office dominical de l'église de Crathie, près de Balmoral, afin de prier pour leur maman. Occupée par son rôle de grand-mère, la reine ne réagit pas officiellement au décès de son ex-belle-fille. Son silence, les Britanniques vont le prendre pour de l'indifférence. Elle l'ignore encore, mais cela va susciter un trouble gigantesque qu'il va bientôt lui falloir affronter…

Alors que le monde entier, stupéfié et bouleversé par la mort brutale de la princesse de Galles, suit à la télévision des reportages en boucle sur la vie de Diana, la reine Elizabeth II fait disparaître tous les téléviseurs du château de Balmoral, sauf un dans sa propre chambre, mais il restera éteint.

Par cette réaction, elle veut protéger ses deux petits-fils. Elle ne veut pas qu'ils voient les horribles images de la tragédie du pont de l'Alma ni celles de leur mère rayonnante et pleine de vie. Elle a raison. William et Harry sont déjà assez bouleversés pour ne pas ajouter de l'horreur au chagrin. Mais en prenant cette décision, Elizabeth II et Philip vont se couper du monde et de l'émotion ressentie au niveau planétaire, et plus encore par leurs propres sujets. Bien sûr, eux aussi ont été touchés par la mort de Diana à seulement 36 ans.

Mais pour Elizabeth II, il ne s'agit « que » d'un deuil familial. Diana n'était « que » son ex-belle-fille. Elle n'était plus Altesse Royale, il n'y a donc aucune raison de mettre les drapeaux en berne. La souveraine envisage un enterrement en petit comité, et l'inhumation de Diana dans le carré royal de Frogmore, non loin des tombes du duc et de la duchesse de Windsor.

Avant de partir pour Paris, Charles demande à la gouvernante Tiggy Legge-Bourke de se rendre d'urgence à Balmoral, pour tenter de gérer la douleur des enfants. De même, la princesse Anne arrive à Balmoral avec son fils Peter, 20 ans, et sa fille Zara qui en a 16. Elle pense qu'ils seront un secours pour leurs cousins. Il faut rappeler que William et Harry ont respectivement 15 et 13 ans.

Ce cocon familial, si nécessaire soit-il, empêche la souveraine de mesurer l'ampleur de l'émotion mondiale et de la réponse attendue. Le comportement de la famille royale, accusée de se confiner à Balmoral, déchaîne les foudres de la presse et d'une grande partie de la population. Un grand quotidien titre : « Où est notre reine ? » Il faudra toute l'énergie et l'obstination du Premier ministre Tony Blair et du prince Charles pour convaincre Elizabeth de rentrer d'urgence à Londres afin de manifester sa compassion, faire mettre les drapeaux en berne et prévoir des obsèques solennelles.

À Londres, une foule immense vient déposer des montagnes de fleurs devant les grilles de Buckingham Palace. Du jamais vu ! Il y en a aussi devant les grilles de Balmoral. La reine consent enfin à ce que le drapeau au-dessus de Buckingham Palace, qui n'était pas hissé puisqu'elle était absente, soit enfin visible et mis en berne. Ce n'est que le 5 septembre, après six jours d'un silence devenu une faute politique, que le couple royal revient à Londres. Et il était temps, car entre-temps le chagrin s'est transformé en colère… La foule commence à brandir des pancartes sur lesquelles on peut lire « Windsor assassins ». Les excès de la colère…

À peine arrivés à Buckingham Palace, la reine et son mari se livrent à un exercice périlleux et inédit : ils sortent à pied du palais et franchissent les grilles qui disparaissent sous les fleurs. La foule, silencieuse, est hostile. Néanmoins, Elizabeth et Philip font preuve de courage. Ils restent là un moment, lisant les cartons et messages qui accompagnent les fleurs. Ils tentent même un dialogue avec la foule désemparée. À la demande du Premier ministre, le prince Charles a insisté auprès de sa mère pour qu'elle se livre à un deuxième exercice, tout aussi périlleux : une déclaration télévisée depuis le palais en hommage à son ex-belle-fille.

Vêtue de noir, lunettes sur le nez (ce qui est très rare), avec, à l'arrière-plan, la foule qui se presse encore devant les grilles du palais, la reine déclare : « La princesse de Galles était un être exceptionnel et doué… Je l'admirais et la respectais pour son énergie et son engagement envers les autres… Quiconque a connu Diana ne l'oubliera jamais. En ce qui me concerne, je crois qu'il y a des leçons à tirer de sa vie, et de l'extraordinaire et émouvante réaction à sa mort. » Elizabeth II veut montrer qu'elle reconnaît son erreur. Ce faisant, elle tente de sauver l'image royale, gravement atteinte par cet épisode.

Les obsèques de Diana

Sur le plan logistique, les obsèques solennelles de Diana ne posent pas un grand problème. Les funérailles de la reine mère Elizabeth sont prévues depuis longtemps. C'est ce cérémonial que l'on appliquera pour celles de Diana. Sur la composition du cortège, ce sont les communicants du Premier ministre qui prennent le relais. Ils veulent en faire un spectacle bouleversant et imposer aux deux enfants de suivre à pied le cercueil de leur mère.

Le prince Philip s'oppose à ce supplice infligé à des enfants déjà très traumatisés. Il n'obtiendra pas gain de cause, mais William, lui aussi, refuse. Il finit par accepter, à condition que son grand-père soit à ses côtés. On verra donc, derrière le cercueil de Diana, le duc d'Édimbourg, William, le comte Spencer, frère de Diana, Harry et le prince Charles. Tout au long de ce pénible trajet d'environ un kilomètre et demi entre le palais de Saint James, où le cercueil a été déposé, et l'abbaye de Westminster, Philip ne cesse de parler à voix basse à William pour le soutenir.

Ce samedi 6 septembre 1997, une foule immense est massée le long du trajet, et 2 milliards de téléspectateurs suivent la cérémonie. Dans l'abbaye, l'assemblée est à l'image de la princesse défunte. Il y a des stars, de Tom Cruise à Steven Spielberg, de Karl Lagerfeld à John Galliano. Pas de chefs d'État, mais certaines épouses de dirigeants se sont déplacées, comme Hillary Clinton, Bernadette Chirac et Suzanne Moubarak. Elton John, grand ami de la princesse, chante pour elle *Candle in the Wind*.

Mais le moment fort de cette cérémonie est le terrible discours prononcé par le frère de Diana, le comte Charles Spencer. Il ne rend pas un hommage à sa sœur « sensible, belle, pleine d'humour et de joie de vivre ». Il se livre à un véritable réquisitoire et s'en prend, successivement, à la presse et aux Windsor, déclarant vouloir préserver ses neveux de l'absence d'humanité dont il vient d'être témoin.

L'émotion est si forte qu'il est applaudi à l'intérieur de la cathédrale, tout comme à l'extérieur, où des haut-parleurs retransmettent l'office. Un camouflet terrible pour la famille royale ! Les funérailles de Diana se sont transformées en règlement de comptes et en procès. Charles Spencer a oublié que les torts étaient largement partagés…

Après la cérémonie, Diana n'est pas inhumée à Windsor mais à Althorp House, le fief des Spencer, au nord de Londres. Elle repose dans un caveau aménagé sur une île, au milieu d'un étang.

Elizabeth II tente de reprendre la main

Pour la reine et la famille royale, les obsèques de Diana ont certainement été un calvaire. Elizabeth II va néanmoins tenter de renouer avec la confiance et l'estime populaires. Et le calendrier va l'y aider… Le 20 novembre 1997, dans cette même abbaye de Westminster, la souveraine et le duc d'Édimbourg célèbrent leurs noces d'or, cinquante ans de mariage. C'est un événement heureux pour tenter de faire oublier la gifle subie deux mois et demi plus tôt au même endroit.

L'Europe couronnée s'est déplacée pour assister au service d'action de grâce du couple. Les souverains belges, Albert II et Paola, accompagnés de la reine Fabiola, la reine Margrethe II de Danemark, son époux et leur fils aîné, le grand-duc de Luxembourg et sa famille, les dynasties régnantes de Suède et de Norvège. Même l'ex-roi Michel de Roumanie, qui est le seul à avoir assisté au mariage d'Elizabeth et Philip en 1947, où il avait rencontré sa future épouse, Anne de Bourbon-Parme, est venu. La solidarité monarchique européenne s'est manifestée. Elizabeth II apparaît épanouie. Tous ses enfants et petits-enfants sont là, y compris William et Harry.

Après la cérémonie, la reine et Philip se rendent à pied au 10 Downing Street, chez le Premier ministre, Tony Blair. C'est une démarche exceptionnelle. Il les attend pour les féliciter. Elizabeth II s'arrête souvent et sourit. La foule l'applaudit ! Une belle revanche. Après un *drink* chez le chef du gouvernement, un dîner est donné au Guildhall, dans la salle des banquets, pour plus de 300 invités, dont le couple Blair. Elizabeth y prononce un discours dans lequel elle rend hommage à son époux : « Il a simplement été ma force pendant toutes ces années et il le demeure. Et moi et sa famille entière et ce pays et beaucoup d'autres, nous lui devons plus qu'il ne le dira jamais. Beaucoup trop fréquemment, je le crains, le prince Philip a dû m'écouter parler. Nous avons souvent discuté ensemble de mes discours. Comme vous l'imaginez, ses opinions ont toujours été exprimées avec la plus grande franchise. »

Pour la première fois, la reine verse une larme en public

Un autre événement, plus surprenant, contribue au retour en grâce de la reine. Un mois après la célébration des noces d'or, la famille royale assiste, à Portsmouth, au désarmement du *Britannia*, qui coûtait trop cher au contribuable britannique (la bagatelle de 60 millions de livres par an).

Elizabeth et Philip sont particulièrement touchés. Ce bateau, c'est la seule demeure qu'ils aient jamais construite.

Peut-être leur vrai « chez-eux ». Il a accompagné toute leur vie, depuis les voyages au bout du monde jusqu'aux croisières familiales d'été pour se rendre en Écosse. Ces images se bousculent certainement dans la tête de la souveraine au moment de faire ses adieux au yacht qu'elle a elle-même inauguré quarante-quatre ans plus tôt.

Et à ce moment-là, l'impensable va se produire. L'espace d'un instant, on la voit, ensemble rouge vif, le regard dans le vague, essuyer, sous ses lunettes, une larme de sa main gauche couverte d'un gant noir. Est-ce la fameuse leçon de la mort de Diana ? Le poids des souvenirs et des sentiments ? Celui des années, des échecs et des tragédies qui se sont enchaînés depuis l'*annus horribilis* ? On ne saurait le dire avec certitude. Mais ce 11 décembre 1997, pour la première fois de son existence, Elizabeth II, reine du Royaume-Uni, manifeste son émotion publiquement.

Références bibliographiques

Sarah Bradford, *George VI*, Londres, Penguin Books, 1989.

—, *Elizabeth II*, Londres, Penguin Books, 2002, nouvelle édition.

Jean des Cars, *Elizabeth II. La Reine*, Paris, Perrin, 2018.

William Shawcross, *Queen Elizabeth the Queen Mother*, Londres, Pan Books, 2009.

Elizabeth II, *God Save the Queen*

La célébration du millénaire

Pour célébrer le changement de millénaire, le Premier ministre Tony Blair veut un symbole spectaculaire : la construction, sur la rive sud de la Tamise, du dôme du Millénaire, désormais inévitable dans le paysage londonien. Lors de l'inauguration, dans la nuit du 31 décembre 1999 au 1er janvier 2000, il tient à rendre hommage au génie du peuple britannique. Plusieurs expositions célèbrent la langue anglaise, ses plus grands auteurs, ses plus prestigieux artistes. L'archevêque de Canterbury prononce un discours sur les racines chrétiennes du Royaume-Uni et sur la naissance du Christ il y a deux mille ans. La reine et le duc d'Édimbourg sont évidemment présents et joignent leurs mains à celles du Premier ministre et de son épouse pour chanter *Auld Lang Syme* (littéralement « Le bon vieux temps »).

Le prince Charles est lui aussi présent. Après la mort de Diana, il s'est énormément consacré à ses deux fils. William ne pose guère de problèmes, il est à Eton, et chaque semaine il traverse la petite rivière qui sépare le collège du domaine de Windsor pour prendre le thé avec sa grand-mère. Elizabeth II le prépare avec tact aux futurs devoirs de sa charge. Pour Harry, c'est plus difficile. Il n'était pas prêt à entrer à Eton et a dû redoubler sa dernière année de collège. C'est lui qui a été le plus choqué par la mort de sa mère. Pour le réconforter, Charles l'emmène en Afrique du Sud lors du voyage officiel qu'il effectue en novembre 1997. À Pâques 1998, c'est avec ses deux fils qu'il se rend au Canada, également en déplacement officiel. Le trio y reçoit un accueil triomphal.

Cette année 1998 est celle des 50 ans du prince Charles. Il veut fêter cet anniversaire avec William et Harry, mais auparavant, il souhaite qu'ils rencontrent Camilla, qui a divorcé d'Andrew Parker-Bowles en 1995. En juin, il organise un premier tête-à-tête entre William et Camilla au palais de Saint James, où il habite avec ses fils. La maîtresse historique est terrorisée, mais tout se passe bien. C'est alors au tour de Harry de faire sa rencontre officielle. Cela se passe à Highgrove, en compagnie des deux fils de Camilla. La glace est vite rompue. Charles a réussi à la faire accepter par ses enfants. La preuve : lorsque, le 31 juillet 1998, William et Harry donnent une grande fête pour les 50 ans de leur père à Highgrove, ils mettent Camilla à la place d'honneur.

L'an 2000 est aussi l'occasion de fêter la reine mère, qui célèbre ses 100 ans le 4 août. Elizabeth II décide alors de donner à Windsor une grande réception suivie d'un bal pour célébrer non seulement le centenaire de sa mère, mais aussi les 70 ans de sa sœur Margaret, les 50 ans de sa fille Anne et les 40 ans de son fils Andrew, le duc d'York. Une fête mémorable, un événement unique pour la monarchie. Et une entrée spectaculaire des Windsor dans le troisième millénaire.

Dans la famille royale, les anniversaires se célèbrent en plusieurs phases. Le 11 juillet, un office d'action de grâce est organisé dans la cathédrale Saint-Paul pour les 100 ans de la reine mère, en présence d'une multitude de têtes couronnées européennes. Le 18 juillet, à la Chambre des communes, Tony Blair félicite Queen Mum pour son siècle. Une grande première au Parlement ! Enfin, le véritable jour de l'anniversaire, le 4 août, Elizabeth Bowes-Lyons pose pour les photographes devant sa résidence de Clarence House. Après ce rendez-vous médiatique, elle doit se rendre en calèche découverte, en compagnie de son petit-fils Charles, jusqu'à Buckingham Palace pour un déjeuner organisé en son honneur.

Ce jour-là, la vieille dame, d'habitude si enjouée, est angoissée. Elle a peur qu'il n'y ait personne sur le trajet pour la saluer… Pour la détendre, Charles lui dit alors : « Allons-y Grannie ! Rappelez-vous que Hitler avait déclaré que vous étiez la femme la plus dangereuse d'Europe ! » Elle éclate de rire ! Peu après, elle constate que ses craintes n'étaient pas justifiées : il y a une foule considérable pour l'acclamer le long de la belle avenue du Mall, puis lors de la rituelle apparition au balcon de Buckingham Palace.

La triste fin de la princesse Margaret

Depuis plusieurs années, la princesse Margaret est malade. Après son divorce d'avec le comte Snowdon en 1978, elle continue quelque temps sa liaison avec Roddy Llewellyn. Tony, lui, se remarie avec une divorcée qui était déjà dans sa vie, Lucy Lindsay-Hogg. Il a trouvé son équilibre, mais pour Margaret, les choses vont de mal en pis. L'alcool aggrave sa dépression, tandis que Roddy tente une carrière de chanteur pop, sans aucun succès. Pourtant, Margaret tient à lui. Elle exige sa présence pour son 50e anniversaire en 1980, mais la reine refuse. Roddy ne peut apparaître qu'à 22 h 30, après le dîner, avec les invités de la soirée dansante. La relation entre le play-boy et la princesse dure sept ans, mais, dès le départ, elle n'avait pas beaucoup d'avenir…

En 1981, Roddy tombe amoureux de Tania Soskin. Il l'épouse. Le couple aura deux enfants. Margaret est à nouveau seule. Mais la fin de sa triste romance lui est plutôt bénéfique : elle reprend ses activités de princesse, coupe des rubans, baptise des navires, préside ou parraine plus de cinquante associations. Bref, elle justifie pleinement l'attribution de sa liste civile. La reine, qui aime profondément sa sœur, reprend espoir. Margaret semble plus raisonnable et, surtout, elle s'est enfin rapprochée de ses enfants : David, devenu un designer reconnu, et Sarah, longtemps blessés par la conduite de leur mère.

En juin 1995, Margaret apprend le décès de Peter Townsend, l'homme qui a sans doute le plus compté dans sa vie. Dans ce drame, elle s'était souvent montrée hostile, pour ne pas dire méchante et injuste à l'égard de la reine. Pourtant, Elizabeth II a toujours fait son possible pour accompagner sa sœur dans les périodes difficiles qu'elle a vécues, y compris avec le gouvernement. Margaret a tout de même fini par s'en apercevoir, comme en témoigne la très belle lettre qu'elle écrit à la reine au lendemain des funérailles de Diana : « J'ai voulu vous exprimer ma tendre admiration pour la façon si affectueuse dont vous avez pris soin de chacun après l'accident, et rendu la vie supportable pour les deux pauvres garçons… Là, comme toujours, fidèle au poste, vous avez écouté chacun et pris toutes les décisions. Je vous ai simplement trouvée merveilleuse. »

L'année suivante, en 1998, Margaret est victime d'un accident vasculaire cérébral. On lui avait déjà retiré une partie d'un poumon quelques années auparavant. À Noël 2001, à Sandringham, elle va mal. Elle est arrivée en hélicoptère. Deux nouvelles attaques la condamnent au fauteuil roulant. Quant à la reine mère, elle a pris froid. L'ambiance est plutôt morose.

Lorsque Margaret quitte Sandringham à la mi-janvier, Queen Mum tient à ce que toute la famille soit présente au moment où la princesse gagne sa voiture. On agite des mouchoirs en signe d'au revoir. Ce sera en fait un adieu. Le 8 février 2002, une nouvelle attaque la terrasse. Elle meurt le lendemain, dans sa soixante-douzième année. Charles se précipite alors auprès de sa grand-mère, sachant combien elle doit souffrir de la perte de sa fille chérie. Les funérailles ont lieu le 15 février dans la chapelle Saint-George de Windsor, exactement cinquante ans après le décès du roi George VI. La princesse Margaret avait demandé à être incinérée et que l'urne soit déposée dans le mémorial de son père, à l'intérieur de la chapelle.

Queen Mum quitte la scène

Malgré sa grande faiblesse, la reine mère fait un immense effort pour être présente aux obsèques de sa fille cadette. Puis, elle regagne Royal Lodge, dans le parc de Windsor, où elle ne va plus quitter son lit. Moins de deux mois après Margaret, le 30 mars 2002 à 15 h 15, la veuve de George VI meurt à son tour, entourée d'Elizabeth et de certains de ses petits-enfants. Elle a droit à des funérailles solennelles. Sur son cercueil, la reine fait placer la couronne de son couronnement en 1937 ornée du célèbre diamant Koh-I-Noor et une petite carte où est simplement écrit : « *In loving Memory, Lilibeth.* » La cérémonie a lieu à Westminster puis la défunte rejoint son époux dans la sépulture de la chapelle Saint-George.

La veille des obsèques, Elizabeth II s'adresse à la population dans un bref message télévisé : « J'ai été profondément émue par le déferlement d'affection en réaction à la triste nouvelle », rappelant que la reine mère avait un sens de la vie contagieux, qui lui était resté jusqu'à la toute fin. Des réactions qui rassurent la reine sur le futur de la monarchie. Avant l'hommage à sa mère, selon un sondage, 35 % des Britanniques pensaient que la royauté ne survivrait pas à son règne. Après la cérémonie, cette proportion se réduit à moins de 12 %. Le jubilé d'or de l'année suivante ne peut pas mieux tomber…

Le triomphe du jubilé d'or de 2002

La reine a une revanche à prendre sur le 40e anniversaire de son règne, qui coïncidait avec la catastrophique *annus horribilis*, 1992. Comme toujours, cela se passe en plusieurs temps : un défilé sur le Mall le 4 avril avec toute la jeune génération de la famille, puis un gigantesque concert rock dans les jardins de Buckingham Palace du 1er au 3 juin avec Shirley Bassey, Tom Jones, Paul McCartney, Annie Lennox et Cliff Richard. Le prince Charles accueille protocolairement sa mère en lui disant « Madame », mais il achève son allocution en l'appelant « Mummy ». Désormais, chaque fois qu'il s'adressera publiquement à sa mère, il terminera de la même façon. Le moment le plus solennel est la messe d'action de grâce à la cathédrale Saint-Paul, le 4 juin, avec un faste exceptionnel puisqu'on a ressorti le carrosse du couronnement. La presse ne s'y trompe pas. Très enthousiastes, les médias parlent d'un « deuxième sacrc ».

Les frasques du prince Harry

Le 4 janvier 2005, le *Sun* publie en première page une photo du prince Harry, verre et cigarette à la main, en uniforme allemand de l'Afrikakorps, avec un brassard orné de la croix gammée. Le titre est « Harry le Nazi ». C'était le scabreux déguisement qu'il avait choisi pour participer à une fête d'anniversaire dont le thème, non moins scabreux, était « Africains et coloniaux »... Au-delà de l'extrême mauvais goût de tout cela, Harry est-il ignorant au point d'avoir oublié ce que l'Allemagne hitlérienne avait fait subir au Royaume-Uni pendant la Seconde Guerre mondiale ? Le scandale est d'autant moins opportun qu'au même moment, la reine préside à Londres une cérémonie commémorant le 60e anniversaire de la libération du camp d'Auschwitz.

Harry a eu une enfance très perturbée et son adolescence n'est guère reluisante. Il passe ses soirées dans des night-clubs et dans les sous-sols de Highgrove que Charles a généreusement aménagés pour ses fils avec bar, juke-box, piste de danse et très bonne sonorisation. Mais le prince de Galles s'aperçoit que son cadet y fume fréquemment de la marijuana ! Il lui impose alors une journée dans une clinique de désintoxication pour qu'il se rende compte des ravages de la drogue. Tout cela est fâcheux pour Harry, qui, en cette année 2005, doit intégrer l'académie militaire de Sandhurst, le Saint-Cyr britannique.

Charles et Camilla se marient

Malgré les impairs de son fils, l'année 2005 comble le prince Charles : le 9 avril, il peut enfin épouser Camilla, le grand amour de sa vie, trente-quatre ans après leur coup de foudre. Elle a toujours partagé ses goûts et son humour, elle lui a donné confiance en lui et, malgré tous les drames, leur complicité et leur proximité n'ont jamais été rompues. Si la reine cède à leur mariage, c'est qu'elle a compris que cette femme était indispensable à son fils. Elle veut lui donner un signe de confiance tout en mettant fin à une situation inconfortable et vivement critiquée.

Diana est morte il y a huit ans. La tragédie a mis l'image de la souveraine à rude épreuve, elle estime avoir acquis suffisamment de popularité pour imposer un mariage *a priori* impopulaire. Sa belle-fille défunte est toujours considérée comme une victime, et Camilla diabolisée. Mais à 79 ans, Elizabeth II veut que son successeur soit incontestable, avec à ses côtés une épouse légitime. Qu'importe ce qu'on peut en penser !

La cérémonie, très simple, est diffusée en direct à la télévision. Elle a lieu en deux temps : un mariage civil à la mairie de Windsor, auquel la reine et Philip n'assistent pas, puis une simple bénédiction nuptiale dans la chapelle Saint-George, donnée par l'archevêque de Canterbury en présence de toute la famille royale. Elizabeth, en jaune paille, est très souriante. Pour la photo souvenir, elle accepte de poser à côté des mariés et de leurs amis, parmi lesquels le comédien Rowan Atkinson, plus connu sous le nom de Mr Bean, Stephen Fry, acteur et metteur en scène, et Joanna Lumley, héroïne de la série *Chapeau melon et bottes de cuir* et inoubliable Patsy Stone dans *Absolutely Fabulous*.

La mariée reçoit le titre de duchesse de Cornouailles et elle a le droit d'associer les armes des Windsor aux siennes. Charles peut enfin afficher son bonheur. Mais Harry fait encore des siennes… En mai 2007, il se bat avec un paparazzi dans un club. Son garde du corps est obligé de l'évacuer, car le prince est ivre. Entre-temps, il est pourtant sorti très brillamment de Sandhurst avec le grade de second lieutenant des Blues and Royals. Après avoir combattu en Afghanistan, il avait été rapidement rapatrié car l'état-major redoutait qu'il ne devienne une cible pour les talibans. Pour la même raison, à l'époque, il est furieux car il n'a pas obtenu l'autorisation d'aller combattre en Irak.

Le 1er juillet 2007, jour anniversaire de leur mère, qui aurait eu 46 ans, et presque dix ans après sa mort, les deux frères organisent un concert exceptionnel au stade de Wembley à la mémoire de la « princesse des cœurs ». C'est un énorme succès, avec 60 000 spectateurs et 500 millions de téléspectateurs. Harry, 22 ans, est accompagné de sa petite amie du moment, la Sud-Africaine Chelsy Davy. William, qui a lui 25 ans, est seul. Il a rompu quelques mois plus tôt avec sa *girlfriend*, Kate Middleton. Elle est pourtant présente au concert, trois rangs plus haut que lui. La séparation n'est peut-être pas définitive…

William et Kate

Si la reine est préoccupée par les incartades de Harry, elle l'aime tendrement et espère que la vie militaire va contribuer à le stabiliser. Quant à William, l'héritier en second, il lui donne toute satisfaction. Après Eton, période pendant laquelle elle l'a beaucoup vu, il n'opte pas pour Cambridge, contrairement à son père. Il poursuit ses études à l'université écossaise de Saint-Andrews. On a dit qu'il l'avait choisie pour fuir la pression médiatique qui pesait sur lui à Londres, mais il y a peut-être une autre raison : Saint-Andrews se trouve en Écosse, cela peut donc être interprété comme une façon d'honorer ce territoire essentiel du Royaume-Uni. Quoi qu'il en soit, c'est une excellente université. Et ce coup de projecteur va en faire la plus attractive du royaume ! On raconte que beaucoup de mères de la bonne société s'empressent d'y inscrire leurs filles en espérant qu'elles attireront l'attention du prince.

Les débuts de William sont assez laborieux : le niveau est très élevé. Il s'est inscrit en histoire de l'art et ne se sent pas à la hauteur. Une amie, Kate Middleton, lui conseille alors de changer d'option et de choisir la géographie, où il excellait à Eton. Elle lui propose aussi de s'installer en colocation avec elle et d'autres étudiants dans une maison en ville, car la résidence universitaire est déprimante.

Ils sont quatre : William, Kate et deux autres garçons. Kate aide beaucoup William. Le prince en fait part à son père et à ses grands-parents, et la jeune femme est rapidement invitée aux vacances de ski à Klosters, en Suisse, avec Charles, et à Balmoral avec Elizabeth et Philip. Elle devient la *girlfriend* officielle du prince.

Mais en 2007, à la fin de son cursus, il annonce sa séparation d'avec Kate Middleton. Déception pour la presse : c'est la fin d'un couple idéal qui faisait recette ! William intègre alors l'académie militaire de Sandhurst. Il quitte l'armée au début 2009, après avoir suivi une formation d'officier chef de char en 2008 puis des stages dans la Royal Navy et la Royal Air Force, dont il sort pilote d'hélicoptère. Un parcours sans faute.

Lors de sa rupture avec le prince, en 2007, Kate Middleton a été traquée par les médias, mais elle a su rester digne, ne faisant aucune déclaration et gardant toujours le sourire. William a été moins élégant ; il a fêté son célibat dans un club londonien en s'exclamant : « Je suis libre ! »

En réalité, c'est son groupe d'amis qui l'a poussé à la séparation. Il faut dire qu'ils avaient toujours traité la jeune femme avec mépris. Fille d'un ancien contrôleur aérien et d'une ancienne hôtesse de l'air qui ont fait fortune dans la création d'un site Internet vendant des articles pour des fêtes et divers événements, elle faisait figure de parvenue. William avait aussi peur que Kate ne supporte pas la tension constante subie par tout membre de la famille royale. Ni Charles ni la reine ne se sont mêlés le moins du monde de cette romance.

Mais après son passage dans l'armée, William recommence peu à peu à voir Kate. S'est-il éloigné de ses influences snobs ou a-t-il tout simplement gagné en maturité ? Il ne le dira pas. Mais force est de constater que les anciens amoureux se revoient, d'abord discrètement, puis tout à fait ouvertement. Et le 13 novembre 2010, ils annoncent officiellement leurs fiançailles. Ils apparaissent rayonnants, très à l'aise. Stupeur : Kate porte le saphir entouré de diamants que Charles avait offert à Diana pour leurs propres fiançailles ! Le symbole est écrasant, mais la jeune femme ne paraît pas s'en soucier. Elle fait négligemment scintiller le joyau à sa main gauche. Tout comme Diana, elle l'arbore à chacune de ses apparitions.

Le mariage de William et Kate, le 29 avril 2011, fait le bonheur de la plus grande partie des habitants du Royaume-Uni. Un sondage réalisé la veille le démontre : 76 % des Britanniques confirment leur attachement à la Couronne. C'est une union moderne. Elle lie la Maison royale à la famille Middleton, les premiers « roturiers » admis à pareil honneur en trois cent cinquante ans. Un très beau spectacle comme seule la monarchie britannique sait en organiser. Pour la cérémonie, c'est l'abbaye de Westminster qui est choisie, peut-être parce que la cathédrale Saint-Paul n'avait guère porté chance à Charles et Diana…

À la sortie de l'abbaye, William et Kate s'installent dans un landau d'État datant de 1902. Lui en uniforme rouge, elle dans une robe de satin et dentelle de Caudry ivoire, dessinée par Sarah Burton, directrice artistique de la maison Alexander McQueen. Ses cheveux sont ornés d'un précieux diadème prêté par la reine. Le véhicule emmène le couple jusqu'à Buckingham Palace. La jeune mariée démontre une maîtrise immédiate du *royal wave* pour saluer la foule ! Les deux baisers successifs réclamés par les badauds au balcon du palais sont infiniment plus convaincants que le furtif baiser arraché à Charles par Diana trente ans plus tôt… Tous les records d'audience télévisuelle sont pulvérisés : la cérémonie est suivie par 2 milliards de téléspectateurs dans 180 pays.

Pour la reine, c'est une grande réussite. Elle donne même son autorisation pour qu'une partie du quatrième étage du palais soit transformée en discothèque pour 300 invités, avec une boule à facettes réclamée par Pippa, la sœur de Kate, dont la sublime silhouette a hypnotisé le monde entier lors de la cérémonie quelques heures plus tôt. Quant aux DJ, c'est Harry le noctambule qui s'est chargé de la sélection, après de consciencieuses recherches. On danse jusqu'à l'heure du *breakfast* servi après cette nuit presque blanche. Prudemment, la reine et le duc d'Édimbourg se sont retirés assez tôt dans le calme de Windsor…

Le duc d'York et Fergie n'amusent pas la reine !

Seule ombre à ce mariage idyllique, le comportement de la duchesse d'York, la fameuse « Fergie ». Depuis son divorce en 1996, elle n'a cessé d'accumuler les dettes. Elle avait pourtant gagné une petite fortune en devenant, aux États-Unis, l'ambassadrice de Weight Watchers, mais le contrat est rompu parce que la duchesse a repris du poids ! En 2008, elle coproduit un film sur les jeunes années de la reine Victoria avec Martin Scorsese. Il est très réussi mais il a coûté trop cher et Fergie s'est encore endettée.

Cependant, le pire survient en juin 2008, lorsqu'elle se fait piéger par un journaliste qu'elle prend pour un homme d'affaires. Rencontré dans un bar d'hôtel, il lui demande de l'aider à contacter son ex-mari le duc d'York, alors ambassadeur pour la promotion des industries britanniques dans le monde entier. La duchesse, assez éméchée, est filmée par une caméra cachée au moment où elle propose de l'aider moyennant… 500 000 dollars ! Une fois de plus, Fergie fait la une des tabloïds dans une posture accablante !

Andrew a vendu leur propriété clinquante dans le parc de Windsor au président du Kazakhstan pour 25 millions de dollars. Depuis, il vit à Royal Lodge, l'ancienne résidence de sa grand-mère dans le parc de Windsor. Il y accueille ses filles Béatrice et Eugénie, mais aussi son ex-épouse. À la veille du mariage de Kate et William, c'est lui qui inquiète la reine. En mars 2011, il apparaît dans tous les journaux britanniques en compagnie d'un milliardaire américain empêtré dans une sordide affaire de prostitution de mineures… On ne retient pas son nom à l'époque. Il s'agit du pédocriminel Jeffrey Epstein.

Si le duc d'York n'est alors pas encore impliqué personnellement dans l'affaire, c'est tout de même un scandale. Par ailleurs, les services secrets britanniques avertissent la reine que le prince a des relations douteuses avec de soi-disant investisseurs et autres oligarques de républiques d'Asie centrale. Andrew a-t-il profité de sa mission d'ambassadeur chargé de promouvoir le commerce et l'industrie du Royaume-Uni pour traiter des affaires plus personnelles ?

Une partie du gouvernement souhaite sa démission, mais David Cameron, Premier ministre depuis le 11 mai

2010, apporte son soutien au fils de la reine. Celle-ci le sermonne mais elle est soulagée que ce début de scandale ne soit pas venu ternir les festivités du mariage de Kate et William. Lors d'une cérémonie privée à Windsor, elle promeut même Andrew grand-croix de l'ordre de Victoria, une façon de signifier que pour elle, l'affaire est close. Mais cet immense honneur est-il bien mérité, ou la reine n'a-t-elle fait que protéger son fils préféré, une fois de plus ?

2012 : jubilé de diamant, Jeux olympiques et nouvel héritier

Pour son jubilé de diamant (soixante ans de règne), le 3 juin 2012, Elizabeth II a voulu un événement si exceptionnel qu'il dépasse toutes les célébrations précédentes. En écho à la parade du roi Charles II Stuart qui, en mai 1662, avait descendu la Tamise accompagné d'une véritable armada richement décorée pour célébrer son mariage avec Catherine de Bragance, la souveraine a souhaité qu'une armada de bateaux escorte la sienne sur 11 kilomètres, de Battersea Park à Tower Bridge. À 14 h 30, accompagnée de la famille royale, elle monte à bord du *Spirit of Chartwell*, une barge redécorée dans le goût du XVIIe siècle. Le navire est un véritable jardin : 90 guirlandes, 140 plantes et des milliers de fleurs. Sous un dais de bois doré, deux fauteuils de velours cramoisi attendent la reine et le duc d'Édimbourg. Mais ils restent finalement debout, saluant la foule sur les berges, sans manifester la moindre fatigue pendant tout le trajet.

Le défilé fluvial est époustouflant. La flottille royale s'avance au milieu d'un alignement de voiliers et le Tower Bridge s'ouvre pour laisser passer l'extraordinaire convoi, formant une sorte d'arc de triomphe. Les canons tonnent, un feu d'artifice est tiré depuis les tours du pont. Devant les docks, un bateau appelé *Symphony* accueille le London Philharmonic Orchestra pour enchaîner divers hymnes, jusqu'à l'obligatoire *God Save the Queen.* Il pleut, mais Elizabeth II, véritable reine de diamant, reste debout, face au vent de l'Histoire.

Les festivités se suivent et ne se ressemblent pas. Le 27 juillet 2012, pour l'inauguration des Jeux olympiques, Elizabeth II accepte d'apparaître dans un film très court où elle interprète son propre rôle. Du jamais vu ! À 86 ans, elle n'oublie jamais que l'humour est dans l'ADN des Windsor. Un taxi s'arrête devant Buckingham Palace. Un homme en descend en smoking. C'est James Bond, l'agent 007, incarné par Daniel Craig. Il est accueilli par les trois corgis de la reine et un majordome qui l'accompagnent à son bureau. Vêtue et chapeautée de rose, elle reçoit son visiteur : « *Good evening Mister Bond.* » Il répond : « *Good evening Your Majesty.* » La reine se lève, tous deux empruntent un corridor, descendent l'escalier, accompagnés des mêmes corgis et majordome. Un hélicoptère les attend. Ils y montent. Cinq secondes plus tard, l'appareil survole le stade olympique. La souveraine et James Bond s'élancent dans le vide avant d'ouvrir leurs parachutes aux couleurs de l'Union Jack. Sensation internationale !

L'année suivante apporte une autre occasion de se réjouir pour Elizabeth II. Le 22 juillet 2013, la duchesse de Cambridge, Kate, accouche à 16 h 24, à l'hôpital St. Mary, d'un garçon de trois kilos huit : George. Le baptême du petit prince est immortalisé par une photographie que la reine a voulue comme un pendant à celle de Victoria dans la même situation, en 1895 : sur une même image, la souveraine régnante, son héritier le prince de Galles, Charles, l'héritier en second, William, et en troisième position, George, en robe de baptême dans les bras de son père.

Quatre générations de Windsor sur une même photo : effectivement, on n'avait pas vu cela depuis Victoria.

Mais deux ans plus tard, la reine est préoccupée. Le Premier ministre écossais a proposé à ses compatriotes de voter pour ou contre l'indépendance de leur pays. Il faut rappeler que l'Écosse jouit d'une large autonomie, avec un parlement, un Premier ministre et un gouvernement. L'indépendance est un cauchemar pour Elizabeth, à moitié écossaise par sa mère et si attachée à ce territoire qu'elle y passe ses vacances d'été depuis sa naissance. Le 18 septembre, l'Écosse refuse l'indépendance à 55,3 %. Ouf ! La reine en aurait « ronronné de plaisir », d'après David Cameron qui lui a annoncé la bonne nouvelle. Mais les volontés séparatistes ne vont pas tarder à émerger, cette fois côté anglais.

Le Brexit gâche les 90 ans de la reine

L'année 2016 prend une dimension exceptionnelle au Royaume-Uni : on célèbre en même temps les 90 ans de la reine et les 95 ans du duc d'Édimbourg. Une fois de plus, Elizabeth II innove. Le 11 juin 2016, un immense pique-nique est organisé sur le Mall, cette grande avenue qui relie Buckingham Palace à Trafalgar Square. Dix mille convives, représentant les 600 associations et fondations que parraine Sa Majesté, prennent place autour de 1 700 tables et 10 000 paniers sont distribués. Tout a été organisé par la princesse Anne et son fils Peter Phillips. Le duc de Cambridge remercie publiquement sa grand-mère : « Grannie, merci pour tout ce que tu as fait pour notre famille. Nous te souhaitons un bon anniversaire. »

Puis, toute la jeune génération Windsor, William, Kate, Harry, Eugénie et Béatrice, va à la rencontre de la foule,

Mais la belle fête va être un peu gâchée, car le Premier ministre, David Cameron, certain d'obtenir une réponse positive, organise quinze jours plus tard, le jeudi 23 juin 2016, un référendum pour savoir si le Royaume-Uni veut rester ou non au sein de l'Union européenne. Patatras ! Le résultat est non à 51,9 %. Le Brexit est en route. Personne ne doit savoir ce que pense la reine. Elle se contente d'un laconique : « Je suis toujours là... »

L'année suivante, pour ses 96 ans, Philip annonce son retrait de la vie publique. Il n'apparaîtra plus que dans des occasions familiales et privées. L'anniversaire du duc d'Édimbourg est endeuillé par les attentats terroristes de Londres et de Manchester, qui, en mars, mai et juin, font 35 morts et 116 blessés, sans oublier l'incendie de la tour Grenfell, le 14 juin, qui fait 71 victimes. Triste année...

Le mariage de Harry et Meghan

Après ses frasques retentissantes, Harry a changé. Il a poursuivi sa carrière militaire, s'est battu à deux reprises en Afghanistan, risquant sa vie. Il réalise qu'on ne le laissera plus s'exposer de cette façon. Alors, il va mettre en pratique une idée remarquable, les Invictus Games, autrement dit des Jeux olympiques pour les nombreux soldats et officiers blessés, handicapés ou traumatisés au combat. Les premiers ont lieu à Londres en septembre 2014 et sont un grand succès. Enfin, on dit du bien de Harry !

Deux ans plus tard, il rencontre une actrice américaine, Meghan Markle, héroïne du feuilleton télévisé *Suits*. Elle a 34 ans, trois ans de plus que le prince, elle est afro-américaine et divorcée. Il en tombe immédiatement amoureux. Ils apparaissent pour la première fois officiellement ensemble au Canada, aux Invictus Games de Toronto, en septembre 2017.

Leurs fiançailles sont annoncées en novembre de la même année, et au Noël suivant, à Sandringham, Meghan est accueillie très chaleureusement par la reine et la famille royale. Elizabeth II a donné son accord sans hésiter. Pour elle, seuls comptent le bonheur et l'équilibre de son petit-fils si tourmenté.

Le mariage est fixé au 19 mai 2018. La date a été choisie pour permettre à la duchesse de Cambridge d'être présente : le 23 avril 2018, elle donne en effet naissance à son troisième enfant, après George et Charlotte née en 2015. Un petit prince, prénommé Louis, en souvenir de lord Mountbatten, le parrain de Charles. Un record pour Kate : elle n'a passé que sept heures à la clinique ! L'accouchement a été « express ».

Le mariage de Harry et Meghan dans la chapelle Saint-George de Windsor est un superbe spectacle. Le domaine de Windsor, à son plus beau dans cette magnifique journée de printemps, la lumière rayonnante, les fleurs, les invités. Un seul petit couac : l'étonnant sermon du révérend Curry, qui s'apparente à un show religieux. Personne n'a bronché. Mais cette allocution, suivie de gospels, a fortement américanisé la cérémonie. La volonté de Meghan, sans doute.

Le *wedding breakfast* de 600 couverts, organisé par la reine, a lieu dans le château. Le soir, le prince Charles offre un dîner à 200 personnes à la résidence de Frogmore, dans le parc de Windsor. Une belle journée malgré l'absence du père de Meghan et les révélations douteuses de sa demi-sœur. Très vite, elle est enceinte et accouche le 6 mai 2019 d'un petit Archie. Contrairement à tous les usages, le public reçoit très peu d'informations sur cette naissance, et encore moins de photos. On note une volonté d'extrême discrétion, voire de dissimulation, un peu étrange après la grande médiatisation du mariage…

En septembre, le couple fait un voyage officiel avec le bébé en Afrique du Sud. Là, Harry et Meghan vont s'épancher : Harry contre les photographes qui les harcèlent (une obsession !), Meghan se plaignant qu'on ne s'occupe pas d'elle ni de ses souffrances, toutes choses non conformes au comportement habituel de la famille royale mais qui évoquent fâcheusement les plaintes de Diana.

Cette attitude, la reine ne peut pas la supporter. Tout s'enchaîne alors très vite : le départ de Harry, Meghan et Archie au Canada, leur absence à Sandringham à Noël, leur déclaration de vouloir renoncer à la vie publique et vivre de leurs propres ressources, tout cela sans même avoir prévenu Elizabeth II. Des négociations laborieuses ont lieu à Sandringham entre Harry, sa grand-mère, son père et son frère William. Leur installation au Canada puis à Los Angeles, les déclarations récentes très désagréables de Harry à propos du supposé racisme des Britanniques constituent une fracture familiale qui choque l'opinion. Elle a certainement atteint la reine, mais comme à son habitude, elle ne laisse absolument rien paraître.

Confinée à Windsor par la crise sanitaire, elle fait, le 8 mai 2020, une déclaration qu'elle seule, parmi tous les chefs d'État du monde, pouvait faire. Elle a vécu la Seconde Guerre mondiale, elle a connu la souffrance du peuple britannique. Son expérience lui permet de dire que la population du Royaume-Uni, courageuse, triomphera aussi de la crise de la Covid. Elle est la reine, incarnation de l'union nationale. Elle est « toujours là ».

Références bibliographiques

Sarah Bradford, *George VI*, Londres, Penguin Books, 1989.

—, *Elizabeth II*, Londres, Penguin Books, 2002, nouvelle édition.

Jean des Cars, *Elizabeth II. La Reine*, Paris, Perrin, 2018.

William Shawcross, *Queen Elizabeth the Queen Mother*, Londres, Pan Books, 2009.

Elizabeth II, la reine du Commonwealth

La princesse héritière Elizabeth a très peu voyagé dans son enfance et son adolescence. La guerre l'en a empêchée. Son premier grand périple, c'est avec ses parents et sa sœur Margaret qu'elle l'effectue, en 1947, en Afrique du Sud. À la veille de son mariage avec Philip, elle découvre pour la première fois un État membre de cette association appelée Commonwealth, littéralement « communauté de richesses ». En Afrique du Sud, la période n'est pas faste. Les prochaines élections risquent d'installer l'apartheid. Néanmoins, c'est au Cap, le 21 avril 1947, jour de ses 21 ans, qu'elle prononce son premier discours de princesse héritière : elle fait le serment d'être au service du Commonwealth, que sa vie « soit longue ou courte ».

C'est le premier engagement de la future Elizabeth II à l'égard du Commonwealth, qui comprend alors 17 pays. Après leur mariage et la naissance de leurs deux premiers enfants, Charles et Anne, le couple princier part le 31 janvier 1952 pour un long voyage à travers le Commonwealth, de l'Afrique à l'Australie et à la Nouvelle-Zélande. C'est un périple que son père, le roi George VI, voulait accomplir depuis son avènement. La guerre l'en avait empêché. Maintenant, c'est sa très mauvaise santé qui le lui interdit. Une photo nous le montre, amaigri, fatigué, faisant un dernier salut de la main à sa fille et à son gendre : il a tenu à les accompagner à l'aéroport et à voir partir leur avion.

Leur première destination est le Kenya. Ils séjournent dans un hôtel dont certaines chambres, notamment la leur, sont aménagées dans des arbres. Le 6 février 1952, Elizabeth y apprend la mort de son père. Elle est désormais reine. Elle regagne Londres. Le voyage à travers le Commonwealth est annulé. Il est reporté. Elle ne le fera qu'après son couronnement, en juin 1953. Mais qu'est-ce que le Commonwealth ? Et pourquoi est-il aussi important pour la monarchie britannique ?

L'invention du Commonwealth

Depuis le milieu du XIXe siècle, l'empire de la reine Victoria évolue dans le sens d'une libéralisation croissante des relations entre l'Angleterre et ses colonies. Lorsque les colonies canadiennes se fédèrent et se dotent d'un gouvernement autonome, Londres va inventer une appellation nouvelle pour un État qui n'est plus une colonie : le dominion du Canada, en 1867. Le terme s'appliquera plus tard, en 1901, également à la nouvelle Fédération australienne puis à la Nouvelle-Zélande en 1907. L'adhésion est volontaire, les membres étant uniquement liés par un commun serment d'allégeance à la Couronne britannique.

Le terme de dominion s'étendra donc à toutes les anciennes colonies reconnaissant le souverain de Grande-Bretagne comme chef du Commonwealth. La Première Guerre mondiale a fortement accéléré cette évolution. Dans les négociations de paix de l'après-guerre, la complète souveraineté des dominions est reconnue. Le terme de Commonwealth, à la place de celui d'empire, apparaît pour la première fois en 1922 dans le traité de

Londres qui reconnaît un nouveau dominion, l'État libre d'Irlande.

Mais c'est en 1931 que le statut de Westminster substitue juridiquement au terme d'empire celui de Commonwealth. Une communauté de nations. Il comprend le Royaume-Uni, ses colonies, ses protectorats et un groupe d'États indépendants toujours liés par leur serment d'allégeance à la Couronne britannique et par leur libre volonté d'association. L'empire se métamorphose. Une tentative est faite pour ressusciter une solidarité économique afin de faire face à la grande dépression. En 1932, les accords d'Ottawa, capitale du Canada, établissent la préférence impériale. Le résultat n'est pas un très grand succès. Des divergences économiques subsistent entre les divers membres. La Seconde Guerre mondiale fait disparaître les dernières survivances du système impérial.

En décembre 1946, Clement Attlee, Premier ministre britannique, demande à lord Mountbatten, héros de la guerre en Birmanie, s'il accepterait le poste de vice-roi des Indes. Il devra, en fait, négocier l'indépendance de l'Inde. C'est une décision déchirante pour le roi George VI et son gouvernement. Churchill, alors dans l'opposition, y est farouchement opposé, mais c'est une nécessité : l'Inde est en effervescence et réclame son indépendance.

Mountbatten est atterré. Il va voir le roi George VI et lui fait part de son inquiétude, jugeant qu'il s'agit d'une mission impossible. Mais le souverain lui demande de l'accepter. Mountbatten va être, avec l'aide de Nehru et de Gandhi, le principal artisan de l'indépendance de l'Inde et du nouvel État, musulman, du Pakistan en 1947. Le 15 août 1947 est le jour de l'indépendance. Les cérémonies se succèdent. Mountbatten est acclamé dans les rues de Delhi. Nehru, Premier ministre de l'Inde indépendante, se lève pour proposer un toast au roi George VI et fait cette déclaration : « Tout le monde a pu voir avec quel enthousiasme la foule a célébré ce grand jour… Maintenant que l'Inde a acquis son indépendance, le peuple n'a pas seulement manifesté sa joie, il a également montré à quel point son attitude avait changé à l'égard des Britanniques… Quelles que soient à l'avenir les relations entre l'Inde et la Grande-Bretagne, je suis convaincu que l'amitié entre les deux peuples restera intangible. »

On sait que la partition entre l'Inde et le Pakistan a entraîné des déportations massives de populations et des massacres épouvantables. Cependant, le Royaume-Uni a géré de main de maître cette difficile décolonisation. L'Inde et le Pakistan sont complètement indépendants mais font partie du Commonwealth. Il en sera de même pour Ceylan. En revanche, en 1948, tandis que le mot dominion n'est plus en usage, deux autres États accèdent à l'indépendance mais se retirent du Commonwealth, la Birmanie et la République d'Irlande, l'Eire. Ils utilisent le droit de sécession reconnu par le statut de Westminster de 1931.

L'Afrique du Sud, en 1961, et la Rhodésie, en 1964, feront de même. Mais même si l'on part, un retour est toujours possible. Dès 1950, le serment d'allégeance à la Couronne britannique n'était plus une condition obligatoire pour appartenir au Commonwealth.

Elizabeth II et Philip visitent le Commonwealth

C'est après les fastes de son sacre et de son couronnement le 2 juin 1953 que la reine Elizabeth II, accompagnée du prince Philip, va enfin commencer le grand périple à travers le Commonwealth tant de fois reporté. Ils seront absents six mois, de novembre 1953 à mai 1954. Leurs deux enfants, Charles et Anne, devront s'habituer aux longues absences de leurs parents. Ils sont confiés à leur chaleureuse grand-mère, la reine mère Elizabeth, veuve de George VI. Noël 1953 se passera avec elle à Sandringham. À ce moment-là, Elizabeth et Philip sont à l'autre bout du monde, en Nouvelle-Zélande, après un long périple africain.

C'est en Libye, à Tobrouk, en mai 1953, qu'ils vont retrouver leurs enfants. Ceux-ci sont si troublés de les revoir après une si longue absence qu'au lieu de les embrasser, ils leur tendent respectueusement la main ! Charles et Anne sont arrivés à bord de ce qui va devenir le mode préféré de déplacement de la reine, le magnifique yacht royal *Britannia*. Construit dans le chantier écossais de Clyde Bank, ce bateau, voulu par le roi George VI, avait été baptisé par la reine le 16 mars 1953, trois mois avant son couronnement. Les finitions intérieures n'étaient pas achevées.

C'est un magnifique navire de 127 mètres de long, destiné aux périples officiels du couple royal, jusqu'à son désarmement, en 1997, pour le plus grand chagrin de la reine. Ce yacht, Elizabeth et Philip l'ont aménagé à leur goût. Ils en ont décidé les moindres détails. La reine dira du *Britannia* : « C'est la seule maison que nous ayons construite ensemble. » Pendant quarante-trois ans, il transportera le couple royal lors de tous ses voyages officiels à travers le Commonwealth et le reste du monde. Ce sera aussi le bateau familial qui conduira, chaque été, la reine et ses proches en Écosse.

À partir de 1961, la reine Elizabeth II et le prince Philip entreprennent une série de voyages à travers l'ancien empire. Ils sont envoyés en mission par le nouveau Premier ministre, Harold Macmillan. Ces périples ont en effet un but économique. Le chef du gouvernement vient d'établir un tarif douanier particulier pour toutes les anciennes colonies dont la souveraine demeure le chef d'État. Le couple accomplit ces voyages avec un grand professionnalisme. Partout, il reçoit un accueil chaleureux, souvent coloré. Le premier de cet immense circuit est un voyage en Inde. Il est important. Le seul souverain britannique à s'être rendu en Inde était le grand-père de la reine, le roi George V, en compagnie de la reine Mary, en novembre 1911. Le président de la République indienne les accueille en leur disant : « Notre relation avec le Royaume-Uni fait partie de notre histoire des deux cents dernières années. »

Malgré l'indépendance, les liens restent forts. La reine assiste à la parade spectaculaire de Republic Day avant d'aller déposer une couronne de 400 roses blanches sur la tombe du Mahatma Gandhi.

Elizabeth II est éblouissante, changeant de toilette deux ou trois fois par jour. Des promenades à dos d'éléphant jusqu'aux dîners de gala où elle est rayonnante en robe du soir, étincelante de diamants, portant les joyaux de la couronne. Elle sait que lors de ses apparitions, elle doit être particulièrement visible et capter l'attention du public. Sa mère lui a parfaitement appris comment doit se comporter une reine. Philip chasse le tigre et fait un carton. En Inde, on applaudit. À Londres, on est plus réservé…

Au Ghana, la reine est acclamée

Un autre voyage dans le Commonwealth, en Afrique celui-là, sera plus délicat. En 1959, la reine avait dû renoncer, en raison de sa grossesse (elle attendait Andrew), à un voyage officiel au Ghana, en Afrique occidentale. Le Ghana est un État issu, en 1957, de l'ancien Togo britannique et de la Gold Coast. Elle s'en était excusée auprès du président ghanéen, le docteur Nkrumah, très susceptible et très fier d'être à la tête de la première colonie africaine ayant acquis son indépendance. Il avait été si déçu qu'il avait déclaré : « Si on m'avait annoncé la mort de ma propre mère, le choc aurait été moindre ! »

Puisque la reine ne pouvait venir, il était venu la voir à Balmoral et était tombé sous son charme. Elizabeth II lui avait promis de venir le visiter dans son pays. Un nouveau voyage au Ghana était prévu en 1961. Mais entre-temps, la situation s'était détériorée dans ce pays : Nkrumah procédait à des purges qui décourageaient même ses partisans. Après un voyage à Moscou, il s'était séparé de tous ses conseillers occidentaux. La guerre froide gagnait l'Afrique.

Macmillan demande à la reine de renoncer à son voyage. Il le juge risqué pour sa sécurité et aussi choquant qu'inutile pour l'opinion : le Ghana est tout sauf une démocratie. C'est un désaccord majeur entre la reine et son Premier ministre. Une première pour la reine, mais il y en aura d'autres, notamment avec Margaret Thatcher.

Mais pour Elizabeth II, il s'agit d'un point d'honneur. Elle a fait une promesse au président Nkrumah et elle la tiendra. Elle se rend, avec Philip, au Ghana en novembre 1961. C'est la première visite d'un souverain britannique dans ce pays. À Londres, la presse se déchaîne. Ce voyage est à haut risque et totalement inopportun. Et pourtant, tout va bien se passer. Le président Nkrumah considère qu'il s'agit d'un moment historique pour son pays. Elizabeth II prend place dans une somptueuse Rolls-Royce appartenant à… un chef de tribu du centre du pays : dans cet État marxiste, les limousines britanniques ont toujours leur place.

À Accra, la capitale, lors d'une fastueuse réception, la reine, en robe de satin et coiffée d'un diadème historique, danse une rumba avec le chef d'État africain. Il est enthousiasmé. La photo fait la une des journaux du monde entier. Dans sa satisfaction le président Nkrumah qualifie Elizabeth II de « plus grand monarque socialiste dans l'histoire du monde » !

Le voyage « à haut risque » s'est transformé en triomphe. La reine a marqué un point en persistant à maintenir les liens avec le Commonwealth, y compris en se rendant, en pleine guerre froide, dans un État qui avait ostensiblement basculé du côté de l'URSS. Elle a ainsi démontré que la diplomatie royale pouvait être efficace.

En 1964, le général de Gaulle met un veto formel à l'entrée du Royaume-Uni dans la CEE. Face à ce camouflet spectaculaire, la reine va reprendre ses longs voyages à travers le Commonwealth. Elle commencera par l'Australie et la Nouvelle-Zélande. Elle veut démontrer que si l'appartenance à l'Europe est importante, le Commonwealth constitue une entité vivante, un prolongement irremplaçable et nécessaire de l'ancien empire.

La reine du Commonwealth

En près de soixante-dix ans de règne, Elizabeth II n'a jamais dévié de ses convictions. Si elle s'est montrée profondément européenne quand le Royaume-Uni a adhéré à l'Union européenne, elle a persisté à penser que le Commonwealth était nécessaire à son pays. Elle n'a jamais manqué une réunion des chefs d'État du Commonwealth qu'elle préside.

En 2019, en pleine incertitude sur le Brexit, elle a présidé, à Londres, un sommet particulièrement important. Il s'agissait de renforcer les liens, et notamment les échanges commerciaux, avec les pays de l'ancien empire colonial alors que le Royaume-Uni se préparait à quitter l'Union européenne. Le commerce entre les 53 pays membres de l'organisation devrait progresser de 17 % pour atteindre 700 milliards de dollars dans l'année.

L'hebdomadaire *The Economist* a refroidi un peu cet enthousiasme en affirmant que le Commonwealth était une « agréable illusion ». Elizabeth II ne semble pas de cet avis, car pour elle, même si les échanges commerciaux sont extrêmement importants, ce qui compte le plus est que le Commonwealth soit une famille et on sait combien cette notion lui est chère.

LE SAVIEZ-VOUS ?

Harry et Meghan ont échoué dans la mission que leur avait confiée la reine

Tout avait pourtant si bien commencé ! L'annonce, surprise, en novembre 2017, des fiançailles du prince Harry, fils cadet de Charles, avec l'actrice aux origines afro-américaines Meghan Markle avait surpris puis enthousiasmé le Royaume-Uni et le reste du monde.

On annonçait le nombre de 3 milliards de téléspectateurs pour leur mariage de rêve à Windsor, en mai 2018. Mais que pensait Elizabeth II de tout cela ? Elle avait, une fois de plus, fait preuve de sa faculté d'adaptation à la modernité. Elle avait donné son accord au mariage sans difficulté, heureuse que son petit-fils préféré ait trouvé la femme de sa vie. La reine avait accueilli Meghan avec beaucoup de chaleur. Peut-être aussi pensait-elle que le couple incarnerait la modernité et la diversité au sein de la famille royale. Ce pouvait être un atout en raison de l'immense popularité de cette union.

La machine commence à se gripper

Peu après leur mariage, la reine avait emmené Meghan dans son train royal pour la guider dans ses premiers engagements de représentation. Sachant combien il est difficile pour les cadets royaux de trouver leur place, elle avait tout de suite imaginé pour eux une mission à leur mesure. Elle leur confiait l'avenir du Commonwealth. À William et Kate, le Royaume-Uni. L'idée, séduisante, impliquait de nombreux voyages lointains, fatigants et contraignants. Mais quand on connaît l'attachement d'Elizabeth II au Commonwealth, on comprend que c'est un très grand honneur qu'elle faisait à son petit-fils.

La prise de fonctions est différée par la grossesse de Meghan et la naissance du petit Archie. C'est là que la machine commence à se gripper. Meghan refuse de donner des détails sur la naissance à une presse qui fait son travail. Le premier voyage du couple dans le Commonwealth se déroule en Afrique du Sud, au mois de septembre 2019. Le petit Archie les accompagne. Leur mission est d'expliquer le Brexit à une des grandes nations du Commonwealth. Malheureusement, de ce voyage on ne retiendra que les confidences de Meghan à une équipe de télévision les suivant dans leur périple. Au bord des larmes, elle prétend ne plus supporter la pression médiatique, le harcèlement de la presse et des réseaux sociaux.

Quant à Harry, il annonce qu'il intente des procès à trois journaux ayant diffusé une lettre de Meghan à son père. En réalité, c'était le père qui avait négocié cette publication ! Et Harry fait part de ses inquiétudes, déclarant que la presse était responsable de la mort de sa mère Diana et qu'il ne voulait pas que cela se reproduise…

L'attitude du couple ne pouvait que contrarier la reine. On ne se plaint pas en public et on n'attaque jamais la presse.

C'était plutôt mal parti ! Dès leur retour à Londres, Harry et Meghan annoncent qu'ils vont marquer une pause de six semaines au Canada pour réfléchir. Après avoir refusé de se rendre à Balmoral l'été précédent, c'est encore un affront fait à la reine : ils ne seront pas à Sandringham pour Noël avec la famille royale, selon la tradition.

Le 8 janvier 2020 : stupeur et tremblements

On connaît la suite : le mercredi 8 janvier 2020, le couple princier annonce sur son compte Instagram qu'il se met en retrait de la famille royale. Meghan et Harry renoncent à leur rôle de membres seniors de ladite famille royale. Tous deux veulent devenir financièrement indépendants tout en continuant à servir la reine.

Stupeur et tremblements ! Elizabeth II réagit en convoquant un conseil de famille le 13 janvier 2020 à Sandringham. La reine, Charles et William décident avec Harry du nouveau statut du duc et de la duchesse de Sussex. Meghan est déjà repartie pour le Canada rejoindre son fils. Une fuite qui laisse Harry bien seul face au reste de la famille.

Le soir même est publié un communiqué apaisant, disant que la situation sera réglée très rapidement. Effectivement, quelques jours plus tard, dans un nouveau communiqué, la reine déclare : « Harry, Meghan et Archie seront toujours des membres très aimés de ma famille. » Cette phrase se veut conciliante. Le reste est plus rude : le couple ne peut plus utiliser le prédicat d'Altesses Royales ni représenter la Couronne. Harry perd ses commandements militaires honorifiques. Ni lui ni sa famille ne seront plus financés par l'argent du contribuable. Ils rembourseront les travaux faits dans leur résidence du parc de Windsor. Cette série de mesures sera effective au printemps. Désormais, le Commonwealth se passera du duc et de la duchesse de Sussex. Harry et Meghan vont rapidement quitter le Canada, le Premier ministre Trudeau ayant refusé d'assurer leur sécurité. Le couple part pour la Californie. Harry et Meghan ont acheté une très grande maison à Montecito, une petite ville à deux heures de voiture de Los Angeles. Le 15 février 2021, le duc et la duchesse de Sussex annoncent qu'ils attendent leur deuxième enfant. Ce message est accompagné d'une photo très « glamour » : Harry, pieds nus, est assis contre un arbre, Meghan est allongée sur l'herbe, sa tête reposant sur la cuisse de son mari… La grossesse de Meghan est très visible sur cette photo. Le couple semble très heureux. Le 19 février, un communiqué du palais de Buckingham précise la situation du duc et de la duchesse de Sussex. On sait que l'accord négocié à Sandringham en 2020 leur donnait un an de réflexion pour confirmer ou infirmer leur désir d'appartenir à la famille royale. Selon le communiqué, « le duc et la duchesse de Sussex ont confirmé à Sa Majesté la reine qu'ils ne reprendront pas leur rôle en tant que membres de la famille royale ». La reine en tire les conséquences : elle retire la totalité de leurs patronages aux époux et les trois titres honorifiques militaires de son petit-fils. Le communiqué précise que « le duc et la duchesse restent des membres très aimés de la famille ». Riposte de Meghan et Harry, dans les quelques minutes qui suivent, sur les réseaux sociaux : « Comme en témoigne leur travail au cours de l'année écoulée, le duc et la duchesse de Sussex restent attachés à leurs devoirs envers le Royaume-Uni et dans le monde, et ont proposé aux organisations qu'ils représentent de continuer à les soutenir, indépendamment de leurs rôles officiels… Ils peuvent avoir une vie de service, le service est universel. » Autrement dit, ils veulent être à la fois hors de la famille royale et en faire partie… C'est très discourtois à l'égard de la souveraine. Le duc de Cambridge trouve la réaction des Sussex insultante et puérile. Son entourage dit que le prince William est très triste, profondément choqué et très en colère.

À cela, il y a une autre raison : les Sussex ont annoncé la diffusion, le 7 mars suivant, d'une interview de quatre-vingt-dix minutes qu'ils ont accordée à Oprah Winfrey. Le pire est à craindre. Le pire sera dépassé ! Alors que le Royaume-Uni, toujours confiné et en proie à une grave crise sanitaire, s'inquiète avec la reine et la famille royale de la santé du prince Philip, 99 ans, hospitalisé, l'interview du couple Sussex est un grand déballage nauséabond de récriminations. Meghan affirme n'avoir reçu aucun soutien de la famille royale alors que, enceinte, elle souffrait d'angoisse et avait des idées suicidaires. Suivent des accusations de racisme de la part d'un membre de la famille royale – non identifié –, qui se serait inquiété de la couleur de peau de leur bébé Archie, et une querelle avec sa belle-sœur Kate. Harry intervient dans la seconde partie de l'entretien pour confirmer les propos de son épouse et expliquer que le racisme des médias britanniques avait largement justifié leur départ pour les États-Unis.

Une déflagration ! Les médias britanniques sont extrêmement sévères à l'égard de cette interview qu'ils jugent indécente et malvenue. En général, Buckingham Palace ne réagit pas à chaud lorsque la famille royale est attaquée. Mais là, c'est trop grave. Un communiqué est publié par le Palais un jour et demi après l'interview : « Toute la famille est attristée d'apprendre combien ces dernières années ont été difficiles pour Harry et Meghan. » Les accusations de racisme, jugées « préoccupantes, sont prises très au sérieux et seront traitées par la famille en privé ». Une façon élégante de dire que ces accusations n'auraient jamais dû être publiques et de désapprouver cette exhibition très américaine et qui ne peut que choquer les Britanniques.

La suite est triste. Le duc d'Édimbourg, qui avait regagné Windsor depuis quelques jours, s'éteint dans la nuit du 9 avril 2021. Le choc est ressenti non seulement par le Royaume-Uni mais par le monde entier, rendant tout d'un coup dérisoires les récriminations des Sussex. La grande dignité de la famille royale, les mots justes trouvés par Charles, le prince de Galles, pour évoquer son père, l'empathie mondiale à l'égard d'Elizabeth II qui perdait son « roc » après soixante-treize ans de vie commune, ont remis au premier plan l'indéfectible attachement du peuple britannique à la famille royale très éprouvée. Les obsèques, sobres, magnifiques, du duc d'Édimbourg et l'image de la reine seule dans les stalles de la chapelle Saint-George ont ému le monde entier. Le duc de Sussex avait fait le voyage. On l'a vu échanger quelques mots avec le prince William et sa belle-sœur Kate à la sortie de la chapelle. Certainement insuffisants pour mettre fin à un profond malaise entre les deux frères. Il était évident qu'après les funérailles d'un grand-père très aimé, les deux petits-fils ne pouvaient qu'afficher devant les caméras une attitude courtoise alors qu'ils ne s'étaient pas revus depuis un an.

Harry n'a même pas attendu le 95e anniversaire de sa grand-mère la reine, le 21 avril, pour regagner Los Angeles et retrouver Meghan. Une faute de plus…

Table

Préface 9

Cléopâtre, au-delà du mythe 11
Théodora, la prostituée devenue impératrice 31
Le roi Arthur et les chevaliers de la Table ronde 47
Elizabeth Ire ou la raison d'État 63
Gabrielle d'Estrées, la « presque reine » 77
LE SAVIEZ-VOUS ? Comment Louis XV espionnait les Français 93
Marie-Thérèse : politicienne, guerrière et mère 95
Marie-Antoinette, une reine de la mode 113
LE SAVIEZ-VOUS ? Marie-Antoinette s'est servie d'un tableau pour faire grimper sa cote de popularité 123
LE SAVIEZ-VOUS ? Comment Louis XVI a piégé les Français pour qu'ils mangent des pommes de terre 127
Eugénie, la dernière impératrice des Français 129
LE SAVIEZ-VOUS ? L'Alsace-Lorraine ne serait peut-être pas française sans l'impératrice Eugénie 139

Sissi et François-Joseph : l'histoire d'un véritable coup de foudre 141

LE SAVIEZ-VOUS ? C'est le deuil de sa fille qui lia Sissi à la Hongrie 151

Sedan, 2 septembre 1870 : la fin du Second Empire 155

À qui revient le trône de France ? 169

Le tsar Alexandre II et Katia : un amour interdit 187

LE SAVIEZ-VOUS ? C'est sur la Côte d'Azur que Katia fit le deuil de son mari, le tsar Alexandre II ... 197

LE SAVIEZ-VOUS ? Le tsar des Bulgares a fait de l'Orient-Express son jouet personnel 201

Raspoutine : âme damnée des Romanov 205

Marie de Roumanie, une icône du peuple roumain 221

LE SAVIEZ-VOUS ? Le mariage d'un prince déserteur et d'une roturière a fait scandale pendant la Première Guerre mondiale 233

LE SAVIEZ-VOUS ? Le dernier empereur de Chine admirait Hitler et Mussolini 235

Wallis Simpson : une menace sur la monarchie britannique 239

Gandhi et lord Mountbatten : le destin de l'Inde entre leurs mains 255

Elizabeth II, l'apprentissage d'une princesse 265

Elizabeth II, guerre, amour et mariage 281

LE SAVIEZ-VOUS ? Connaissez-vous le cadeau de mariage le plus étrange reçu par Elizabeth II ? 297

Elizabeth II, les crises du début de règne 301

Elizabeth II, une maturité bousculée 317

Elizabeth II, l'impopularité et la reconquête 337

Table

Elizabeth II, *God Save the Queen* 353

Elizabeth II, la reine du Commonwealth.......................... 373

LE SAVIEZ-VOUS ? Harry et Meghan ont échoué dans la mission que leur avait confiée la reine 383

DU MÊME AUTEUR *(suite)*

AUX ÉDITIONS JULLIARD

Sleeping Story, la fabuleuse épopée des wagons-lits, 1998.

AUX ÉDITIONS DENOËL
(en collaboration avec Jean-Paul Caracalla)

L'Orient-Express. Un siècle d'aventures ferroviaires, 1984, couronné par l'Académie française.
Le Transsibérien, 1986.
Le Train bleu et les Grands Express de la Riviera, 1988.
La Tour Eiffel, 1989 (album du centenaire).
Les Trains des rois et des présidents, 1992.

AUX ÉDITIONS DU ROCHER

Colette et Monaco, 1997.
Inoubliable Grace de Monaco, 1999.
S.A.S. Rainier III et Monaco. 700 ans d'histoire des Grimaldi, 2005.
Le Roman de Vienne, 2005.

AUX ÉDITIONS FLAMMARION

Mémoires d'un palace : Baur au Lac, photographies de Jérôme da Cunha, 2002.
Le Hameau de la reine. Le monde rêvé de Marie-Antoinette, 2018.

AUX ÉDITIONS SPE BARTHÉLÉMY

Le Haut-Kœnigsbourg (en collaboration avec François Loyer), photographies de Robert César, 2013.

AUX ÉDITIONS CHRONIQUE
(rédacteur en chef)

Chronique du 20e siècle, 2003 (épuisé).
Paris, « Chronique des métropoles », 2013.

AUX ÉDITIONS POCKET

La Saga des Romanov, 2010.
Petit dictionnaire amoureux des trains, 2013.
La Saga des reines, 2014.
La Saga des favorites, 2015.

Cet ouvrage
a été achevé d'imprimer sur Roto-Page
par l'Imprimerie Floch à Mayenne
pour le compte des Éditions Perrin
5, rue Olivier Messiaen
Paris 13e
en mai 2021

N° d'impression : 98457
Dépôt légal : juin 2021
Imprimé en France